山田 礼子

「伝統的ジェンダー観」の神話を超えて
アメリカ駐在員夫人の意識変容

Gender Roles of Japanese Women
Living in the United States:
Sociological Study between 1990s and 2000s

東信堂

「伝統的ジェンダー観」の神話を超えて──アメリカ駐在員夫人の意識変容──／目次

第1部　理論編 …………………………………………………… 3

序　章 ………………………………………………………………… 4
　はじめに ……………………………………………………………… 4
　1. 本書の目的と背景 ……………………………………………… 7
　2. 研究の理論的枠組み …………………………………………… 10
　3. 本書の構成 ……………………………………………………… 12
　　注(13)

第1章　先行研究の検討 ………………………………………… 15
　1. ジェンダー役割に関する理論 ………………………………… 15
　　結婚と性別役割：機能理論(15)　社会における家族の機能(17)
　　機能主義ジェンダー役割論への批判理論 (17)　家父長制 (20)
　　ジェンダーと社会階層(21)
　2. 家族と性別役割に関する実証研究 …………………………… 22
　3. 日本における現代のジェンダー役割と女性 ………………… 27
　　注(29)

第2部　伝統的ジェンダー役割を保持する
　　　　　システムの批判的検討 ………………………………… 33

第2章　日本の家族システムと女性 …………………………… 34
　1. 明治期から新憲法発布まで …………………………………… 34
　2. 妻の地位と婚姻 ………………………………………………… 36
　3. 第二次大戦後の女性と家族 …………………………………… 37
　4. 核家族における女性の地位 …………………………………… 39

5. 伝統的「家」概念の残存 ……………………………………42
　　注(43)

第3章　日本の女子高等教育とジェンダー ……………………45
　はじめに………………………………………………………45
　1. 女子高等教育改革の概観 …………………………………49
　2. 第二次大戦後の教育改革と高度成長による
　　 大衆化時代での女子教育 …………………………………50
　3. 高等教育における男子学生と女子学生の不均衡 ………52
　4. 戦後の教育の平等化とその政策 …………………………54
　5. 教育と女子労働市場 ………………………………………58
　6. 伝統的ジェンダー役割を形成する女子高等教育の
　　 メカニズム …………………………………………………59
　7. 高等教育の象徴的意味 ……………………………………62
　まとめ…………………………………………………………63
　　注(64)

　資料編：男女共生社会への政策過程と日本の女性
　　　　　の意識変革………………………………………… 67

第3部　ロサンゼルスの日本人女性とその家族 …………77

第4章　日本人駐在員とその家族 ……………………………78
　1. アメリカの日本企業 ………………………………………78
　2. 日本人駐在員の定義 ………………………………………86
　3. 駐在員の法的地位 …………………………………………87
　4. 海外子女と家族 ……………………………………………89
　　注(91)

第5章 日本人海外子女の異文化環境への適応 …………… 93
 はじめに………………………………………………………………93
 1. 問題の所在 ………………………………………………… 94
 2. 調査の方法 ………………………………………………… 96
 3. ロサンゼルスの日本人コミュニティ ………………………… 98
 4. 日本人生徒たちの生活 ……………………………………101
   教育環境(101) 日本人生徒たちの異文化適応状況(103)
 5. アメリカの小学校と補習校の教育比較 ……………………106
 6. 母親の海外子女の教育への意識 …………………………110
 7. 考察とまとめ ………………………………………………112
  注(115)

第4部　調査研究編 …………………………………………117

第6章 研究方法 ……………………………………………118
 1. 調査の概要と尺度 …………………………………………118
   第一調査の概要(119) 第二調査の概要(124)
 2. 問題の設定と研究の枠組み ………………………………125
 3. 仮説とその根拠 ……………………………………………126
   仮説の根拠(127)
 4. 本研究の意義と限界 ………………………………………128
  注(130)

第7章 量的調査結果と分析 ………………………………132
 1. 第一調査結果 ………………………………………………132
  1-1. 分析対象者のプロフィール(133)
   単純回答結果(134)
  1-2. ジェンダー役割観の規定要因(143)
   就労状況(143) 結婚パターン(145) 就労状況と学習活動(146)

　　　　子女関連項目(146)　平等主義的ジェンダー役割観との関連(147)
　　1-3．子供の教育との関連性(148)
　　1-4．個別の変数との平等主義的ジェンダー役割観との関連(151)
　　1-5．重回帰分析結果(155)
　2．第二調査結果 …………………………………………156
　　注(161)

第8章　質的データ分析結果 ……………………………………163
　1．駐在員夫人としてのコミットメント …………………164
　2．若年夫人の事例 …………………………………………171
　3．幹部夫人と若年夫人の共通点 …………………………173
　4．夫、父親役割 ……………………………………………174
　5．アメリカ社会との接触 …………………………………175
　6．まとめと結論 ……………………………………………177
　第4部までの結論 ……………………………………………182
　　注(184)

第5部　10年後のアメリカ駐在員婦人 ……………187

第9章　駐在員夫人のジェンダー役割観の変容 ………………188
　　　　――トランスナショナリズムとグローバル化の
　　　　　進行のなかで――
　はじめに ………………………………………………………188
　1．グローバル化とトランスナショナリズム ……………189
　2．問題の所在と調査の枠組み、調査方法、調査対象者 ……192
　3．駐在員社会の環境変化とトランスナショナルという
　　視点からみた駐在員社会 ………………………………195
　4．面接調査結果 ……………………………………………199

　　　　Aさんの事例(200)　Bさんの事例(203)　Cさんの事例(207)
　　　　Dさんの事例(209)　Eさんの事例(212)　Fさんの事例(215)
　　　　Gさんの事例(217)　Hさんの事例(221)

　5. 結論と研究からの示唆 …………………………………………222
　　　注(228)

結章　21世紀を迎えての女性たちの新たな生き方 ……………229
　　　注(238)

参考文献（邦文）……………………………………………………240
　　　　　（英文）……………………………………………………253

あとがき ………………………………………………………………265

付　録 …………………………………………………………………269
　　1991年度第一調査　質問用紙 ………………………………270
　　　　　　第二調査　質問用紙 ………………………………279
　　2001年度質問紙調査 …………………………………………285

事項索引 ………………………………………………………………293

人名索引 ………………………………………………………………299

「伝統的ジェンダー観」の神話を超えて
——アメリカ駐在員夫人の意識変容——

第1部

理論編

序　章

はじめに

　近年、日本女性のジェンダー役割観[1]が著しく変容したとする論調が新聞・雑誌等のメディアにおいて目立っているが、これらの論調は、第二次大戦後に女性の地位向上を目指した法制度が整備され伝統的家制度が解体したことが、現代日本における女性の高学歴化、少子化を促進し、それにともなって女性の自己実現要求が増大したという社会変化を前提としているように思われる。

　総理府が実施する世論調査[2]も、多くの女性の意識が結婚後も仕事を継続し、家事、育児も夫婦で分担することを望むという欧米型に移行してきていると一貫して報告しており、今や高学歴の背景を持つ若年女性が伝統的なジェンダー役割規範に懐疑を抱いているというまなざしは、いわば既成事実として日本社会に定着しているかのようだ。

　欧米での先行研究[3]によると、女性のジェンダー役割観と学歴、年齢、職業経験、職業上の地位、所属する社会階層、家族構成における子女数等との間には、明確な相関関係が認められるという。一例として、高学歴女性および若年女性が伝統的なジェンダー役割観に縛られていないことが実証されている。

　ジェンダー研究の第一人者であるスカンゾニは、教育がある価値体系

および態度に一定の影響を及ぼすという仮説に基づき、教育水準が高い者ほど、伝統的なジェンダー役割観に対して消極的態度を示すことを実証的に明らかにした[4]。

同様に年齢とジェンダー役割観との強い負の関連性もスカンゾニの実証研究やアルブレックトらの研究[5]によって提示されている。高い年齢層に属する女性ほど女性にとって平等とはいえない男性中心社会で育った傾向が強いのに対し、若年層に属する女性ほどより開かれた社会、すなわち様々な機会が与えられる恵まれた環境で育った傾向が強いと予想できる。このような世代間格差は、若年女性ほどより公平な高等教育へのアクセスと就業機会に恵まれ、職業的地位達成においても有利な場に置かれているという環境によるものであろう。こうした環境要因と高等教育経験の相乗効果によって、伝統的なジェンダー役割観を持つ女性の比率は年齢が下がるとともに減少すると説明されている[6]。

職業経験とジェンダー役割観および行動との高い関連性もスカンゾニやヨーゲフ等による複数の調査結果[7]から読みとることができる。出産や育児期間終了後の中高年女性の労働市場への参入希望や若年女性の結婚・出産後の就労希望の増大はもはや世界的な共通傾向として定着しているが、女性が経済的に自立することは、家庭内での女性の発言力が相対的に強まるものと考えられ、同時に女性の就業により家事労働に割く時間が制約されることから、就業女性の家庭の場合には彼女たちの配偶者の家事参加機会の増加につながると推察される。また女性が職業に従事することにより、家庭というある意味では家族だけの狭い環境から、職場での同僚や上司のみならず仕事上の交渉相手などを含めると、かなり広い範囲での対人関係を築かねばならない環境に置かれる。このことは、男性同様の社会化過程を経るチャンスを獲得することにもつながる。

社会階層とジェンダー役割観の関連についても、スカンゾニの一連の研究は、中産階級に属する女性および男性は下位集団よりも伝統的ジェンダー役割観から解放されていることを実証的に裏づけている。欧米の

先行研究は、以上のような調査結果に基づき、女性の意識レベルでの伝統的性別役割観からの脱皮を起点として、実質的な経験を通じて行動様式においても伝統的な性別役割行動様式から徐々に解放され、平等主義的な性別役割行動を実践すると結論づけている。

一方、日本では、高学歴女性ほど高い就業意欲を持ち、結婚観、家事の共同責任感などの価値観においても、高学歴女性ほど伝統的価値体系に縛られない傾向が最近の世論調査結果にみられる。しかし、学歴、年齢、職業経験、職業地位、家族構成における子どもの数等とジェンダー役割観との実証的な研究は限られている。矢野が実施した生活時間調査においては[8]、先ほどの世論調査結果同様に高学歴女性ほど高い就業意欲を持ち、結婚観や家事の共同責任感などの価値観においても高学歴女性ほど伝統的価値から自由であることが明らかにされているが、実質的な就業率と学歴との正の相関は認められなかった。むしろ、高学歴女性ほど自由時間を多く持ち、多様な余暇活動に参加し、余暇が多いという結果が観察された。

原と肥和野は、1985年SSM調査の女性票を用いて女性のジェンダー役割観と年齢、学歴との相関を検討している[9]。それによると「女は家庭に」という質問に対して肯定的意見を持つ者の比率は、調査時点、調査地域にかかわりなく年齢に比例して増加していることが結果として得られた。さらに、年齢の影響をコントロールした上で[10]、主婦専業度とジェンダー役割観の関係を検討した結果、主婦専業度が高いほど、「女は家庭に」という質問に対して肯定的意見を持つ者の比率が高く、職業経験の有無も意識の差に影響を及ぼしていないことが明らかにされている。

しかし、前述したように上記のようなジェンダー役割観に関する実証研究の数は極めて限られ、SSM調査の質問項目数も限られていることから[11]、一般には世論調査の結果が既成事実として受け入れられているという見方の方が説得力がある。果たして、日本人女性のジェンダー役割

観は世論調査と同様に平等主義的に変容してきているのであろうか。まして、ジェンダーの問題が、フェミニズム運動から始まって社会的にも早期から関心を持たれているアメリカ社会に暮らしている日本人女性にとっての、ジェンダー観はいかなる意味を持っているのだろうか。

1. 本書の目的と背景

　本書では、平等主義的ジェンダー役割観を保持し、それに基づく行動を実践している女性が一般化していると指摘されているアメリカ社会における日本人女性、とりわけ、駐在員として赴任する一時滞在者の妻たちのジェンダー役割観、行動はいかなるものであるかを検証することが主な目的である。

　アメリカと日本との緊密な貿易やビジネス上での結びつきを反映して、臨時就業ビザを取得してアメリカに入国してくる日本人数の増加は著しい。こうした日本人の多くは日本に本社機能を置く日本企業からの転勤者であり、彼らは米国と日本関連市場あるいは貿易業務にかかわる一時的滞在者、すなわち駐在員と定義される。アメリカにおける一時的滞在者である駐在員のおおよその平均滞在期間は5年程度であるとされている。

　外務省は1968年以来毎年、外国に住む日本人数の統計をあらわしてきているが、1987年10月の統計で、外国に住む日本人数が初めて50万人を超えたということが報告されている。その外国に住む日本人は2つのカテゴリーに分類することができる。第1のカテゴリーに属する日本人は、3ヶ月以上外国に住む非移住者として認知され、第2のカテゴリーは、永住者として認知されている日本人である。1987年の統計によると、非移住者として海外に住む日本人数は27万391人であるのに対し、永住者として海外に住む日本人は24万7,927人に上っている。

　両カテゴリーに属する日本人の38%がカナダを含む北米で暮らしてお

り、男女の比率はほぼ同数である。長期滞在者の職業上のカテゴリーのうち、60％を企業の駐在員が占めている[12]。20％が留学生、客員研究員、教授等であり、残りの20％が官公庁の職員である。

　駐在員の生活条件に関しては、日本の親会社からかなりの程度の支援がおこなわれている。具体的には、親会社が住宅費、現地での子どもの教育費、医療保険、および車両保険等の援助を実施しているケースが多い。

　1986年の根津の調査では、日本人駐在員家族の所得水準はアメリカの基準からするとかなり高いとされている。年収が6万ドル以上を超える日本人家族の割合は、30％(1,316人の回答者のうち479人)を占めており、年収が5万ドル以上6万ドル以下を加えるとその割合は70％を超えている。アメリカの水準からみても高い給与と恵まれた付加給付[13]により、駐在員の生活水準は余裕のあるものとなっている。この調査結果から根津は、駐在員は中産階級のなかでも上の階層に属するとみなした[14]。

　駐在員数が増加するにつれて、駐在員の子女の教育問題や異文化適応の過程に焦点を当てた研究が蓄積されてきた。近年では、帰国後の海外子女の自国での教育や自文化への適応が、重要な問題として扱われるようになった。海外子女に関する先行研究は、実際に子どもの教育や異文化適応過程に生ずる問題が、子どものみならず母親へも多大な心理プレッシャーを与えると指摘している。海外子女に関連する多くの先行研究の特徴は、海外子女の母親がかなりの時間を育児だけでなく、教育の関与へ費やしていることを示しているところにあるといえよう。しかし、先行研究では海外子女の教育、および異文化適応が主体となり、その母親たちは副次的にしか扱われてこなかったのも事実である。

　筆者はカリフォルニア大学ロサンゼルス校での留学時代に、多くの日本人駐在員夫人との知遇を得た。当地にはロサンゼルスという日系企業の進出度の高い土地柄を反映して、多くの日本人家族が短期的、長期的に滞在していた。多くの駐在員夫人との面識を持ち、親しくなるにつれ

て彼女たちの生活もしくは行動にはどうやらある共通のパターンがあることに気づいた。このパターンとは次のようなものである、大多数の夫人たちはアメリカに到着した最初の1年を、アダルトスクールと呼ばれる成人学級やコミュニティカレッジなどの、英語が母語でない移民を対象としたクラスにおいて、英語を学習することに費やす。その後、彼女たちは趣味に関連した講座に参加したり、子どもたちの育児に専念したりする。このステレオタイプの行動パターン背景のひとつとして、米国移民法では日本人駐在員夫人の雇用を禁止しているため、どうしても同じような行動パターンになってしまうということが挙げられる。

アメリカに滞在している日本人夫人たちはそこでのライフスタイルを大変リラックスしたものと評している。日本での生活に比べるとアメリカでの生活には「多大なる自由」があると多くの夫人たちが述べている。つまり、日本で生活していたときには、育児や子どもの教育問題もしくは家庭外での活動をしようとする際にも、義父母の意見を聞かなければならないなどの制約があったのに対し、アメリカでは全ての生活の側面における意思決定は本人自身にあり、また社会での活動も多くの機会があると彼女たちは述べている。

日本、アメリカ、エジプトの日本人夫人を対象に実施した吉田の生活満足度調査では、アメリカ滞在の日本人夫人の満足度が最も高いことが明らかになった。吉田は経済的責任から自由であることがこの高い満足度を生み出している理由であるとしている[15]。しかし、夫人たちが多くの自由時間を持ち生活を楽しんでいながら、その行動は妻および母としての役割から大きく分離することはない。家事へのかかわり、家族の世話、子どものしつけ、子どもの現地校および日本人学校の宿題の手伝い等、極めて伝統的な役割に従事することが強く望まれているように思われた。なぜ彼女たちはこうした伝統的な役割を果たすのであろうか。

近年の社会変動や社会心理的立場からみた日本社会の変容、性別役割に対する日本人女性の規範上の変容が、アメリカ滞在夫人たちの意識や

実際の行動に影響を及ぼしているのか、あるいは及ぼしていないのか。換言すれば、アメリカ滞在日本人夫人は日本に住む既婚女性たちと同じようなジェンダー役割観を持っているのだろうか？という疑問が生じたのである。

2. 研究の理論的枠組み

スカンゾニが1978年に、50年前、20年前、10年前に人々が結婚の意義あるいは目的と認めていた事項は現在、5年後、10年後、20年後とはまったく異なっていると述べたように、時代の変化に応じて結婚の目標が変容するとすれば、当然夫婦の価値意識や行動パターンも変容するであろう。女性が男性に家事に関して同程度の責任を持って欲しいと期待したり、男性が妻に経済的責任を同等に負って欲しいと望んだ場合には、夫婦の関係、結婚のパターンも変容するであろう。こうした内面的価値の変容のみならず、社会心理的側面あるいは人口動態の変化なども結婚の形態および夫婦の役割に影響を与えるものと思われる。

本書の目的はアメリカに滞在している日本人女性の家庭内での役割、家庭外での役割および性別役割という規範について実証的に検討することであり、対象となる日本人女性は、アメリカに一時的に滞在して企業活動に従事する日本人駐在員が帯同してきた夫人たちである。またこうした駐在員夫人たちは、フェミニズム運動が早くから起こり、男女平等への社会的、政策的措置が比較的早くから実施され、夫婦のジェンダー役割観も平等主義的に転換してきたといわれるアメリカ社会に接触しているということがどのような影響を与えているのか、いないのか、あるいは男女の性別役割観がずいぶんと変容してきている近年の日本社会を反映して、同様に変容した価値意識を持っているのか、あるいは伝統的なジェンダー役割観を保持しているのかという以上の点を、質問紙調査と面接調査の両方から明らかにすることをまず目標とした。そこで以下

のような問題を設定して質問紙調査、および面接調査を実施する際の課題とした。
- (1) 近年の日本社会の環境的変化が、アメリカに滞在している日本人夫人たちの価値意識にも影響を及ぼしているのであろうか。
- (2) 男女の平等性という点で、日本より先行しているアメリカ社会に暮らしている影響はいかようなものなのか。
- (3) 先行研究が明らかにしているように、高等教育の経験が女性の価値意識を変容させる機能を持っているのであろうか。あるいは日本の高等教育は、伝統的なジェンダー役割観を保持させるような機能を果たしているのであろうか。
- (4) アメリカに在住する駐在員家族は、伝統的な家族機能モデル[16]を保持しているのだろうか。

　本調査が実施されてから既に10年余が過ぎている。その間に何か新しい駐在員夫人に関する動きがあるとも考えられる。そこで、夫の帰国後もアメリカに残り駐在員夫人の自己実現、自己解放を目指し活動しているグループについて焦点を当てて、特に異国での自己の実現、自己の解放といった側面に焦点を当てて追跡調査を実施することも新たな目的とした。そして両調査から得られた結果に基づき、日本社会にある普遍的なジェンダーの問題を考えることにまでつなげたらと願っている。
　上記の課題を設定する際に、研究の理論的枠組みとしてジェンダー役割観と環境変化との関係に焦点を当てた。その上で、高等教育の経験、職業、所得、および結婚の形態といった社会的変数と価値意識の関係についての様々な先行研究をもとに質問紙を作成し、分析枠組みを形成した。夫婦が共働きの場合におけるジェンダー役割観、および行動への影響、またスカンゾニが職業上の達成が自己実現として近代社会では高く評価されると論じ、こうした職業上の達成を望む女性は、ジェンダー役割観においても平等主義的な価値観を保持していると述べているように、

職業上の達成と結婚およびジェンダー役割観との関連性について検討する[17]。

次に、スカンゾニ等が、高等教育を受けた若年層の女性ほど平等主義的価値意識を持ち、また諸相での達成意欲も高いと分析しているように、こうした教育背景がいかにジェンダー役割観に影響を及ぼしているのかを検討することにする。

本調査は、アメリカに在住する日本人夫人のジェンダー役割観、行動など、ジェンダー意識を実証的に調査する最初の研究である。駐在員あるいは研究者などの一時的滞在者の妻を対象とした、異文化への適応問題に焦点を当てた研究は存在していた。しかし、ジェンダー問題においては、日本と比較した場合、意識の面からも行動の面からも進んでいるアメリカという国に在住していることが、日本人夫人にいかなる影響を及ぼしているかについて実証的に検証する試みは、ジェンダー研究の側からも価値があるものと思われる。

3. 本書の構成

序章は、日本人駐在員夫人のジェンダー役割観研究の方向性と指針についてである。第1章は、実証研究に至るまでの理論的枠組みとなる文献調査について述べている。そこで理論的枠組みとして、ジェンダー役割に関する理論の検討をはじめ、家族とジェンダー役割に関連する実証研究および現代日本におけるジェンダー役割と女性についての先行研究の検討をおこなっている。第2章、第3章では、伝統的なジェンダー役割を保持するシステムに焦点を当て批判的に検討することを目的とする。第2章では、制度としての家族とその形態が現代に及ぼしている影響を検討する。第3章では、女子の高等教育について、男女共生社会のなかでの高等教育は、男女平等という理想の下で本当に機能しているのかという問題意識をベースに検討することにしたい。

第4章、第5章では、駐在員家族に視点を移し、第4章では、日本企業と駐在員の全体像を紹介することにしたい。第5章では、特に後の実証研究で母親のジェンダー役割観に大きな影響を及ぼしていると考えられる現地での子女の教育と異文化への適応という点を分析することにする。第6章以降は、実際の実証研究をまとめている。第7章では、量的データを扱い、その分析と解析をおこなっている。第8章では、面接調査のデータという質的データの分析をおこなっている。第9章では本調査が実施されてから10年が経ち、その間に起こった日本の変化、日本企業の動向を視野にいれながら、ロサンゼルス地域に在住している日本人駐在員夫人のジェンダー役割観が10年前と同様なのか、あるいは変化しているのかを質的調査をもとに分析している。結章では全章を総括した上で、現在の日本社会のジェンダー問題の構造に言及している。

注
1　本書においては、ジェンダー役割観、性別役割観、性別役割志向を同様の意味で使用しているが、基本的にはジェンダー役割観で統一するようにした。
2　総理府が実施した一連の世論調査については、『月刊世論調査』(1991年3月号)、『月刊世論調査』(1992年7月号)を参照した。
3　Scansoni, J. による一連の研究、例えば、(1978) の *Sex Roles, Women's Work, and Marital Conflict: A Study of Family Change.* Lexington, Mass: Lexington Books, (1979) の "Sex Role Influences on Married Women's Status Attainments", *Journal of Marriage and the Family,* Vol.41, pp.793-800, (1980) の "Sex Roles, Family and Society: The Seventies and Beyond", *Journal of Marriage and the Family,* Vol.42, pp.743-756, (1980) の *Family Decision-making: A Developmental Sex Role Model.* Beverly Hills, Calif.: Sage Publications などがある。また Collins, R. (1985) による *Sociology of Marriage and the Family: Gender, Love and Property,* Yogev, S. による (1981) の "Do Professional Women Have Egalitarian Marital Relationships?", *Journal of Marriage and the Family,* Vol.43, pp.865-871 などがあるが、アメリカでの性別役割に関する諸研究は70～80年代前半に集中しており、80年代後半以降、その数は急激に減少している。筆者が参考とした欧米の先行研究に80年代後半～90年代がないのもそうした事情によるものである。
4　Scanzoni, J. (1975). *Sex Roles, Life Styles, and Childbearing: Changing Patterns in Marriage and the Family.* New York: The Free Press ; Baber, K.M., and Monaghan, P. (1988). "College Women's Career and Motherhood Expectations: New Options, Old

Dilemmas", *Sex Roles,* Vol.19, No.3/4, pp.189-203.
5　Albrecht, S.L., Bahr, H.M., and Chadwick, B.A. (1979). "Changing Family and Sex Roles: An Assessment of Age Differences", *Journal of Marriage and the Family,* Vol.41, pp.41-50.
6　Scanzoni, J. (1975). *op.cit.*
7　Scanzoni, J., *ibid.* ; Yogev, S. (1981). *op.cit.*
8　経済企画庁編(1975).『生活時間の構造分析』大蔵省印刷局、を参照。
9　原純輔・肥和野佳子(1990).「性別役割意識と主婦の地位評価」岡本秀夫・直井道子編『現代日本の階層構造4 女性と社会階層』東京大学出版会。
10　年齢をコントロールしている理由として、年齢とジェンダー役割観との相関がみられたものの、20代女性のみが40代女性を上回って伝統的なジェンダー役割観を持っていることが観察されたことが挙げられている。
11　SSM調査自体から女性が分析対象として除外されていたことがある。1955年、1965年、1975年のSSM調査には女性が含まれていなかった。1985年調査では女性対象の別の質問して調査している。男女同一の質問紙が配布されたのは1995年調査からである。
12　この60％のなかには現地で採用された社員、職員等も含まれるとみなされる。
13　保険給付、年金など賃金以外の付加給与のこと。
14　Nezu, T. (1986). *The Japanese Parents' Perceptions of Educational Objectives and Ideal Solutions for Their Children in the United States.* Ph.D. Dissertation, Los Angeles : University of California, Los Angeles.
15　Yoshida, Y. (1987). *Life Satisfaction for Japanese People in the United States. Egypt and Japan.* M.A. thesis, Los Angeles : University of California, Los Angeles.
16　パーソンズが1950年代に提唱した家族の役割として、父親は外で働き家族を支える給与を得るという道具的役割を担い、母親は家庭内で家事、育児などを分担する表出的役割を担うというモデルを意味している。
17　Scanzoni, J. (1975). *op.cit.*

第1章　先行研究の検討

1. ジェンダー役割に関する理論

結婚と性別役割：機能理論

　結婚と性別役割に関する機能理論の代表はデュルケムの社会の機能に基づく分業理論であろう。デュルケムは、分業体制の整備が婚姻および家族関係の議論にも大きな影響を及ぼしているとみなした。彼は分業と社会統合が進展する過程においては、婚姻という形態と家族を形成するという行為の間には決定的な差異があると論じた[1]。彼は婚姻の段階で財産を共有することが家族の統合を象徴していると主張した。デュルケムは共有財産が家族の本質的な特質であるとみなしているため、家族において共有財産という特質が消失すると、物質的な財産はもはや統合の源として機能し得なくなる。その結果、家族の統合よりも個人的な結びつきが強くなる、すなわち婚姻関係が強化されることになる。デュルケムは、こうした過程を経て婚姻は法律によって規制されるようになり、徐々に単一婚が一般的な婚姻形態として社会に普及するようになったと論じている。

　同時に、子どもの福祉にとっても、社会にとっても、婚姻を司法で規制することは、有機的な家族の統合を可能にするための本質であるとみなされた[2]。このような環境が整えられるにつれて、性別による家庭内

での分業や機能の特殊化が観察されるようになったのである。家庭内での性に基づく分業や機能の特殊化は、性の有機的な違いという概念を根拠としている。性に基づく機能の差異は、心理的受容性の差異や先天的な所与の能力に関連している。こうした性に基づく差異を強調してみた場合、一方の性は情愛的な機能を果たし、一方の性は知性的な役割を果たすという差異が観察される。このように、両性の有機的、生理学的、および心理学的な違いが、社会的役割と一般的な社会的構造や機能の違いのベースとして認識されるようになった。言い換えれば、性別分業の概念は、両性の間の調和を維持し、かつそれは有機的社会での健全性を維持するためにも不可欠であるとされ、その性別分業のパラダイムでは、女性は内面的、個人的、情緒的問題という表出的役割に携わり、男性は外部の、公共のそして道具的役割にたずさわることが、社会の統合にとって機能的であるとみなされたのである。

　デュルケムは女性を男性よりも生物学的、自然の衝動に支配されがちな存在とみなし、彼女たちの精神的に許容できる範囲は男性よりも狭いと主張した。デュルケムの言葉を借りれば、女性は「洗練されていない」のに対し、男性は「教養のある」存在であると言い換えられる。しかし、一方で男性の道徳的健全性を促進するために、女性は特別の婚姻の対象としてみなされ、同時に家族の一員としての役割を果たすよう求められているとされていた。デュルケムに代表される保守的なジェンダー観は、後年になっても多くの社会学者や心理学者に支持され受け継がれた。

　パーソンズ等は1956年の著書、*Family, Socialization, and Interaction Process*のなかで、夫、妻そして子どもから構成されている核家族が近代産業社会の基本単位であると指摘した[3]。社会の基本単位である核家族内での夫と妻はそれぞれ異なる役割を演じている。その役割モデルでは、成人男性は「道具的リーダー」を、成人女性は「表出的リーダー」の役割を演じる。この「道具的」および「表出的」役割の区別は、家族システム内に存在する「外的」対「内的」という機能の差異にほかならない。換言すれば、

「道具的」機能が家族外での経済的役割を担うのに対し、「表出的」機能は家族内での内的分野にたずさわることを意味している。すなわち、家族構成員の統合を円滑化し、緊張関係を緩和し、家族を維持していくという機能である。

社会における家族の機能

レスリーは1967年の著書、*The Family in Social Context*[4]のなかで、パーソンズが提唱したジェンダー役割モデルを踏襲し、夫と妻は伝統的役割に従うべきだと強調した。夫が妻や子どもを経済的に支援し、外部社会での職業や社会的役割を適切に果たすことを円滑にするために、妻は男性の要求に応じて、家庭内で母親役割や家事にいそしむことが求められていると主張した。さらに、レスリーは妻たち女性は男性との直接的な競争を避けるべきであると提唱した。

上記に述べたような女性のジェンダー役割への見解は、主に女性と男性の生物学的差異という根拠をよりどころとしており、それゆえ、機能的に構造化された社会では、女性の行動が必然的に制限されるのは生物学上自然なこととみなされたのである。家庭内のみならず社会での男性と女性の分業体制は、有機的な社会での機能を果たすために不可欠であるという認識が普及し、法律、教育等の領域や西洋社会の主要なイデオロギーとしても広く採用された[5]。

機能主義ジェンダー役割論への批判理論

1960年代に圧倒的に支持された保守的あるいは機能主義ジェンダー役割論には、その後多くの批判が向けられた。フェミニズム理論[6]はその代表的な見解であるが、目黒はフェミニズムを4つに分類している[7]。第1のリベラル・フェミニズムは、政治の場での女性の地位を確保すること、すなわち議席の確保、高等教育への女性の参入、そして職場で管理的地位につく女性の増加、公共の場での指導的地位につく女性の増加

を目指すものである。この見解はジェンダーや人種、民族の違いにかかわらず、個人の能力は等しくそして公平に評価されるべきだとする立場をとっている。それゆえ、この考え方では男性と女性の不平等についての歴史的背景とその検証を重視するのではなく、現状での女性の地位向上と機会の平等の組織的な達成を強調する点に特徴がある。

第2のマルクス主義フェミニズムは、こうしたリベラルな見解に反対の立場をとっている。マルクス主義フェミニストは、階級制の下での完全な機会の平等を達成することは不可能であるとし、私有財産制が女性の抑圧の基本となっているという立場をとる。それゆえ、性による差別は階級闘争の枠組みから扱うべきであると主張する。

次に、急進的（ラディカル）フェミニズムは、経済的要因にはほとんど意義を見出さない代わりに、生物学的要因が最重要であるという立場をとっている。機能主義ジェンダー論においては、男女間における生物学的差異が社会を機能的に動かすためには必須であるとしているのに対し、急進派は、生物学的差異それ自体が女性の抑圧の原因となるゆえに、技術の進歩により生物学上の差異を克服することが必要であると論じている。

第4の社会主義フェミニズムは、物質主義的見解を根本としている。マルクス主義フェミニズムが階級制を最重視するのに対し、社会主義フェミニストは、階級制という下部構造のみならず、社会に深く根づいている家族や異性間の性関係をも包摂する文化制度そのものが、女性への抑圧の根本原因であるという見解を打ち出している。

マルクス主義フェミニズムが重要視する点は、資本主義制の下での主婦と主婦の労働、すなわち家庭内労働という見解である[8]。セコムベは1974年に、家庭内労働の立場と機能に関連する、資本主義制の下での生産の一般的特徴は以下の5点にまとめられると主張した。

第1に、産業資本主義の到来によって、一般的な労働過程は産業労働と家庭内労働の2つの単位に分類することができるようになった。家庭

内領域が労働市場に必要な労働力を再生産するのに対し、産業領域は市場で交換可能な物とサービスを生産する。この2領域では、女性は家庭内領域に主にたずさわり、男性は外部の産業領域に従事するのが一般的である。家庭内領域では労働力を再生産し、産業領域は資本主義生産の基本単位となる。

　第2に、産業領域における労働者は生産手段から切り離され、賃金は生産過程において支払われる。それゆえ、家庭内での仕事は一般的には経済の一部分として認識されている。

　第3に、家庭内労働者は生産手段のみならず交換手段からも切り離されている。それゆえ、主婦は夫が獲得してくる賃金の家族への分配に、交換契約の恩恵を受けることなく、依存している。

　第4に、賃金は産業領域での労働生産を基本に決定される。家庭内労働は貨幣に交換できないという性質が付随しているために、貨幣経済の枠組みには収まることはなく、その労働は価値のないものとされ、貨幣経済下で男性が主に従事する労働とは区別され周辺的に扱われる。

　第5に、労働過程が分離させられた結果、消費から生産を分離させ、その中間に商品市場を誕生させた。

　以上のような特徴を持つ資本主義市場では、主婦の家庭内労働は賃金に交換することは不可能であるため、交換可能な生産労働としてはみなされない。家族制度の発展とともに、賃金契約と夫が従事している生産手段から主婦が隔離されていった結果、経済的にも夫に依存する構造が作られた。その結果、夫が家庭内で権威を持つこと、妻が夫の従属的地位にあることが社会的にも容認される構造が作り出された。この理論では、婚姻契約は、夫の子の出産と養育のために、妻の労働力を使用できるという権利を夫に与えているとみなす。

　また、マルクス主義フェミニズムによれば、女性の生産的労働は労働を担う子どもを産むという生産にのみ限定され、他方で男性による生産活動は、交換と財産を獲得するといった諸条件によって規定されている。

使用価値の生産より交換価値を生産する労働が優位な社会組織形態の発展につれて、そのことにより性分業の社会的インパクトが強化されてきたと批判している。

家父長制

　家父長制は女性の抑圧を理論的に分析する枠組みとして登場した。家父長制は、男性が物質的基盤を支配する制度として捉えられているだけではなく、男性の間に女性を支配することを可能にする相互依存と連帯とを作り出すような、制度およびイデオロギーとして捉えられている。家父長制の物質基盤は男性が女性の労働力を支配することに由来している。女性の労働力の支配とは女性を生産手段から遠ざけ、性的に支配すること、すなわち婚姻契約によって、夫への私的サービスと子どもの養育を女性におこなわせることを意味している。このようにあらわされる家父長制的行動様式は、女性の労働、および家庭内での支配だけにとどまらず、社会での女性の地位の支配にもつながっている[9]。

　ウェーバーは家父長制を、権力関係の文脈から分析できると論じた。彼は権力を、抵抗が存在するにもかかわらず、人間が様々な社会的関係のなかで自分の欲するように行動する、もしくは思うとおりにする蓋然性であると定義している[10]。権力には直接的権力と間接的権力の2種類がある。間接的権力は経済資源を支配することによって間接的に他人を支配すること、直接的権力は直接他人を支配することを意味し、前者には権威主義的支配が包摂される。家父長制は、権力的地位に就いている者の要求を正当化する規則を公式に法文化することで、合理的法的支配を可能にするという点で、直接的権力支配の一種であるとみなされる。

　ウェーバーは家父長制を、男性による女性、子ども、そして人種、民族集団に対して行使される組織的権力の描写としてみている。男性、女性の両性ともに理論的には家父長制の対象となりうるが、自由な成人男性は、女性とは異なる地位を獲得することができる点で優位な立場に置

かれている。さらにウェーバーは、家父長制を存続させるという点から、子どもの養育を含む母子関係を分析している。母と子どもは基本的な「自然」家族であるが、社会学的には意義があるわけではない。すなわち両親と子どもの関係が法的に認知されたときにのみ、その自然な関係が社会化されたものとなるのである[11]。母と子の関係は「自然」に発生するが、この関係を社会化するのは父親である。

世代を超えての家父長制は世襲制的支配にまで拡大する。家父長的権力は土地の相続やその他の私有財産の息子への相続によって受け継がれるのである。このように、子どもに性のヒエラルキーが伝わる構造が家父長制には備わっている[12]。

ジェンダーと社会階層

「生産手段の獲得」が階級概念からのジェンダー論へのアプローチの基本であったが、階層研究のアプローチの基本は「不平等な地位の分配」である。階層の形成過程と構造を分析する際に、性は近年重要な要素として認識されるようになった。その背景には、社会的不平等に接近する上で性が最も目にみえる基準のひとつであり、同時に経済、政治、そして社会的不平等の最も明白な基本のひとつであることが挙げられる。

アッカーは1973年に、階層研究のなかでの女性の社会的地位研究には、明白に、あるいは暗に6つの前提が存在すると指摘した[13]。それらは、①家族は社会階層システムの基本単位である、②家族の社会的地位は世帯の代表者である男性の地位によって決定される、③女性は家族のなかで生きている。それゆえに、彼女たちの地位は従属している夫である男性の地位によって決定される、④女性の地位は少なくとも階級構造のなかでの彼女の地位は夫である男性の地位と同じである。なぜなら家族が地位評価の基本単位であるからである、⑤女性は、女性が男性に従属していない場合、すなわち婚姻契約を交わしていない場合に自らの地位を決定する、⑥女性は男性と多くの側面において同等ではない。

アッカーは、これらの階層研究にみられるジェンダーに関する6つの前提を、論理性と妥当性の欠陥という論拠から批判している。彼女は多くの独身の世帯主である女性の存在、すなわち、もし世帯主に男性がいなかった場合に家族の地位を決定することはできないということはないという理由で、第2の前提を否定する。さらに、女性が自らの地位資源を持っていないということは真実ではないと主張する。なぜなら、男性同様女性も、教育背景、職業、そして収入という資源を持つことは実際的であり、かつ可能である。したがって、女性が社会的地位を決定する基本を持っていないという議論は成り立たないという立場をとっている。

また、女性が自らの社会的地位を達成した場合には、女性の地位が男性と同じであるという議論は不自然である。第5の前提は、単身生活者や、世帯主である女性の存在を無視した議論であり、階層研究において女性が地位資源を持つことは、第5の前提が認められた場合にのみありうるという点で矛盾がある、とアッカーは喝破した。そして女性であることにより経済的、社会的に不平等な地位に置かれているという統計データに基づき、性が階層形成過程に影響を与えていることを示すことにより、第6の前提を否定したのである。

ゴールドソープは、アッカーとは反対に、この階層研究の「家族が階層の基本単位である」という見解を支持し、階級研究と階層研究に共通の理論的支柱を認めている。つまり、家族の男性である夫が労働市場で貨幣価値のある働き手であることから、直接階級構造のなかでのその地位が決定され[14]、他の家族の構成員、例えば妻の階級地位は世帯主である男性の地位によって間接的に決定される。さらに、彼は妻の夫への基本的依存の結果として、夫婦を単位とした家族が階級形成の単位となるという立場をとっている。

2. 家族と性別役割に関する実証研究

1968年にフォガーティとラポートは、大学卒業という学歴背景を持つ335人の女性を対象に、性別分業意識と実際の行動についての質問紙調査を実施した。調査結果から、回答者は性別役割に関してはリベラルな考え方を保持しているものの、いったん結婚し、子どもを持つと実質的には伝統的な性役割を果たしていることが明らかになった。回答者の大卒女性たちが、妻の手中に家事を委ねられることを好む傾向が観察されたのである[15]。彼らが引き続き1971年に実施した調査は、共働き夫婦の抱える仕事と家事のジレンマについて焦点を当てたものであった。

　フォガーティとラポートは、伝統的なジェンダー役割観が新しい役割観と実践にとって代わられるべきだと主張する代わりに、夫婦によって様々な家庭内での分担や家庭外労働のパターンがあり、それらは夫婦が話し合うことで様々なパターンを選択するべきだというリベラルな立場を表明した。彼らの主張は、男女がよりよき夫婦関係を築くためにも、納得するまで話し合い協力して、それぞれの夫婦に適切な役割分担のパターンを見出すという、個別の夫婦による選択という点で、新しい共生のあり方を提示しているともいえる。ただし、高学歴女性は潜在的にキャリアを追求する傾向があり、そういう女性が意思に反して家事に専念した場合、ストレスが嵩じて結局は本人のみならず、子どもや夫を含めて、結婚生活全体も不幸になるであろうという前提を認識して判断をするべきだという見方を提示している[16]。

　教育とジェンダー役割観との関連性を巡っての研究は多くの社会学者の関心事でもあった。エプスタインとブロンザフトの研究において[17]、1970年代初頭に、既に大多数の女子大生は伝統的な主婦役割の束縛から解放され、キャリアと育児を両立させたいという希望を持っていることが指摘された。1970年代以前、すなわちフェミニズム運動が活発化する以前におこなわれたカマロブスキーの労働者階級の家族を対象とした研究においても[18]、労働者階級家族が平等主義的なジェンダー役割観を認知するには、高等教育を受けることが効果的であるとの指摘がなされて

いた。現在まで、高等教育と平等主義的ジェンダー役割観の育成との関連性についてはかなりの研究の蓄積がみられる。

　1974年のローパーとラビーフによる実証研究は、1934年のカークパトリックの「態度の変容」調査と同じ内容で質問紙調査をおこなった。それは、親世代と子世代という2世代間でのジェンダー役割観と態度の違いにおける決定要因を解明することが主な目的であった。2世代間での変容過程をみるためにカークパトリックが開発した質問紙を使用するという形でおこなわれた結果[19]は、親・子どもの世代ともに、1934年の結果よりもフェミニズムに対して寛容性を示しており、また親・子どもの世代ともに学歴が高いほど、平等主義的ジェンダー役割に共感を抱く比率が高くなることが判明した。

　一連の実証研究において高等教育と並んで関心が持たれた事項は年齢の影響度であった。変容する家族の役割という命題の下、アルブレクト等は、稼ぎ手、家事の担い手、育児の担い手、子どもの社会化の担い手という家族内での役割に関して、世代間の差が存在するかどうかの実証研究をおこなった[20]。この研究で使用された家庭内役割に関する尺度は、性別役割分業への志向性、性別役割分業の実際、意思決定に反映される夫婦の力関係および婚姻以外の家族の形態への志向性から成り立っていた。これらの尺度による調査結果からは、年齢による差よりも年齢による同質性が浮かび上がった。配偶者間での性別分業の実際は、年齢よりもむしろ夫婦間での力関係に関連しているという結果が明らかになった。

　この夫婦間の力関係とジェンダー役割については、エリックソン等[21]によっても研究がおこなわれた。エリックソン等は、家事の分担、育児、有給での雇用という側面に焦点を当てた結果、夫の低収入、妻の高学歴、12歳以下の子どもの存在、および近場にある親戚の存在が、家事労働の分担に大いに関連しているという結果が得られた。これらの結果から夫婦の力関係が家事の分担と関連しているという見解が得られたのである。

婚姻と女性の役割を社会学的に論じた第一人者であるスカンゾニは、ジェンダー役割に関する一連の研究を1970年代に精力的に実施している。例えば、1971年には白人および黒人既婚男性および女性3,000人を対象に[22]、妻の家庭内での地位、夫、父親、妻、母親の役割関係の明確化を目的として、伝統的妻役割、妻の自己実現、夫と妻の役割の変容の可能性、家庭内での平等性、母親役割等についての意識調査を実施した結果、ジェンダー役割観が変容していることが確認された。すなわち若年層の男性、女性ともに高年齢層の男性、女性より平等主義的なジェンダー役割観を保持し、全体的に女性の方が男性より平等主義的ジェンダー役割観を保持している傾向があることが判明した。また、人種、性別、年齢にかかわらず、高学歴者の方がより平等主義的ジェンダー役割観を持っていることが明らかになった[23]。

　1960年代後半から70年代にかけては、フェミニズム運動が大躍進した時代であった。そのなかでも71年から75年にかけては急進的なフェミニズム運動が隆盛した時期に当たり、女性の権利拡大がマイノリティの権利拡大とともにアメリカ社会に根付きつつあった注目すべき時代でもあった。こうしたフェミニズム運動は男性、女性の性別役割観にいかなる影響を及ぼしているのであろうか。スカンゾニはこうした問題意識をベースに1971年度に実施した調査をほぼ同じ内容で、1975年に18歳から29歳という比較的若年層に属する白人女性を対象に実施した。71年の調査結果との比較では、女性の地位、女性の自己実現、伝統的妻役割観において平等主義的なジェンダー観を持つ女性の増加が目立っていた。

　75年の調査結果では女性が自己実現しようとする場合、あるいはやりたいことがある場合、夫や子どもに関する事項を優先するよりも、自分の関心に価値を置き、優先しようとする女性が増加していた。夫、および父親の地位に関連する役割についても、より平等主義的な役割を求める女性の増加が目立っていた。子どもに関する事項を何よりも優先することが伝統的母親役割と定義されている本調査では、その伝統的母親役

割を肯定的に捉える女性の比率が減少していた。キャリアおよびより高度な教育を求める、もしくは重要視する女性の比率も上昇していた。

スカンゾニはフェミニズム運動の隆盛と関連づけて、これら一連の女性のジェンダー役割観の変容を、婚姻と家族の構造の変化に付随する現象と位置付け、分析した。彼はフェミニズム運動が隆盛するにつれ、女性にとっての仕事あるいはキャリアの持つ意味が重くなり、同時に、夫の家庭内での地位と妻と夫の力関係のバランス上の変化が表面化してきたことがジェンダー観の変容に多大な影響を及ぼしていると説明した[24]。

家庭内での力関係という要素を分析する視点として妻の職業、および収入は不可欠である。ヨーゲフは、専門職に従事する女性の家庭内でのジェンダー役割について大学の女性教員を対象に研究したが[25]、他の研究では、職業を持っている女性が家庭内でのジェンダー役割を極めて平等に夫と分担しているという結果を示したのに対し、本研究は女性教員が家庭内では伝統的な妻役割を果たし、夫への平等主義的なジェンダー役割をそれほど期待していないという結果を提示したのである。この研究結果からは、フェミニズム運動が普遍化していく過程のなかでも、ジェンダー役割についての意識および実践においては一元的ではないという事態がうかがえる。

この点を理論的に解明しようとしたのがコリンズである。彼はジェンダー役割に関する理論の根本となる概念が、社会化と性による分業を基本とする機能主義理論であるとみなした。この基本に立つと、社会での機能的なニーズに応えることが最も合理的説明として捉えられ、家族の社会心理理論の原動力となるものは、個人の間での報酬の交換であるということになる。さらに、コリンズは急進的な経済理論、フェミニズム理論、および葛藤理論を分類し、階級闘争と経済的搾取が急進的な経済理論の根本的原動力であるとみなし、この3つのイデオロギーの鍵となる概念は社会階級、資本そして家事労働であると主張した。

コリンズは、フェミニズム理論の鍵概念となるのは家父長制とセクシ

ズムであるとし、ジェンダー概念の再生産と男性の独占がフェミニズム理論が生まれた原動力であるとみなした。しかし彼は、社会は複雑な要素から成り立っているゆえに、ある家庭では財産を男性が独占しているという伝統的男性優位および性別分業の形態をとっている一方、性による役割が極めて平等に配分されている家庭も存在していると指摘した。彼は中産階級の家庭では平等主義的な性別役割分担がみられ、労働者階級の家庭では伝統的な家族の役割形態が保持されているという多様性の実際を示したのである。

一連の実証研究[26]からはフェミニズム理論とは異なった見解、いうなれば女性が職業を持つこと、高学歴背景を持つことが、平等主義的なジェンダー役割観の形成と家庭内での夫との力関係を同等に持つことに少なからぬ影響を及ぼすという、実証性に基づいた事実が説得力を持って受け入れられた。しかしながら、子どもの社会化面における機能主義理論の影響力の強さや、家父長制の残存といった面が、女性の伝統的なイデオロギーの保持に寄与しているという現状は否めず、平等主義的なジェンダー役割への転換といった単純な見方では割り切れないことも事実であろう。

3. 日本における現代のジェンダー役割と女性

日本においてはジェンダー役割に焦点を当てた実証研究の蓄積は少なく、実証研究のほとんどは、核家族と伝統的な家父長制という視座をベースにした家族と女性という枠組みでの研究に限られてきたといえよう。ジェンダーあるいは女性の役割に焦点を絞った研究としては、1963年にボーゲルが著わした『日本の中産階級』が挙げられる[27]。ボーゲルは、日本の郊外の新中産階級の家族に強力な家庭内分業の存在がみられ、この強力な伝統的役割が夫婦間の力のバランスを維持するのに役立っているとみなした。これは、伝統的なジェンダー役割が、妻の家庭内での地

位を低下させているとしている西洋のジェンダー研究の主張とは異なり、彼は日本の妻たちは家計を全面的に管理することにより、家庭内での強力な自立性を可能とし、夫の手助けを必要としていないという見解を提示したのである。

労働者階級家庭と中産階級家庭内でのジェンダー役割の比較は1974年に目黒によってなされ、中産階級家庭ではより平等主義的なジェンダー役割の実践がおこなわれていることが示された[28]。また1973年にウィンバリーは、東京近郊の都市に住む家族と農村地方に住む家族内でのジェンダー役割の比較をおこない、農村地方に住む家族に強力な性別分業の存在を見出した[29]。

一方、教育社会学の領域でもジェンダー研究はかなり蓄積されてきたといえる。矢野は女性の教育を経済的効果といった視点から研究している。矢野は女性の高等教育への投資と将来にわたっての給与所得との関連性から分析しているが、女性の場合には通常の人的資本投資理論が労働市場における女性の地位と所得には当てはまらないと指摘している。同じ教育背景を持つ男女の、所得の上昇を比較してみた場合、男性の所得が年功と経験に応じて徐々に上昇するのに対し、女性の所得は男性の上昇率と同じカーブでは上がらない。給与所得の上昇面での明らかな不均衡性が存在しており、それゆえ、女性の教育への投資は決して相殺されないと主張した。むしろ日本女性の場合には、職業との関連よりも、時間の使い方、および価値観の変化と態度の変容に大卒女性とそれ以外の女性との教育上の効果の違いがみられると指摘した。1975年に実施した調査結果から、矢野は高等教育を受けた女性は、それ以外の女性よりも自由な時間を多く持ち、自らの自己実現や社会サービスに自由になる時間を使う傾向があると指摘した。そして高等教育背景を持つアメリカ人女性には労働市場でのキャリアと高等教育背景とに密接な関連性が見出せるのに対し、前述した経済効果といった側面から、それらに関連性の薄い日本人女性の場合にはむしろ価値観や規範の変容に影響を及ぼし

ていると論じた。高学歴女性は、仕事を持ちたいという比率が高くなり、次に社会および家庭内でのジェンダー役割への考え方が伝統的価値観から解放される比率が高くなるとしている[30]。

　本章では主に、ジェンダー役割理論と家族とジェンダー役割の実証研究、および日本におけるジェンダー役割の研究の3側面に焦点を当てて先行研究を検討してきた。次章では日本人女性のジェンダー役割観と深い関連性があると思われる制度としての家族、および教育について批判的に検討することにしたい。

注

1　Durkheim, E. (1964). *The Division of Labor in Society.* New York：The Free Press, p.124.
2　Sydie, R.A. (1987). *National Women, Cultured Men : A Feminist Perspective on Sociological Theory.* New York：New York University Press, p.21.
3　Parsons, T., Bales, R.F., and Others (1956). *Family, Socialization and Interaction Process.* Glance, Ill.：Free Press. 橋爪貞夫他訳(1981).『家族』黎明書房。
4　Leslie, G.R. (1967). *The Family in Social Context.* New York：Oxford University Press. 邦訳名は、『社会的文脈からみる家族』。
5　パーソンズ等の見解は、性役割が社会に依存することを指摘した点において斬新的であったが、社会に規定された性役割や慣習、規範が変容可能なものとしてみなさず、社会適応として捉えた意味で限界があったというのが今日の評価である。
6　日本におけるフェミニズム理論の代表的な研究者には上野千鶴子、江原由美子、井上輝子、目黒依子等がいる。
7　Megro, Y. (1980). *A Feminist Analysis of the Relations Between Women and Men.* Tokyo：Kakiuchi Shuppan.
8　マルクス主義フェミニスト論者として代表的な論者としては、*Feminist Review* 誌の編集者であるアネット・クーン、アンマリー・ウォルプ等がいる。ここではモリニューおよびセコムベの主張を取り上げている。Molyneux, M. (1979). "Beyond the Domestic Labor Debate", *New Left Review,* No.11, pp.3-27 ; Secombe, W. (1974). "The Housewife and Her Labour Undercapitalism", *New Left Review,* No.83, pp.3-24.
9　Walby, S. (1990). *Theorizing Patriarchy.* England：Basil Blackwell, p.175を参照している。
10　マックス・ウェーバーは、家父長制と権力との関係を、Guenther Roth, Claus Wittich による編集、*Max Weber: Essays in Sociology* (1968). New York：Bedminster

Press のなかで分析している。
11 Sydie, R.A. (1987). *op.cit.*, p.63.
12 日本における家父長制とジェンダーの代表的論者の一人、上野千鶴子は (1990).『家父長制と資本制』(岩波書店)を著している。
13 Acker, J. (1973). "Women and Social Stratification：A Case of Intellectual Sexism", *American Journal of Sociology,* Vol.78, pp.936-945.
14 Goldthorpe, J.H. (1984). "Women and Class Analysis：In Defense of the Conventional View", *Sociology,* Vol.17, No.3, pp.465-487.
15 この調査については Fogarty, M.P. が1971年に著した *Sex, Career and Family: Including an International Review of Women's Roles,* Beverly Hills, Calif: Sage Publications のなかで詳述されている。
16 Fogarty, M.P., *ibid.*, p.236.
17 Epstein, G.F., and Bronzaft, A.L. (1972). "Female Freshmen View：Their Roles as Women", *Journal of Marriage and the Family,* Vol.34, pp.671-672.
18 Komarovski, M. (1964). *Bull-collar Marriage.* New York：Random House.
19 ローパーとラビーフはテキサス・テック大学の社会学を履修している学生294人を対象にジェンダー役割と態度の変容に関する調査を実施した。
20 ユタ州の2,227世帯を対象に、29歳以下、30歳～44歳、45歳～65歳、65歳以上という年齢集団に分けての質問紙調査がおこなわれた。その結果は、Albrecht、S.L., Bahr, H.M., and Chadwick, B.A. (1979). "Changing Family and Sex Roles：An Assessment of Age Differences", *Journal of Marriage and the Family,* Vol.41, pp.1-50に掲載されている。
21 本研究は、Ericksen, Yancey and Ericksen によって1979年に実施された。詳しくは、Ericksen, J.A., Yancey, W.L. and Ericksen, E.P. (1979). "The Division of Family Roles", *Journal of Marriage and the Family,* Vol.1, pp.301-311.
22 本研究における既婚女性の年齢幅は18歳から44歳に至っている。
23 この場合の高学歴者の定義は13年以上の学校教育歴および中等後教育歴背景を持っていることとされている。
24 一連のスカンゾニの調査の内容および分析は、彼が1978年に著わした *Sex Roles, Women's Work and Marital Conflict: A Study of Family Change.* Lexington, Mass：Lexington Press におさめられている。
25 ヨーゲフはノースウエスタン大学の女性教員106人に家庭内での家事分担の実態とジェンダー役割についての意識調査を実施した。Yogev, S. (1981). "Do Professional Women Have Egalitarian Marital Relationships?", *Journal of Marriage and the Family,* Vol.43, pp.865-871.
26 その他のジェンダー役割に関する実証研究としては、63人の南カリフォルニア在住の既婚職業婦人に面接調査をおこなったガーソンの1985年の研究や、ホーランド等が1988年に実施した共働き夫婦の家庭内での家事労働の分担の満足度調査などがある。

Garson, K. (1985). *Hard Chices: How Women Decide about Work, Career, and Motherhood.* Berkeley: University of California Press ; Holland, B.M., and Agostinelli, J. (1988). "Husbands' and Wives' Satisfaction with the Division of Labor", *Journal of Marriage and the Family,* Vol.50, pp.349-361.

27 Vogel, E.F. (1963). *Japan's New Middle Class.* Berkeley：University of California Press.
28 目黒依子(1980).「女性と家族」『家族と地域の社会学』東京：垣内出版。
29 Wimberley, H. (1973). "Conjugal-role Organization and Social Networks in Japan and England", *Journal of Marriage and Family,* Vol.35, pp.125-130.
30 袖井孝子・矢野真和編(1987).「女子教育の経済効果と地位」『現代女性の地位』東京：勁草書房。

第2部
伝統的ジェンダー役割を保持する
システムの批判的検討

　日本人女性のジェンダー役割観および実践に及ぼす家族、教育の影響は少なくない。家族制度については、第二次大戦後に制度としての「家父長制」は廃止され、民主的な家族形態である夫婦を中心とする核家族が主流モデルとなってきたが、かつての日本社会特有の家父長的家族制が影響してきたと思われる概念、およびマルクス主義フェミニズムが批判する近代的家父長制が影響している規範が残存していることは否定できない。とりわけ、こうした概念や規範は戦後の給与所得者が大幅に増加してきた過程で、同時に増加してきた専業主婦に求められてきた伝統的ジェンダー役割観の維持との関係は深いと考えられる。

　教育に関しては、戦前の男女別学、良妻賢母教育が、戦後に実施された男女共学等の改革を変化し、女子の高等教育への進学率の上昇が実現してきたものの、カリキュラムや進路選択、かつ教育の結果である就職における男女の差は依然として存在する。戦後の教育が女性の社会進出、平等主義的なジェンダー観の形成に大きな役割を果たしてきたことは評価されるべき点であるが、しかしながら依然として解決すべき点が残っていると思われる。

　第2章と第3章ではこうした側面に視点を当てて批判的に検討することを目的としたい。

　なお、部の末尾にこの目的に関連する政府機関の調査資料若干を添付した。

第2章　日本の家族システムと女性

本章では明治から新憲法が発布されるまでの時期と第二次大戦後に新憲法が発布されてからの2期にわけて日本の「家」について分析することにしたい。

1. 明治期から新憲法発布まで

　家制度の確立が明治以降の日本女性の地位を決定付けたことに疑いの余地はない。それでは「家」とは一体どのような概念であり、いかなる制度であったのだろうか。日本社会における「家」は西洋の家族生活や世帯とはまったく異なる概念である。「家」は緊密な親族関係からなる安定的な単位として定義される。家族の財産や不動産を再生産する単位であると同時に、家族の構成員の過去および未来の世代を保護し、支えるための単位であるとみなされていた[1]。

　したがって、家族の財産は「家」を保持するための構造として存在した社会階級もしくは階層と密接に関連していた。換言すれば、「家」を存続させなければならない財産を持っている層の家意識は強いが、比較的財産を持っていない庶民が多数を占めている層においては、「家」意識はそれほど強固ではなかった。「武家」にみられる「家制度」が出現したのは、封建時代にさかのぼるが、公的制度として初めて定着したのは明治政府による1898年の民法制定が契機であった。総則・物権・債権の三編は

1896年に公布され、親族・相続の二編は1898年に公布されるなど、分割して公布され全編が交付されたのは1898年のことであった。「家制度」の確立のために、民法公布に先立っておこなわれたものが1871年の戸籍制度の導入であった。戸籍制度の導入により、小山が「家族は国家によって基礎単位として把握される存在となった」[2]と指摘しているように、家は緊密な親族関係からなる単位として、家のなかで子女の教育、財産の再生産と保持をおこなう国家的基礎単位としての地位を獲得することになったのである。

最初の家族法は明治政府の下で1919年に公布されたが、この家族法により、いわゆる「家制度」として知られている「家父長制」が確立されたのである。この「家制度」が法的にも確立されたことによって、それまで封建時代の武家においてのみ実施されていた、「家」をつくった祖先を敬うこととその祖先を祭る家祀を司る者が家長であるという「家父権」が、実質化されたのであった。しかし、上野が指摘しているようにこの家族法の最も新しい側面は、「家父長制」の確立によって、家父長的支配権が「家」から「国家」という単位にまで拡大されたことであったといえよう[3]。

当時の穂積八束に代表される保守的立場を踏襲する学者、法制定者等は、「家」が日本社会の精神的支柱であるだけでなく、社会の基本であると主張した。穂積は日本を「祖先教ノ国」とし、「権力ト法トハ家ニ生マレ」るとみなした[4]。すなわち彼は「家制度」の下における「祖先崇拝」が「国家の存在」の根源であるという立場をとり、日本人にとって祖先を敬うという精神的・倫理的支柱は、家長が現世において祖先の霊を代表している、という「家父権」を支える「家制度」にあるとした。制度化された「家制度」は、権力の源泉が「家父権」にあるというイデオロギーを日本国民に普及させ、結果的には天皇を家父とした[5]家族としての日本臣民というイデオロギー確立の基盤となった。

では明治の民法では男女の地位はどのように位置付けられているのであろうか。そこでは「家父権」とその相続にみられるような圧倒的男性優

位が法的に明示されているのだが、この男性優位の視点は、旧民法がその制定の際に手本としたフランス民法にもみられる、家父長的家族制視点から踏襲されたものであったらしい。フランスに限らず産業革命後のヨーロッパの家族は、父親が絶対的権力を持ち同時に家族の構成員を守る義務を課せられていた家父長的家族であったとされている[6]。

次に、明治民法下における妻の地位と結婚はいかなる様相を示していたのかについてみてみる。

2. 妻の地位と婚姻

「家制度」の下では女性および未成年子女は、家長に追従的あるいは従属的に扱われていた。商家や地主などにみられるように、明治民法下では家が経済的活動の単位でもあったがゆえに、家長は家族の財産、生産や消費および家計を管理、統制しながら、家庭内のすべての祭祀に責任を負っていた。家長以外では長男のみが家督権および財産を相続する権利を保持していたのであった。明治民法には旧武士層の「家」的慣習が踏襲されていた。すなわち「家」に人として生きる必要な道徳観、倫理観を伝授する機能が備えられていたために、家長は子どもを教育すると同時にしつける責任を担っていた。このように「家長」が家庭内で絶対的な権力を保持し家族に対しての責任を負っていたために、女性や子どもの地位が自然と従属的な立場に置かれたことは納得がいきやすい。

封建時代以前においては、社会の道徳秩序はそれほど絶対的に優先されていたとはいえなかったため、男性と女性の地位はむしろ平等主義的であったとされている。しかし、支配階級として社会を築いた武士層が、社会におけるジェンダー・ヒエラルキーを江戸時代に固定化した。このような安定した武家社会を構築した江戸時代においても、旧武士層にとっての「家」とは「家業」、「家産」であり、生産活動として結びついていたために、極めて「家長」の立場は強いと同時にその責任は重いもので

あった。一方、「家産」と切り離されていた職人家庭においては、女性の立場は強く男女が比較的平等主義的であったといわれている。

　明治政府は「家族国家」というイデオロギーを社会に浸透させるために、この制度化されたジェンダー・ヒエラルキーを利用した。河田はこの家父長的家制度の下では、妻や女子は社会の構成員としての個人的な性格を持つことはできなかったと論じている[7]。彼は旧民法にみられる男尊女卑の概念を取り上げて、この民法によって保障された家父長制の下で劣等的な地位に女性を固定化し、その地位が永続化されたことを批判した。女性の劣等的な地位の象徴としては、妻に課せられた最も大事な仕事は、家産を継ぐべく跡継ぎを生むことが挙げられる。換言すれば、跡継ぎを生むか生まないかによって女性の地位は評価されたのである。跡継ぎを生んだ場合でも、しばしば養育権は妻になく、夫の母である姑が養育者としての地位を保持していた。離婚に際して、夫のみが支配的な決定権を保持していることが、妻の決定的な従属的地位を象徴的にあらわしていた。

3. 第二次大戦後の女性と家族

　旧民法下における「家制度」の確立と、それにともなう従属的な妻の地位の制度化が変容していく要因には、日本資本主義の発展が関係している。資本主義が発展するにつれて、大規模生産をおこなう工場や企業が誕生し、その多くは都市に場所を定めた。こうした企業や工場での職を求めた人々の都市部への移動が顕著化し、俸給労働者になる層が拡大したのであった。この俸給労働者の誕生は、第二次大戦後に第2の波があったのであるが、実は第1の波は旧民法下の明治時代に既にみられた。1871年の廃藩置県、1876年の俸禄処分によって、旧武士層にとっての「家業」、「家産」は消滅してしまったために、旧武士層は新しい職業を求めることになったのである。武士たちの一部は農業や商業に転業したが、

近代的職業であった「俸給生活者」になるものも多かった。官僚などもその代表例である。この「俸給生活者」の登場により、経済的・生産的単位であった「家」と切り離された家族の萌芽が、既に明治時代にみられたわけである。

　第二次大戦の敗戦とそれにともなう占領軍による占領期において、旧民法下で制定された家族法が改定された。敗戦後、新憲法が1946年に発布されたが、この新憲法のなかでは、家族は個人の価値と性的平等の上に成り立つものであるという婚姻の根本的原則が明記されている。新憲法に引き続き、家族法の改定が1947年に実現した。この改定を通じて、正式にかつ公的に「家制度」が日本社会では廃止され、女性は婚姻、離婚、そして相続において男性と法的平等性を獲得することができた。「家制度」が公的に廃止されて以来、家族に関する支配的なイデオロギーは家父長制から夫婦制へと変遷した。女性の参政権が認められるなどの法制度の充実、民主主義の誕生や男女共学や女子の大学への入学許可等に代表される社会的要因は、夫婦を基本とする家族イデオロギーの強化に寄与したといえよう。前述した大規模資本主義に代表されるような産業構造の転換、人口の都市部への移動および出生率の大幅な低下なども、夫婦家族イデオロギーが日本社会に浸透するのに大いに関連したといえる。

　具体的に述べると、特に高度経済成長期に当たった1960年代における産業・社会構造の変化は著しかった。農林漁業に従事する労働力が著しく減少した一方で、高度経済成長時代の象徴でもあった重化学工業およびサービス産業に従事する労働力が大幅に増加した。この時期には家業従事者および農林漁業従事者の数を賃金労働者の数が初めて上回った。職業の構造的変化により、都市部への大幅な労働力の移動と出生率の低下現象が加速化し、50年間で家族構成員数は5人からほぼ3人へと低下したのであった。**表2-1**に示されているように、特に1955年から75年の20年間での減少率は著しかった。この数値は家族の基本単位が夫婦と子どもからなる核家族に変容したことを示しており、その変容の速度は極

表2-1　日本の世帯構成員数の変化

(人)

1920	1930	1940	1950	1955	1960	1965	1970	1975
4.89	4.98	4.99	4.97	4.97	4.54	4.05	3.69	3.44

出典：国勢調査より作成

めて急速であったことがこの時代の日本の特徴といえよう。

　表2-1に示されているような世帯構成員数の減少により、戦後日本における家族は夫婦と子どもから構成される核家族が基本となってきた。核家族が家族の基本モデルとなるとともに、高度成長期を迎えて日本社会は、産業構造の変化、都市化、給与所得者を中心とした賃金構造への移行などを経験した。

4. 核家族における女性の地位

　私的領域である家庭はジェンダーの問題と最も密接に絡まりあっており、家族や家庭の捉え方は各人の立場によって正反対のアプローチがとられることもしばしばある。フェミニズムの立場からは、家族は家父長制と資本制が結びつき、固定化したジェンダー役割を再生産する装置として批判される。一方、機能主義的立場からは、夫婦と子どもからなる核家族を中心的家族形態とする近代の家族モデルは、子どもの社会化過程の重要な基本的装置として不可欠であるとみなされている。

　戦後、核家族が家族の基本モデルとなるとともに、高度成長期を迎えて日本社会は、産業構造の変化、都市化、給与所得者を中心とした賃金構造への移行などを経験した。こうした社会全体の変容そのものが、日本の核家族形態を安定化させたものの、一方では男性と女性の家庭外、家庭内での性別役割もしくは分業体制を固定化したとみなす論者も数多い[8]。このアプローチの特徴は、家庭内での性別役割に関する分業、すなわち性別役割の固定化は「家父長制」の残滓であるとみなす点にある。この場合の家父長制は、日本の伝統的家族形態であった制度としての家

父長制家族ではなく、役割と機能を性や世代で独占することであり、成人である男性のみが貨幣資源へのアクセスを独占することを意味している。このアプローチからみれば、男性が得る賃金のみで家族を養うべきであるという考え方に基づいた、「男性が外で働き、女性は家庭を守る」ことが家族の一般的イデオロギーとなる。日本の第二次大戦後の高度成長期はまさにこの「男性が外で働き、女性は家庭を守る」ことが制度的にも支えられてきた時代であったといえよう。ここで1960年代の高度成長期と家族との関係をみてみよう。

　1960年は高度成長元年だとされ、日本社会が画期的な変化を遂げる契機となった年でもある。高度成長期以前は、「近代化」路線を走っていたといいながらも、日本人の半数以上はまだ家内制生産様式を中心とする産業に従事しており、その半数近くは農業に従事していた。しかし、60年代初めには日本の労働人口のうち、雇用者の数が自営業者数を上回ることになる。この背景には都市化が大きくかかわっている。例えば、人口都市化率をみてみると、1950年には37.5％であったが、60年には63.5％と急速に上昇している。これは50年代に起きた「向都離村」現象の過程で、日本人の半数以上は60年代に都市移民として生活の中心を移したとみることができる。そこで核家族率は60.2％となり、60年を境にして家族数の平均は、表2-1に示されているように3人台へと減少を示したのであった。すなわち、大家族から小家族、それも夫婦を中心とした核家族形態が一般的な家族モデルとなったのである[9]。

　この自営業者から多くの人々が雇用者となったことにより、女性の地位や役割にも特筆に値する変化がみられたのであった。前述したように家内制生産労働や農業が基本的な産業構造であった時代には、女性は労働に従事しながら家事をおこなうことが基本的なモデルであった。しかし、都市生活者が増加することにより、夫が被雇用者となるなかで、女性は初めて結婚後労働に従事しない家事専従者、主婦になることが、可能となったのであった。高度成長期は男性にとって一定の給与が保障さ

れている「一億総サラリーマン化」の完成であり、労働と家事という二重の仕事に従事していた女性にとっては、「サラリーマンの妻＝奥さん」に成り上がる夢の完成でもあった。

　日本社会は、家庭を顧みずに会社に献身的に奉公する「企業戦士」という夫の不在を支え、家事・育児に専念する妻という近代的な性別役割分担が大衆規模で確立したのが、60年代の高度成長期であったといえよう。大衆規模での確立をより具体化すれば、労働者層においても性別役割分担が通常化したということである。イギリスの工場法を契機として、女性の劣悪な労働条件は改善されたものの、一方ではこの法律の制定により、女性が社会的労働から排除されることになったと木本らが分析しているように[10]、「家族賃金」という概念の形成から、労働者家族においても、「主婦になり、調理、洗濯、世話をする」という家庭内の性別役割分業が「一段高い存在」として認識され、浸透するようになった[11]。目黒は同時に核家族、夫婦を中心とする家族の形態の普遍化も、性別役割分業の固定化に強く関連しているとみなしている。すなわち、家庭内に夫と妻、子どもという構成員しかいない場合、主婦である妻が家庭内での「掃除、洗濯、料理、世話」といった分野を全て担うことになり、これが女性役割として固定化されるようになったとしている[12]。こうして、男女の生活の時間が区分化されることにより、女性は家庭に隔離されることとなった。一方で、男性は家庭生活を第二義的に捉え、女性に任せっきりにすることで、男性は家庭外労働に時間的にも意識的にも没頭することが可能となった。資本側はこの男性の労働力を利用し、結果として男性労働者の長時間労働と家庭生活時間の減少という独特の生活形態を固定化することに成功した[13]。戦前には上流階層だけの特権でもあった「専業主婦」が労働者階層にも浸透することで、「主婦になれる」ということが夢から現実となった反面、女性の家庭内性別役割を固定化し、また同時に男性を家庭における責任から免罪したという事実は否定できない。

5. 伝統的「家」概念の残存

　日本の制度としての伝統的「家」と近代の家父長制が混同される危険性はあるが、本節では日本社会におけるこの2つの概念の残存をみてみたい。例えば、青井等が指摘しているように、新民法の成立や社会変動によっても、伝統的「家」概念を根絶することは決して容易ではない[14]。嫁と姑の関係にみられる地位もしくは力関係は、伝統的家意識の残存であると考えられる。

　また、日本の企業社会の論理にも、「伝統的家制度に基づく意識」に深く根付いた部分が観察される。例えば、日本企業の職階と上司への忠誠心などにも「伝統的家制度に基づく意識」がみられる。企業人がよく口にする「企業家族」という単語は、企業を1つの大家族あるいは武士の属していた「お家」という「家制度」を隠喩している。また企業人がよく用いる「滅私奉公」という言葉は、文字どおり個人である自分を捨てて、雇い主である主人に仕えるという意味であるが、伝統的家制度の下で主君に仕える家来あるいは国家への忠誠心という意味でも使用されてきた、極めて強固なイデオロギーを内包している。現在でも、企業戦士が家庭を顧みず、仕事に没頭する際にしばしば免罪符としても意味があるだけでなく、女性の家庭内性別役割の固定化にも使われる言葉でもある。

　以上みてきたように、第二次大戦後における女性の地位を巡る環境変化は著しいものがあった。1947年の民法改正と家族法の制定により、「家父長制家族」が法的に廃止され、近代的家族の基盤が形成され、大家族から夫婦中心の核家族が基本的なモデルとなった。たしかに、法環境の整備により、戦前には極めて法的に低く置かれていた女性の地位の改善は大きな進歩であったといえる。しかし、都市化と産業構造変化にともなう雇用者層の増加という流れのなかで生じた、「家事専従者である主婦」の誕生は、二面性を持っている。一方で、戦前には上流階層だけの

特権でもあった「専業主婦」が労働者階層にも浸透することで、「主婦になれる」ということが夢から現実となった反面、女性の家庭内性別役割を固定化し、また同時に男性を家庭における責任から免罪したという事実は否定できないという問題が残る。マルクス主義フェミニズムの立場からは、「近代の家父長制」の残滓である女性の低賃金労働への固定化と女性役割の固定化という負の部分も、高度成長期の遺産だといえるだろう[15]。以上みてきたように、伝統的ジェンダー役割観を保持するシステムとしての家族の意味は、現代においても決して小さくはない。

このように家族には伝統的ジェンダー役割観を保持する再生産装置としての機能があるわけだが、当然こうした伝統的ジェンダー役割観は子女への教育観にも影響を及ぼしている。藤村は女子の大学への進学動向と進学先での専攻決定は、息子と比較した際に、親の娘への教育目標もしくは期待度の違いと密接に関連していると論じた。やはり親が娘に最終的に望むことは、「よき妻、母になること」であり、教育にもそのような目標に到達する過程であることを期待していると指摘したのである[16]。こうした親の、ジェンダーに基づく男女の教育への期待度、それから生じる異なるジェンダー役割の保持と明白に異なる社会化過程が、「メリトクラシー(業績主義)」が働いているはずの高等教育に、矛盾を内包してしまうことにもつながる。次章では教育とジェンダー観の関係について分析していくことにする。

注
1　福島正夫(1967).『日本資本主義と家制度』東京大学出版会.
2　小山静子(1999).『家庭の生成と女性の国民化』勁草書房.
3　Ueno, C. (1987). "The Position of Japanese Women Reconsidered", *Current Anthropology*, Vol.28, pp.75-84；上野千鶴子(1990).『家父長制と資本制』東京：岩波出版.
4　穂積八束(1891).「民法出テ、忠孝亡フ」『法学新報』五号、8頁.
5　福島正夫(1967).『日本資本主義と家制度』東京大学出版会.
6　関口裕子他編(1989).『日本家族史―古代から現代へ―』千葉：梓出版社.

7 河田嗣郎(1989).『家族制度と婦人問題』(大正13年の復刻版)東京：クレス出版。
8 こうした立場をとる論者の多くはマルクス主義フェミニズムを理論的立場としている。
　木本貴美子は新著『家族・ジェンダー企業社会―ジェンダー・アプローチの模索―』(2001)京都：ミネルヴァ書房のなかで、「家族賃金」という概念が一般化された過程を分析している。それはイギリスの「工場法」制定を契機に女性・子どもが低賃金労働に固定化され、男性がブレッドウイナーであり、かつ、「男性が外で働き、女性は家庭を守る」とする男性の獲得する賃金で家族を養うべきであるという考え方が普及したこととしている。
9 日本型企業社会と性別分業家族の生活構造の関連については、上述した木本喜美子の研究および鎌田とし子の研究、鎌田としこ編(1987).『転機に立つ女性労働―男性との関係を問う』東京：学文社；鎌田とし子 (1995).『男女共生社会のワークシェアリング』東京：サイエンス社に詳しい。
10 前掲書、木本(2001). 54頁；竹内敬子(1994).「イギリス1847年工場法と女性」『成蹊大学文学部紀要』第29号。
11 産業革命がもたらした大きな変化は、労働者階級を含む大多数の女性が専業主婦に代わったことであると、オークリーは1974年に自著、*Housewife,* Allen Lane (『主婦の誕生』岡島芽花訳、1986、三省堂)で論じている。
12 目黒依子(1980).『女役割―性支配の分析』垣内出版。
13 性別分業と近代家族に関する研究は、目黒依子(1987).『個人化する家族』垣内出版；目黒依子(1993).「ジェンダーと家族変動」盛岡清美監修『家族社会学の展開』培風館に詳しい。
14 青井和夫他編(1973).『家族変動の社会学』培風館；湯沢雍彦編(1981).『家族問題の社会学』東京：サイエンス社。
15 上野千鶴子(1990).『家父長制と資本制』東京：岩波出版。
16 Fujimura, K.F. (1985). "Women's Participation in Higher Education in Japan", *Comparative Education Reviews,* Vol.29, No.4, pp.471-487.

第3章　日本の女子高等教育とジェンダー

はじめに

　ジェンダーを巡る問題は、各個人の生き方や社会生活のみならず、今後の社会のあり方にまでかかわる問題でもある。それゆえ、個人の信念やイデオロギーに基づく多様な考え方や言説が存在する。同時に、少子高齢化社会を迎えての家族のあり方や男女の共生の実現といった政策的な課題にも密接にかかわっている。ジェンダーをめぐる領域は雇用、福祉、教育、メディアなどの公的領域と家庭という私的領域に分類することができる。そのなかでも、教育は男女平等社会を形成する上で、大きな役割を担っているといえよう。

　公的領域である教育の実際の現場である「学校」は、理念的には親の職業、階層、そして性別という属性にかかわらず、能力と努力の結果である「業績」を基準に評価されるという、メリトクラシー(業績主義)が機能する装置としての制度であるとみなされている[1]。それゆえ、現代の日本社会において、学校は「平等」の保障を最も期待されている場であるという見方が一般的であろう。とりわけ、性差別に関しても、他の生活領域と比較しても最も男女平等の場であるとされているのではないだろうか。学校教育の現場において、近年、家庭科を男女がともに学習するようになってきたこと、男女混合の名簿を多くの学校が導入するように

なってきたことは、男女平等社会の実現に向けての、教育の現場からの取り組みにほかならない。

しかし、実際にはジェンダーによる不平等をはじめとして、様々な社会の不平等の構造を抱えている制度でもある。「学校文化」は女子のアスピレーション（向上心）をクーリングアウト（冷却）させたり、男性役割／女性役割という固定的な伝統的性別役割観、いわゆる伝統的ジェンダー観を児童・生徒・学生に内面化するような働きを内包していると従来から指摘されてきた[2]。こうした働きは、目に見えるような形というよりはむしろ目に見えない様子で働きかけられている。このメカニズムは「隠れたカリキュラム」と呼称され、1970年代以来多くの研究者によって研究も蓄積されてきた[3]。「隠れたカリキュラム」は、「明示的カリキュラム」とは矛盾する形でジェンダーの再生産機能として働く学校の内部過程を意味している。教育内容を分析する際のツールとしての教科書に目を向けると、第1に教科書の著者、登場人物や挿絵の人物における性別は男性、男子の比率が多く取り扱われていること、第2に教科書のなかの女性像・男性像が伝統的な「女らしさ」や「男らしさ」を強調する形で描かれ、性別役割の固定化[4]、および女性の従属性、マージナリティが描かれているなど、実際には、ステレオタイプなジェンダー役割が肯定されるような形で子どもたちの意識に埋め込まれるように構造化されていることがしばしば観察できる。

生徒のモデルとなるべき教師[5]に視点を当てると、学校段階別、教科別の教師の性別不均衡性が残存している。幼稚園、保育園、小学校段階では比較的女性教員の割合が高いが、中学校、高校と段階が上がるにつれて女性教員の比率が低下する傾向が観察される。管理職である教頭、校長になると、近年小学校では女性の比率が上昇してきているが、中学校、高校においては依然として女性教員の管理職の比率は低い。専門教科別でも、語学、国語、音楽等の分野においては女性教員が比較的多く担当しているが、理科系になると女性教員の比率は低くなりがちである。

児童、生徒にとってのこうした学校内におけるジェンダー関連の文化の伝達の影響は、決して小さくはない。教師に対して持つイメージが、自らの学校生活のなかで得た経験から作り上げられることが通常であるならば、教育領域における教師の性による不均衡性の実際は、生徒たちが女性のマージナリティを当然のこととして受けとめ、女子生徒にとっては、アスピレーションをクーリングアウト（冷却）させる危険性をも孕んでいる。

　後期中等教育段階である高校に目を向けると、別学を実施している高校が、1997年度のデータによると私立で50.8％、公立では4.3％となっている[6]。別学であったとしても、その教育内容および進路選択といった側面で差異がみられないとすれば、ジェンダーの再生産にはそれほど関与しているとはいえない。むしろ、共学という学校現場においてジェンダーバイアス（ジェンダーによる偏見）に基づく指導が実践され、リーダーシップを期待されないケースが女子学生に多ければ、別学という制度のなかで、性差を意識することなくリーダーシップを醸成できることは好ましいとも考えられる。しかし現実には、男子校においては理科系カリキュラムが重視されているという傾向、威信の高い高等教育機関への進学を目指したカリキュラムと進路指導がおこなわれているといった傾向がみられ、結果的には威信の高い高等教育への進学が有利な状況が形成されている。一方女子高のなかにも進学に有利なカリキュラムが構築され、進学への進路指導が熱心に実施されていることもあるが、短期大学や女子大などへの従来からの進路指導が踏襲されているケースも少なくはない。

　では男女の進路選択パターンには差があるのだろうか。竹内は1995年にある県の高校別進路を調査したが、その結果から、学校の偏差値ランクが大学進学率に反映される度合いに、男女の差が存在していることを提示した[7]。学力水準から鑑みると四年制大学への進学が可能な女子が、実際にはそのアスピレーションを放棄して、短期大学やその他の進路を

選択する者がおり、それが顕著な男女差となっている。すなわち、男子と比べて女子には、四年制大学への進学率を引き下げる学業成績以外の何かが作用していると考えられる。その何かこそ前述した学校内部が持つ「隠れたカリキュラム」機能であり、固定的な「性別役割意識」を植えつけていく過程である。

歴史的にみると1947年の家族法の改正とともに、日本社会の女性の地位を改善するために主要な教育改革が実施された。前章でみてきたように、女性を従属的地位に固定化していた要因となっていた家父長制の廃止を含む家族法の改正と、女性を主に高等教育の場から締め出していた戦前の教育制度を改めるべく実施された。男女共学や女子の高等教育機関への進学を認可するなどの改革が、女性が保持していた規範や行動を変革することにつながったことに疑問の余地はない。この改革以来、国立および私立の四年制の高等教育機関で学ぶ女子学生の数は増加し続けている。

さらに、戦後の日本の教育の基本原理として機能してきたイデオロギーは「平等主義」であるが、この「平等主義」という価値体系がどれほど日本の教育に影響してきたのだろうか。表面的には、学校教育における「平等主義」のおかげで中等教育への進学率という側面からは、男女の差はほとんどみられないほど「教育機会」は平等に男女に提供されてきたようにみえる。しかしながら、実質的には高等教育への進路選択における男女の異なる動機付け、女子のアスピレーションの冷却メカニズム、そして高等教育の結果としての職業との接続においての男女の差は、依然として解消されないままである[8]。本章では、戦後の「平等主義」というイデオロギーの下での女子の高等教育の広がりという現象を追い、次に労働市場における男女の差について分析する。次に、高等教育の場も「隠れたカリキュラム」とは無縁ではないというスタンスに基づき、伝統的ジェンダー役割を形成する高等教育のメカニズムを検討することにする。

1. 女子高等教育改革の概観

　明治以降第二次大戦までの女子教育の特徴は、1897年に制定された家族法と密接にリンクして性別役割規範を固定化させるために、制度化されたものであった。実は明治直後の教育は近代化を急いだ当時の状況を反映して、男女ともに西洋を強く意識したイデオロギーに基づいていた。1872年に初めての公立の女子の中等教育学校が設置されたが、日本の伝統に基づいた道徳や、裁縫、家庭科などの教科に加えて、西洋文化と制度を取り入れて、英語や西洋に関連した科目を提供するなど実際的な側面があった。その後、物理、歴史、数学、化学、作文や英語などの科目が徐々に取り入れられたように、当初の女子教育は、男子への提供科目と同様に西洋の教養を意識したものであったことが特徴であった。しかし、家族法の制定により、西洋の教養主義を反映した教育は伝統的な日本中心教育へと戻ることになる。小学校高学年以上での共学制の廃止は1879年に決定され、男子優先が学校教育の中心的なイデオロギーとして普及し、同時に女子教育の中心目的は、男子の従属者としての女子の育成に中心が移ったのであった。

　村田は、リベラルな女子教育から男子を優位と位置付けた教育のなかでの女子教育の周辺性という側面から、女子が教育の機会においては不利益をこうむったとみなしている[9]。女性の教育を受ける機会における不利益は、当時法制度の整備によって制度化された。すなわち1899年に発布された女子教育条例のなかで、女子への「良妻賢母教育」の実施が公的に認められ、女子教育の目標は、「良妻賢母」を育成することとなった。当然、女子教育の座標が、職業人ではなく家庭を中心とした役割に置かれたことを反映して、女性を受け入れる高等教育機関が少数ながら存在し、かつ女子単科大学も設立された。

2. 第二次大戦後の教育改革と高度成長による大衆化時代での女子教育

　第二次大戦後 GHQ は日本の民主化政策の一環として、教育改革を推進したが、推進策のなかに女子教育の民主化も重要な政策として位置付けられていた。男子と女子の大きな差を縮小し、平等化することで女性の解放を到達すべき目標として掲げたのであった。1945年の女子教育の再構築においては女性の参政権が保障されたことに引き続き、当時の文部省は高等教育機関の女子への門戸開放が不可欠であるとみなし、推進策を推し進めた。具体策としては、女子高等師範と高等女学校卒業資格のある女性の四年制の高等教育機関の受験資格が公的に認められた。さらに、大学での共学制が1945年に実現された。

　新憲法で保障された万人への教育機会の平等を実現すべく1947年に発布された教育基本法に引き続き、初等、中等教育段階における共学制への移行、9年間の義務教育の実現、さらには大幅なカリキュラムの変更など画期的な教育改革が実施された。しかし、平等性と均等な機会の提供を理念に掲げた教育改革は、女性の地位改善にはそれほど効果的ではなかったという批判も存在する[10]。つまり、大多数の女性のための高等教育機関は私的に運営された機関であり、政府からの財政援助も極めて少額であると指摘したが、この論拠の背景には戦前からの高等教育機関の威信あるいは権威の序列の存在がある。すなわち、旧帝大に代表されるひとにぎりの国立大学が威信の頂点に立ち、その他の国立大学が続き、多くの私立大学は低い地位に置かれていたが、教育改革後にもこの序列が継続し続けたために、そのなかでも弱小の私立の女子大学は低い地位に据え置かれたままであったという。こうした女子大学の多くは総合大学ではなく、文学や人文学、家政学を専攻分野として開講しているところが多く、そのためこのような女子大学では、教育理念として「よき妻、

よき母親の育成」を掲げ続けているところも多かったのであった。結果として、限られた専攻分野で成り立っている女子大学では、高度で専門的な教育訓練を受ける機会が十分でないといった問題が生じたのである。

　1959年から68年にかけての国民所得は年率ほぼ10％の増加率を示すなど、国全体が豊かになる高度成長期の過程のなかで、義務教育を修了する男女は飛躍的に増大した。「核家族」が基本的な家族形態として受け入れられ、同時に少子化傾向が進むなかで、息子同様に娘に教育費用を投じる余裕のある家庭も増加してきた。この時期には、政府主導の男女の平等を目指した公教育改革が、義務教育段階のみならず後期中等教育段階での女子教育の浸透に効果を及ぼし始めたのであった。その背景には、1955年から始まった平等化を目指す教育改革の下での教育の大衆化が社会全般に浸透し、女子の後期中等教育への進学率の上昇にもつながったことがある。

　図3-1にも示しているように、女子の高等教育への進学率は短期大学

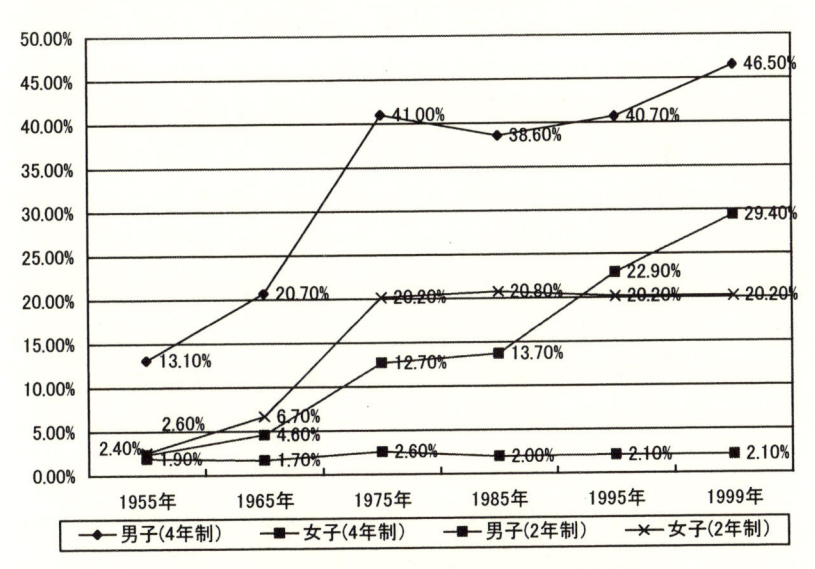

図3-1　4年制大学・2年制短期大学男女別進学率

出典：文部省(1999)、『文部統計要覧　平成11年版』

だけでなく四年制大学に対して1955年以来着実に上昇してきた。高等教育研究者であるトロウは、高等教育の発展段階はエリート、大衆化、ポスト大衆化段階の3段階に分類されるとした。エリート段階は高等教育進学年齢に当たる同世代人口の15％以内が高等教育機関に在籍している状態を示し、大衆化段階は15％から50％まで、そしてポスト大衆化段階は高等教育進学年齢の50％以上が高等教育機関に在籍しているものと定義されている[11]。女子の高等教育をトロウのモデルに当てはめてみれば、1970年代までは四年制大学、二年制短期大学への進学はともにエリート段階とみなされる。1975年には四年制大学への進学率は依然エリート段階であったが、二年制短期大学への進学率は20％近くに上昇し、大衆化段階に突入した。1950年を基準にすると75年時点での二年制、四年制大学への女子の進学率は6倍近く上昇したことになる。

　第二次大戦後の民主化政策にともなう教育改革の効果は具体的に女子の進学率の上昇に代表されるように顕著であったが、果たして教育の側面、特に高等教育面における男子と女子の差が解消し、真の平等の実現は達成できたのだろうか。次節では高等教育における男女の不均衡性という点についてみていきたい。

3. 高等教育における男子学生と女子学生の不均衡

　1989年以来、女子の高等教育への進学率は男子の進学率を数字上では上回ったが、女子の大多数は短期大学に進学している。四年制の高等教育機関についてみた場合には、依然として男子学生に比べ女子学生の進学率が低率にとどまっているのは否定できない。すなわち、女子学生の高等教育機関の在籍年数は男子の平均在籍年数を下回っている。1991年には、四年制大学への実質的な進学者数はおおよそ270万人であったが、そのうち158万人が男子学生であったのに対し、女子学生数は62万5,000人にとどまっていた。比率にしてみれば28％程度に過ぎない。1987年に

表3-1　高等教育機関における男女学生数

	大学数	学生数	男子学生数	女子学生数	女子比率
大　学	592	2,205,435	1,580,287	625,148	28.3%
短期大学	514	504,097	42,285	461,812	91.6%
大学院	n/a	99,650	81,823	11,413	17.1%

出典：文部省(1991).『文部統計要覧 平成3年版』

表3-2　1997年度アメリカの高等教育機関における男女学生数と進学率

(単位：1,000人)

	学生数	男子学生数	女子学生数	男子高校卒業生の直接大学進学率	女子高校卒業生の直接短期大学進学率
大学	8,875	3,994	4,880	42.2%	46.2%
短期大学	5,471	2,336	3,135	21.4%	24.1%

出典：U.S. Department of Education (2000). *Digest of Education Statistics*; *The Condition of Education*

は四年制大学475校のうち、女子大学は93校を占めており、多くの四年制大学に進学した女子の多くもこうした女子大学へ進学したのである。四年制大学においては、女子学生の比率がこのように低いのに対し、二年制短期大学への進学者数の90％以上が女子で占められていた。このように、女子学生の高等教育への進学率が上昇し、大衆化段階に到達したと数字上では評価されたとしても、実際にはその多くが二年制短期大学に吸収されてきた事実を直視する必要があろう。

　ここで日本の二年制短期大学の特徴についてみると、アメリカの二年制の短期高等教育機関であるコミュニティカレッジが[12]、職業教育機能や四年制への編入課程からなる前期課程の教育を実施し、学生は男女の差なく構成されているのに対し、日本の短期大学は主に女子学生から学生が構成されており、家庭に入る女性の教育機関として機能してきた[13]。

　1964年に、短期大学は高等教育機関として法的に認知され、四年制の高等教育機関とは異なる目的、理念の下に運営されてきた。社会や産業界からの女子の短期高等教育機関への要望も、四年制大学とは異なる目的や理念に密接に関連していたといえる。すなわち、社会が女子の高等教育への期待は、結婚適齢期に到達するまでに教育を修了することであり、産業社会は短期大学の修了者である女性の労働力を大幅に必要とし

たのであった。彼女たちはそれまでの高校卒業者に代わる事務職グレーカラーとしての仕事を一手に担い、結婚と同時に大多数は家庭に入るという選択をしたのであった。

　次に、四年制大学での専攻をみてみると、女子学生は、人文学、教育および家政科を選択する傾向が高い[14]。1994年に文部省が実施した調査においても、男子学生の7.8％が人文学を専攻していたのに対し、人文学を専攻した女子学生の比率は33.4％に上った。一方で4％のみの女子学生が化学や工学を専攻したのに対し、同分野を専攻した男子学生の比率は30％に達するなど、専攻分野における偏りもしくは差は著しかった。女子学生が専攻している分野は労働市場とかかわりがあまりない分野が多く、このことが労働市場に参入する際に女子学生が不利になる状況の原因となっていると推察できる。

4. 戦後の教育の平等化とその政策

　戦後すぐにGHQ主導で行われた教育改革以来、日本の教育の目標は教育の機会均等の追求にあった。この機会均等の理念を実現するために、その背景となった概念には平等主義とメリトクラシー（業績主義）の2つの概念がある。この2つの概念は事実、社会背景や家庭環境の影響を緩和し、既に存在していた社会的不平等を是正するのに大きく寄与してきた。カミングスは日本の1930年代の社会構造は極めて階層的であったのに対し、1970年代までには誰もが平等に機会に参加できるような社会になったと評価している[15]。彼は、1970年代半ばまでには日本の所得は先進国のなかでも最も平等に国民に配分されるようになったと論じた。この平等主義への転換には新教育制度の誕生と平等主義的教育政策が背景にあったと指摘した。

　では教育における平等主義と平等主義的政策とはいかなるものだったのだろうか。

制度面に焦点を当てると、政府は平等に教育予算を配分することで、公教育における不公平さを是正してきた。80年代での義務教育段階をみると、生徒1人当たりの年間教育予算は地域別、都道府県別においてもほとんど差がない。週別、学校群別の教育予算に違いがあるアメリカなどとは異なり、日本の義務教育レベルの公教育では、生徒1人当たりの予算に関する限り大差はない。

　公平を実現するために推進されたもう1つの手段は、日本の学校における平等主義的、かつ参加的なカリキュラムであった。日本の教育制度は、文部省に教育政策決定機能が集中する「セントラリゼーション（中央集権）」型で運営されており、その下で、カリキュラムの統一が実施された。全国の義務教育レベルでのこうした統一カリキュラムは、各生徒の能力に関係なく、等しく生徒1人1人の認識力を発達させ、やる気を促すように立案されたものである。さらに、生徒の生まれながらの能力は平等であるとする見方が、公教育においては優勢となり、誰もが努力をすれば等しく能力を開花できるという神話が登場した。

　もう1つの概念であるメリトクラシーとは、能力と努力の結果である「業績」を基準に、報酬や社会的な地位が決定されることを意味する。つまり、人が達成した何かが重要な選抜の基準となる。メリトクラシーのある社会とは、業績主義を社会の選抜の原理とする社会と定義できる。学校教育においては、学業達成が業績であり、これを基準に将来の生徒の進路が決定されることをメリトクラティックな選抜と呼ぶ。

　このように、まず公教育制度における平等化が整い、平等主義が広範に社会に受け入れられ、教育の大衆的な規模での拡大が進行した。人々は、教育を重要なものとみなし、次に、教育を求める意識が社会のすみずみまで広がった。その次の段階として、教育における業績主義が社会に深く浸透した。その業績を測る価値の基準が、学力試験による選抜であり、学力をベースにした入学試験による選抜であった。入学試験は、実際にその試験で取った点数という業績に基づいて生徒たちをふるいに

かける。標準化と画一化が進んだ公平な手続きの徹底した状態ともいえる。それゆえ、業績主義に基づいた競争は、誰にでも開かれた平等な競争とみなされ、日本社会に受け入れられていく。

戦前の日本社会では、ブルーカラーの家庭出身の子弟は、高等教育に進学することはなく、将来はブルーカラー・ジョブに就くことが多かった。現在でも、ヨーロッパではブルーカラー出身者はブルーカラー労働者になるケースがほとんどである。これに対して、戦後の日本では、いかなる階層の子弟にも等しく公教育の機会が与えられ、本人の努力があれば、さらなる高等教育を通じての飛躍が可能となったという見方が存在している[16]。このように、教育を通じての「生まれ変わり」が可能になった社会は、日本以外には極めて少ない。こうした「メリトクラシー」と「平等主義」という概念は、女子の教育達成にもポジティブな影響を及ぼした。能力に基づいてその成果が測られるという業績主義が浸透するにつれて、女子の教育機会への参加の機会が男性同様に拡大したことと、参加的な平等化したカリキュラムが社会に根付くことによって、女性の教育達成が大きく飛躍したのであった。

レビンは教育機会の均等を評価するうえの4つの基準について次のように提示している[17]。第1に、入学、カリキュラム、財政支援、教育機関の所在等への公平なアクセス、第2に教育への公平な参加、この概念は教師の教授、家庭の子どもへの期待、留年率、退学や最終卒業率の諸側面において具体的に検討することができるとしている。第3に、公教育の公平性の結果については生徒、学生の達成度、理解度を試験結果によって測るとしている。最後の、人生における教育の効果という基準は、フォーマル教育修了後の社会的地位や職業上の地位によって測るとしている。この4つの基準に基づくと、日本の戦後の教育改革後においては、高等学校に代表される後期中等教育までの女子の教育機会の公平性は、1960年代以降の大衆教育の進展と比例してある程度達成されたとみなすことができる。しかし、高等教育におけるジェンダーの差は、四年制大

学という高等教育機関への進学率や男女の専攻分野における不均衡性にみられるように、依然として存在している。さらには、第4の基準に焦点を当ててみると、女性の職業上での管理的、専門的職種における高い管理的地位へのアクセスは限られているのが、現実として存在している。

　藤村は、女子の大学への進学動向と進学先での専攻決定は、親が抱く息子と比較した際の娘への教育目標もしくは期待度の違いと密接に関連していると論じ、やはり親が娘に最終的に望むことは、「よき妻、母になること」であり、教育もそのような目標に到達する過程であると期待していると指摘した[18]。こうした親のジェンダーに基づく男女の教育への期待度、それから生じる異なるジェンダー役割の保持と、明白な異なる社会化過程が、高等教育における公平な参加にマイナスに影響すると考えられる。

　具体的に、第4の基準である人生における教育の効果とはどのような状況を示しているのであろうか。ここで、より具体化するために労働市場における女性の参入度、地位達成といった側面を男性と比較してみよう。1つの指標として、教育機関におけるジェンダーの比率がほぼ同等に達している社会では、女性の雇用機会がより柔軟であるとする見方が存在しているが[19]、この指標が仮に正しいとするならば、教育制度におけるジェンダーの不均衡は、同様に労働市場におけるジェンダーの不公平性の強力な指標として意味あるものとなる。

　文部省は1993年に同年に実施した「四年制大学新卒女性の職業」に関する調査結果をまとめたが、結果によると1993年度では労働市場に参入した新卒学生は34,000人であった。女子学生の75.6％が労働市場に参入したが、この比率は、男子学生の労働市場参入率と比較すると0.9％下回っていたものの、過去最高であった[20]。この数値から判断する限り、女子学生の初職段階での仕事の機会の拡大はかなり改善されてきたのは事実であり、これらの統計からは、教育の効果が事実初職段階に観察され、均衡な状態をもたらしてきたといえるかもしれない。しかし、日本

人女性は本当に男性と同様な公平な機会を持っているのだろうかという疑問はまだ残っている。ここで、高等教育と労働市場との接続についてもう少し詳細に男女の均衡性、もしくは不均衡性について検討してみることにする。

5. 教育と女子労働市場

　1986年にボウメンと小沢が男性と女性の時間賃金および月棒の相違について調査した結果、後期中等教育修了女性と同男性の差は、義務教育もしくはそれ以下の教育背景を持つ女性と男性との差と比較すると小さいことが判明した[21]。同時に、本調査から教育背景が高くなるほど所得のジェンダーによる隔たりは縮小する傾向があることが明確になった。しかし、全体的には依然として所得におけるジェンダー差は存在していることは明らかである。例えば、四年制大学修了女性の25歳から39歳の年代コーホートの賃金は、同男性コーホートの賃金の89%にしか値しなかった。30～59歳コーホートの男女の月棒差は相対的に大きく、50～54歳コーホートの短期大学修了女性の月額賃金は同コーホート男性の63%にしか相当しなかった。同様の結果が政府による調査でも得られている。例えば、1993年に労働省が実施した調査においては、労働市場全体を通してみた場合、女性の月額平均賃金は男性の50%にしか相当しないことが判明した[22]。

　表3-3では公的部門における女性の職務上の等級と人数を示している。等級が高くなるほど男性と比較すると女性の数は相対的に低くなることがわかる[23]。民間部門と比べると公的部門における公平性は比較的達成目標としては掲げられることが多い分野であるにもかかわらず、女性の公的サービス部門における管理的、上級職種への昇進が限られていることが読み取れる。女性の教育背景と職業移動の相関性は男性と比較した際により弱いとしばしば指摘されるが、高等教育背景を持つ女性が専門

表3-3 公共サービス（管理部門）のジェンダー別人数

等級	高 11	10	9	8	7	6	5	4	3	2	低 1	計
女性	11	14	29	272	973	3,548	3,210	7,225	9,747	5,363	5,631	36,023
男性	1,436	1,963	3,804	17,981	16,679	30,016	19,858	34,598	36,204	18,395	14,859	195,793

出典：文部省(1991)より作成。

的職業への従事を望みながら、専門的キャリアへの公平なアクセスは限られているということは依然として残っているように思われる。

6. 伝統的ジェンダー役割を形成する女子高等教育のメカニズム

これまでみてきたように、戦後の教育改革が戦前と比べた際に女子の高等教育への進学率の上昇に貢献してきたことは明らかである一方、教育の効果においてはまだジェンダーによる差異が存在していることは否定できない。本節ではジェンダー役割を形成するメカニズムを分析してみよう。

最初に、天野が提示した男女学生への「プッシュ」と「プル」要因について検討してみることにする[24]。1960年代、いわゆる日本の高度経済成長期を通じての国民総生産の増加が、実質的な学校教育の拡大および高等教育における全体的な進学率の上昇に寄与したことは否定の余地がない。天野はこの社会的・経済的要因をプッシュ要因と名づけ、同時に、この国民総生産の増加が大学卒業者への労働市場での仕事の機会の増加につながったとみなし、この要因をプル要因とした。しかし、プッシュ・プル要因が、実質的には男子学生と女子学生には異なる形で機能したことを見逃しては、問題の構造を見過ごしてしまう危険性がある。男子学生にとっては、プッシュ・プル要因がバランスよく機能したのに対し、女子学生にとってはプル要因は極めて弱く、主にプッシュ要因が強く機能したのであった。すなわち、労働市場での女子学生を吸収する市場の拡大は相対的に小さかったのであるが、各家庭の教育にかける費用への出

費に余裕が出始めたために、女子の高等教育への進学率の上昇が起こったのであった。

　クラークが指摘しているように、高等教育は高度な知識と技術を統制するための社会組織として機能してきた[25]。それゆえ、高等教育は社会のために知識の創造と認知的合理性を追求し続けてきた存在である。知識、合理性、学習、競争そして知性おのおのが優先されてきた理由も、そうした存在そのものにある。パーソンズとプラットは高等教育の機能を4つに分類している[26]。第1の機能は、将来の研究者の育成と訓練、第2には、一般教養の教授、第3には、専門的職業の育成と教育、そして第4には批判的分析能力の育成である。しかし、現実には日本における女子の高等教育はこのモデルに当てはまらない。むしろ、一般教養の教授と専門的職業の育成と教育といった2つの機能しか果たしてこなかった。しかも、この2つの機能についても、男子の高等教育とは異なる形で明白にあるいは暗黙に機能しているように見受けられる。

　天野は女子の高等教育にみられる3つの問題点を提示している。最初の問題は、ジェンダーによってステレオタイプ化した教育が女子短期大学で提供されているという点である。つまり、中産階級の妻、母を育成することが短大の教育課程の目標として位置付けられているために、家政，人文を中心とした教育課程が中心としてカリキュラムを形成しており、職業意識を形成することが困難となっている。さらに、家政や人文分野は、戦前においては強固な家父長制家族構造を維持するために、妻、母としての役割を形成するようなイデオロギー的要素が包摂されており、これが中産階級の妻としての地位を再生産してきたのであったが、まだこうした要素は払拭されていないといえる。

　第2に、教養教育の目的は、本来学習者に教養科目を学習させることで、様々な知識を習得させるだけではなく、新しい価値観や考え方を学ぶ経験や機会を与えることにある。そのような経験によって、長年にわたって植えつけられてきた価値観や信念を吟味し、新たな自己の考え方

を発展させたり、ある価値観へのとらわれから自己を解放することにもつなげていくことができる。教育を通じての個人の考え方の発展、解放、そして統合が教養教育、一般教育の目標である[27]。

しかし、日本における女子高等教育の一般教育は、女性の自己実現、自己解放を目標としたものではなく、むしろ既存の価値観や女性の役割に対する社会的規範を受容するような女性の育成を目的に教授されている。また、従来一般教育は専門教育のための下地となるべく、倫理観、基礎教養を学生に修得させるように構築されているはずであるが、日本の女子の高等教育の一般教育は、専門教育の基礎科目として機能していない。

第3に、女性のための職業教育の幅が限定されている。短期大学や大学での女性のための職業教育として長らく機能してきた分野は、小学校や幼稚園などの教員、保母、あるいは看護婦、栄養士などの伝統的な職種であり、より批判的にみれば、こうした職種は一般的にステレオタイプな家族役割やジェンダー役割を強化する職種としてみることができる。それゆえ、ジェンダーに応じての知識の伝達というメカニズムを通じて、日本の女子高等教育はジェンダー役割を再生産し固定化するための社会的機能を果たしてきたことは否定できない。

1995年の『学校基本調査報告書』[28]から、大学卒就職者の産業別・職業別割合を男子・女子別に検討すると、1995年度の大学卒就職者は男性229,733人、女性101,278人となっている。そのうち専門的・技術的職業従事者は、男性が約31％の72,317人、女性は30％の30,447人となっており、比率的にはそれほど相違点はみられない。しかし、職種を分類してみると、女性の専門的・技術的職業に従事した女性の30％が教員に、20％が看護婦等の保険医療従事者に吸収されている。一方、男性の場合には82％に当たる59,646人がエンジニアとして従事している。教員は5,870人(8.1％)、保健医療従事者はわずか2,829人(3.9％)である。この数字からは、女子学生が依然として伝統的な女性の専門職業に従事してい

ることが読み取れる。さらに、伝統的な女性のための専門職として位置付けられている教職という職種においても、中学、高校と学年が上がるにつれて、女子教職員の数は減少しており、教職における管理職となると女性の数は激減している。

7. 高等教育の象徴的意味

　高等教育とジェンダー役割観との関係をみるとき、ジェンダーに根付いた学歴の意味について慎重に検討する必要がある。伝統的なジェンダーに基づいた視点からは、男性にとっての成功は社会的地位に直接関連している職業上の達成を意味している場合が一般的である。社会学の伝統的実証研究である階層研究や地位達成研究において、重要な指標としての役割を果たしてきたのが学歴であるが、男性の学歴と職業上の達成および社会的地位には、明白な相関がみられることが知見として得られてきた。男性の社会移動を教育との関連でみると、ホワイトカラー層と専門・管理職層では、高等教育への進学・卒業が積極的な意味を持っている。すなわち、ホワイトカラー層と専門・管理職層に達するためもしくは維持するためには、高等教育を受けることが重要なファクターとなる。逆にいえば、ブルーカラー層や農業層出身者で高等教育を受けた男性が、その出身階層にとどまることは少なく、ホワイトカラー層、専門・管理職層に移動するという学歴によるメリトクラシー効果の存在が認められる[29]。つまり、男性にとっての成功は社会的地位に直接関連している職業上の達成と同一であるとみなされ、学歴がその社会的地位の移動に大きな意味をもたらしている。

　しかし、女性にとっての地位達成においては、学歴によるメリトクラシー効果は男性とは異なる形で機能する。女性の学歴は職業上での成功や社会的成功と必ずしも一致しているというわけではなく、むしろ学歴は、下位文化を共有する集団から形成されている日本のような社会では、

「象徴的価値」を持っていると考えられる。この学歴の「象徴的価値」は、女性にとって結婚相手を見つける際にとりわけ有効に機能する。過去においても第二次大戦以前の女性にとっての高等教育の意味は、社会的威信の高い階層に属する男性との結婚に備えることであった[30]。例えば1920年から35年にかけて、高等教育を受ける女性の増加傾向が顕著にみられたことがあったが、専門的職業に従事する女性の数を増やすという政策的価値があったのではなく、特定階層集団に属する「妻と母」を育成することが重要な政策的課題であったという見方が通説となっている。近年の研究結果においても、女性の学歴はある特定階層の男性との結婚を通じて、地位を達成するいわゆる「地位借用」機能としているとの見解を示唆している。男性と女性の学歴階層と結婚においては、学歴による内婚傾向があるという知見が得られているが、そこには2つのパターンが存在する。1つは、「夫婦とも同水準」という内婚であり、もう1つは「夫が妻より一段高い組み合わせ」というパターンである[31]。両結婚パターンと学歴、帰属階層との関連についてみてみると、教育水準はおおむね専門・管理職＞ホワイトカラー＞自営業＞ブルーカラー、農業という序列を有しており、学歴による内婚はほぼ階層の再生産につながっていることが自明である。

「夫が妻より一段高い組み合わせ」というパターンは、学歴が女性にとって、結婚を通じての地位達成としての意味を持っていることで説明できる。濱名は大学卒女性の同学歴者との結婚率は91％である一方、短大卒の女性の6割は4年制大学卒と結婚しているというデータを示したが[32]ここにおいても結婚を通じての上昇移動という構図がみられるのである。

まとめ

1947年の教育改革以来、一貫して女性の進学率は上昇し、高等教育へ

と進む女性の数も大幅に増加してきた。専門職に従事する女性も増加し、高等教育の女性への効果は決して小さくない。しかし、一方で初等・中等教育にみられる「隠れたカリキュラム」の存在、そして高等教育への進路分化、さらには高等教育の結果における男性との不均衡性といった問題は解決されないまま残存していることは否定できない。また、高等教育の効果も男性とは異なる意味で機能していることも事実である。高等教育が「象徴的価値」を持ち、結婚と深い関連性を持っていることは事実として受け止めなければならない。ある意味で、女性の高等教育は、伝統的ジェンダー役割を維持するための社会装置としても機能していることを真摯に見つめる必要がある。

注

1 カミングスは、日本の1930年代の社会構造は極めて階層的であったことと比較すると、1970年代半ばまでに、日本の所得は先進国のなかでも最も平等に国民に配分されるようになったというデータを根拠として、1970年代の日本は、誰もが機会に参加できるような社会を構築したと論評している。Cummings, K.W. (1980). *Education and Equality in Japan.* Princeton, NJ：Princeton University Press.

2 天野正子編(1986).『女子高等教育の座標』垣内出版；木村涼子(1999).『学校文化とジェンダー』勁草書房；森繁男(1985).「学校における性別役割研究と解釈的アプローチ」『京都大学教育学部紀要』31号、218〜228頁。

3 進路分化にみられる隠れたカリキュラムの作用としては、中西祐子(1995).「女子大学生における職業選択のメカニズム─女性内文化の要因としての女性性─」『教育社会学研究』第57集、107〜124頁；中西祐子(1998).「異なる競争を生み出す入試システム─高校から大学への接続にみるジェンダー分化─」『教育社会学研究』第62集、43〜66頁等の研究があり、教室内における隠れたカリキュラム作用の研究では、氏原陽子(1996).「中学校における男女平等と性差別の錯綜」『教育社会学研究』第58集、29〜45頁、の研究がある。

4 伊藤良徳・大脇雅子・紙子達子・吉岡陸子(1991).『教科書のなかの男女差別』東京：明石書店；福富譲・斉藤恵美(1984).「小学校教科書における性役割分析」『東京学芸大学紀要一部門』36。木村涼子は前掲の『学校文化とジェンダー』のなかで、学校文化が持つセクシズム・イデオロギーを伝達する学校内の隠れたカリキュラム機能を実証的に検証している。

5 教師に関連する隠れたカリキュラムとしては、教員の分野別での男女比率や管理職の男女比率以外には、教師と生徒の相互作用といった視点もある。欧米で近年盛んになった教室観察結果から、教室のなかでの具体的な場面における教師と

生徒の相互作用についてみてみると、教師は女子よりも男子に多く働きかけるという量的差が見出され、質的な面では男子と女子でしかり方や褒め方が異なるということが判明した。日本においても、こうした教室内での参与観察調査が近年多く実施され、教室内の隠れたカリキュラムの存在が明らかにされている。例えば、宮崎あゆみ(1991).「学校における『性役割の社会化』再考—教師による性別カテゴリー使用をてがかりとして—」『教育社会学研究』第48集、105～123頁。
6　1997年度学校基本調査より。
7　竹内洋(1995).「学校効果というトートロジー」竹内洋・徳岡秀雄編『教育現象の社会学』世界思想社、2～18頁。
8　多くの高等教育段階に焦点を当てた先行研究では、進学した高等教育機関での専攻偏り、進学する高等教育機関の種別、さらには男子と女子での異なる職業選択、職業達成に主に焦点が置かれてきており、こうしたアプローチによる研究としては、Bowmen, M.J., and Osawa, M. (1986). *Developmental Perspectives on the Education and Economic Activities of Japanese Women.* Washington, D.C.：Office of Educational Research and Improvement；Narumiya, C. (1986). "Opportunities for Girls and Women in Japanese Education", *Comparative Education,* Vol.22, pp.47-52；拙稿 (1995). "Higher Education and Gender Roles in Japanese Society：An Assessment of Disparity", *Prospects,* Vol.XXV, No.4, December 1995, pp.791-802.；今田幸子(1985).「女性の職業経歴と教育達成—ライフヒストリー・アプローチから—」『教育社会学研究』第40集；金子元久編(1992).「短期大学教育と現代女性のキャリア—卒業生追跡調査の結果から—」『高等教育研究叢書18』広島：広島大学大学教育センター；山田文康・岩田弘三（1994).「国公立大学志願者増の変化—助詞志願者の増加—」『大学入試フォーラム No.17』大学入試センター等がある。
9　村田鈴子(1990).『教育女性学の入門』東京：信山社.
10　Narumiya, C. (1986). *op.cit*.
11　Trow, M. (1974). "Problems in the Transition from Elite to Mass Higher Education", *Policy for Higher Education.* OECD, pp.51-101.
12　表に示されているように、アメリカの高等教育では短期大学のみならず四年制大学においても女子学生数が既に男子学生を上回っている。
13　袖井孝子・矢野真和編(1987).「女子教育の経済効果と地位」『現代女性の地位』東京：勁草書房.
14　村田鈴子(1990).『教育女性学の入門』東京：信山社.
15　Cummings, K.W. (1980). *Education and Equality in Japan.* Princeton, NJ：Princeton University Press.
16　刈谷剛彦(1995).『大衆教育社会のゆくえ』東京：中公新書；山田礼子(1994).「学校教育の再考：大衆教育社会—日本の功罪」『研究本部ジャーナル』Vol.16号.
17　Levin, H.M. (1976). "Equal Educational Opportunity in Western Europe：A Contradictory Relation", Presented at the annual meeting of the American Political Science Association.

18 Fujimura K.F. (1985). "Women's Participation in Higher Education in Japan". *Comparative Education Reviews,* Vol.29, No.4. pp.471-487.
19 Giele, J.Z., Smock, A.C. (Eds.) (1977). *Women, Roles and Status in Eight Countries.* New York：Wiley.
20 文部省(1994).『わが国の文教政策』東京：大蔵省、印刷局。
21 Bowmen, M.J., and Osawa, M. (1986). *Developmental Perspectives on the Education and Economic Activities of Japanese Women.* Washington, D.C.：Office of Educational Research and Improvement.
22 労働省婦人局編(1994).『働く女性の実情』東京：大蔵省、印刷局。
23 当然、男性と女性の数の上での差異はあるものの、相対的な割合としてみた場合、やはり男性の方が昇進に有利な状況が表3-3からは読み取れる。
24 天野正子編(1986).『女子高等教育の座標』東京：垣内出版。
25 Clark, B.R. (1981). *The Higher Education System: Academic Organization in Cross-National System.* Berkeley, CA：University of California Press.
26 Parsons, T., Platt, G.M. (1973). *The American University.* Cambridge, MA：Harvard University Press.
27 McNeil, J.D. (1990). *Curriculum：Comprehensive Introduction.* Boston, MA：Little, Brown & Co.
28 文部科学省が毎年発行している学校教育、高等教育に関するデータが収まっている報告書。
29 志水宏吉(1990).「学歴・結婚・階層再生産」菊池城司編『現代日本の階層構造③ 教育と社会移動』東京：東京大学出版会。
30 天野正子編、前掲書。
31 志水宏吉、前掲論文。
32 濱名篤(1990).「女性における学校利用層の分析」菊池城司編『現代日本の階層構造③ 教育と社会移動』東京：東京大学出版会。

資　料　編

男女共生社会への政策過程と日本の女性の意識変革

内閣府男女共同参画局編(2001).『(平成13年版)男女共同参画白書』のなかから
　図1　管理職に占める女性の割合の推移
　図2　「男は仕事、女は家庭」という考え方について
　図3　「男は仕事、女は家庭」という考え方について(男女別)
　図4　妻の就業状態別夫と妻の仕事時間と家事関連時間(夫婦と子どもの世帯)
　　　　―週全体―
　図5　妻と夫の家事・育児に対する満足度
　図6　女性が職業をもつことについて
　図7　男性の家庭へのかかわり方
　図8　男性の家庭へのかかわり方(炊事、洗濯、掃除などの家事)
　図9　男性の家庭へのかかわり方(子どもの世話、子どものしつけや教育)
　図10　男性の家庭へのかかわり方(親の介護)
　図11　家庭生活上の役割分担の実態

総理府婦人問題担当室編(1984).『婦人の生活と意識―国際比較調査報告書―』から
　図12　夫は外で働き、妻は家庭を守るべきである―年齢階級別―
　表1　子どものしつけ方
　表2　職場での男女の地位の平等観
　図13　子どもができても、ずっと職業を続ける方が良い
　図14　子どもができたら職業を辞め、大きくなったら再び職業を持つ方が良い
　図15　結婚するまでは、職業を持つ方が良い
　図16　子どもができるまでは、職業を持つ方が良い

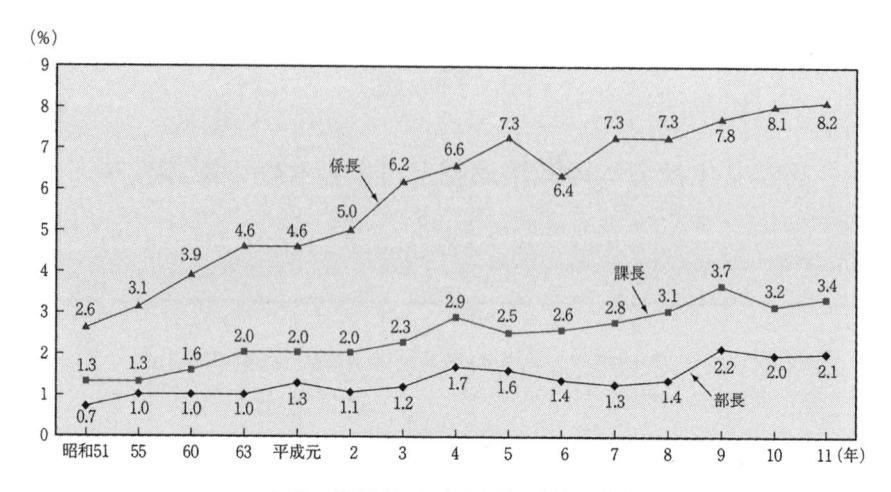

図1 管理職に占める女性の割合の推移

資料出所：厚生労働省「資金構造基本統計調査」

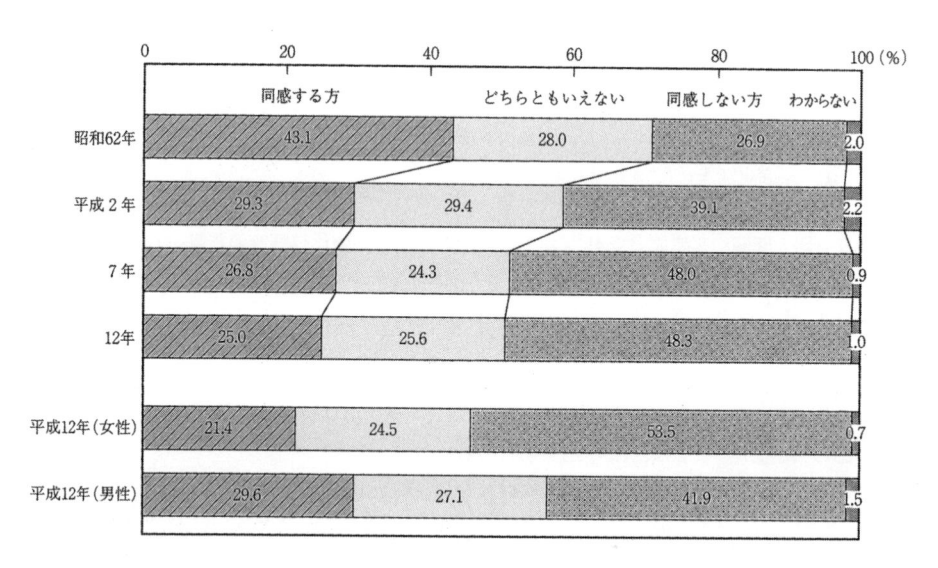

図2 「男は仕事、女は家庭」という考え方について

	同感する方	どちらともいえない	同感しない方	わからない
昭和62年	43.1	28.0	26.9	2.0
平成2年	29.3	29.4	39.1	2.2
7年	26.8	24.3	48.0	0.9
12年	25.0	25.6	48.3	1.0
平成12年(女性)	21.4	24.5	53.5	0.7
平成12年(男性)	29.6	27.1	41.9	1.5

資料出所：内閣府「男女共同参画社会に関する世論調査」（平成12年）

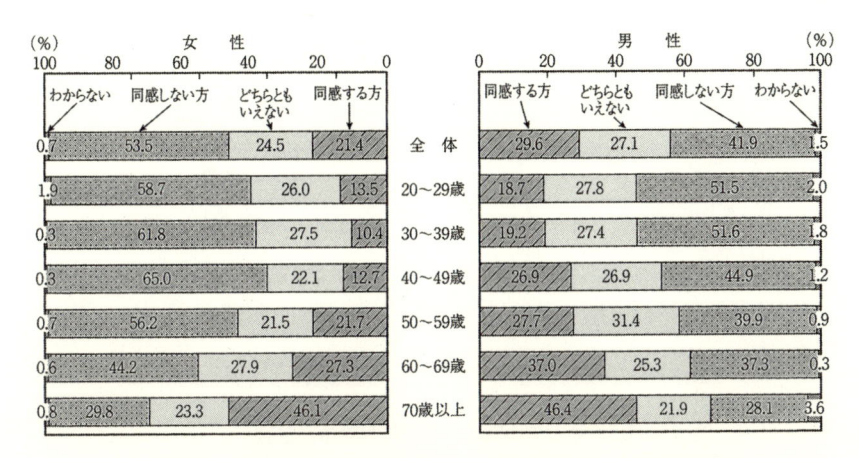

図3 「男は仕事、女は家庭」という考え方について（男女別）

女性

	わからない	同感しない方	どちらともいえない	同感する方
全体	0.7	53.5	24.5	21.4
20～29歳	1.9	58.7	26.0	13.5
30～39歳	0.3	61.8	27.5	10.4
40～49歳	0.3	65.0	22.1	12.7
50～59歳	0.7	56.2	21.5	21.7
60～69歳	0.6	44.2	27.9	27.3
70歳以上	0.8	29.8	23.3	46.1

男性

	同感する方	どちらともいえない	同感しない方	わからない
全体	29.6	27.1	41.9	1.5
20～29歳	18.7	27.8	51.5	2.0
30～39歳	19.2	27.4	51.6	1.8
40～49歳	26.9	26.9	44.9	1.2
50～59歳	27.7	31.4	39.9	0.9
60～69歳	37.0	25.3	37.3	0.3
70歳以上	46.4	21.9	28.1	3.6

資料出所：内閣府「男女共同参画社会に関する世論調査―男性のライフスタイルを中心に―」（平成12年）

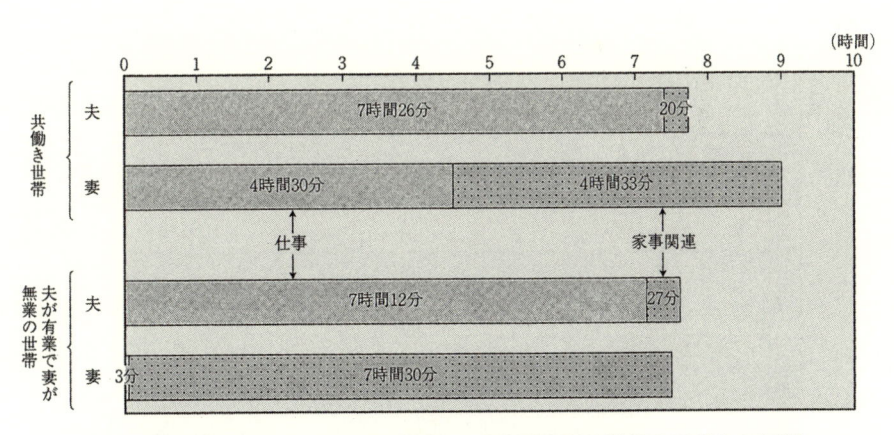

図4 妻の就業状態別夫と妻の仕事時間と家事関連時間（夫婦と子どもの世帯）
―週全体―

共働き世帯
- 夫：仕事 7時間26分、家事関連 20分
- 妻：仕事 4時間30分、家事関連 4時間33分

夫が有業で妻が無業の世帯
- 夫：仕事 7時間12分、家事関連 27分
- 妻：仕事 3分、家事関連 7時間30分

注：「家事関連」は、「家事」、「介護・看護」、「育児」および「買い物」の合計
資料出所：総務省「社会生活基本調査」（平成8年）より作成

第2部　伝統的ジェンダー役割を保持するシステムの批判的検討

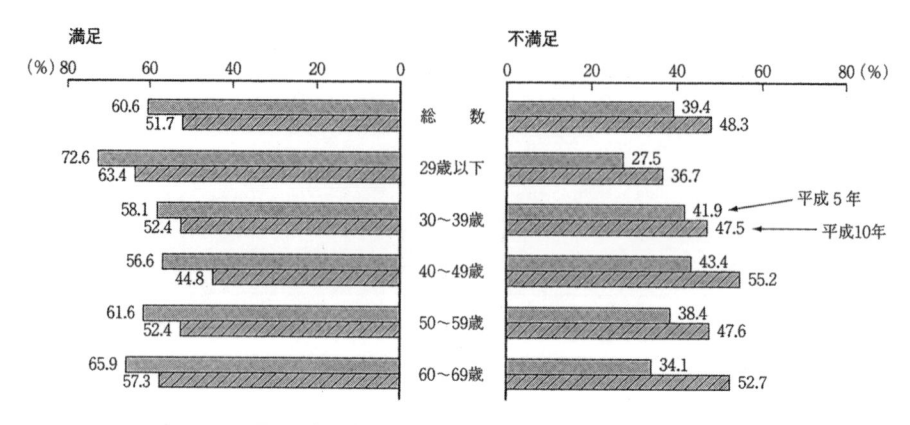

図5　妻と夫の家事・育児に対する満足度

区分	満足(%)	不満(%)
総数	60.6 / 51.7	39.4 / 48.3
29歳以下	72.6 / 63.4	27.5 / 36.7
30〜39歳	58.1 / 52.4	41.9 / 47.5
40〜49歳	56.6 / 44.8	43.4 / 55.2
50〜59歳	61.6 / 52.4	38.4 / 47.6
60〜69歳	65.9 / 57.3	34.1 / 52.7

（上段：平成5年、下段：平成10年）

注：(1)「満足」は、「非常に満足」と「まあまあ満足」の合計
　　(2)「不満」は、「やや不満」と「非常に不満」の合計
資料出所：国立社会保障・人口問題研究所「第2回全国家庭動向調査」(平成10年)

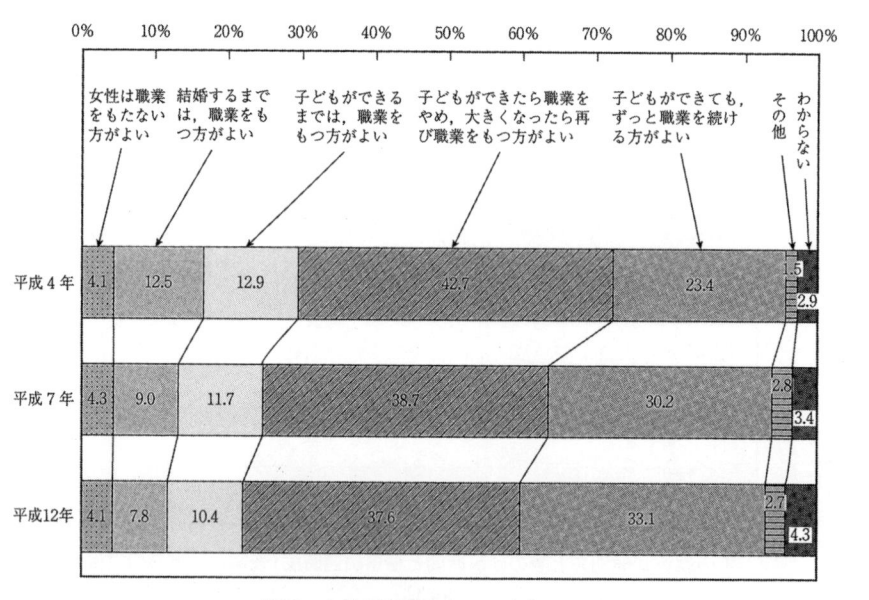

図6　女性が職業をもつことについて

調査年	女性は職業をもたない方がよい	結婚するまでは、職業をもつ方がよい	子どもができるまでは、職業をもつ方がよい	子どもができたら職業をやめ、大きくなったら再び職業をもつ方がよい	子どもができても、ずっと職業を続ける方がよい	その他	わからない
平成4年	4.1	12.5	12.9	42.7	23.4	1.5	2.9
平成7年	4.3	9.0	11.7	38.7	30.2	2.8	3.4
平成12年	4.1	7.8	10.4	37.6	33.1	2.7	4.3

資料出所：図3に同じ

資料編 71

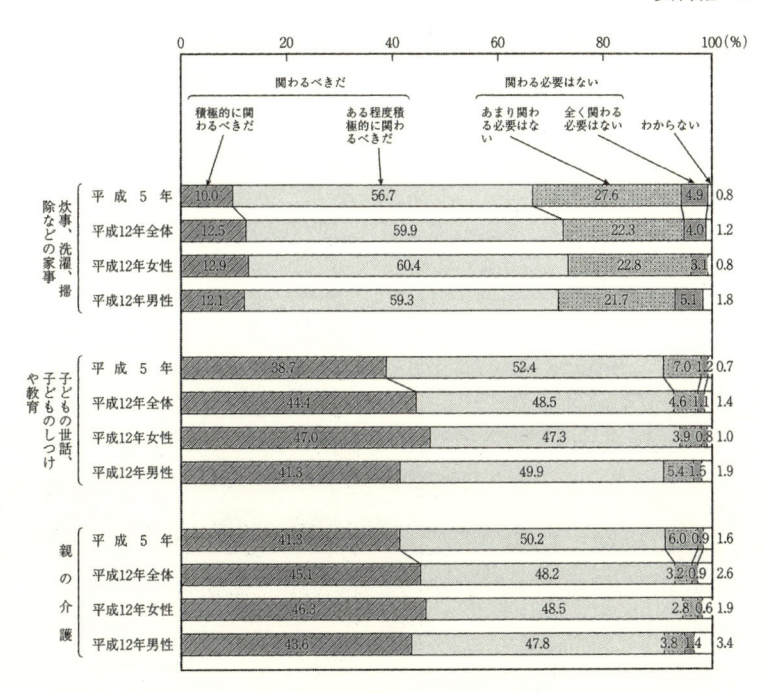

図7 男性の家庭へのかかわり方

炊事、洗濯、掃除などの家事

	積極的に関わるべきだ	ある程度積極的に関わるべきだ	あまり関わる必要はない	全く関わる必要はない	わからない
平成5年	10.0	56.7	27.6	4.9	0.8
平成12年全体	12.5	59.9	22.3	4.0	1.2
平成12年女性	12.9	60.4	22.8	3.1	0.8
平成12年男性	12.1	59.3	21.7	5.1	1.8

子どもの世話、子どものしつけや教育

	積極的	ある程度	あまり	全く	わからない
平成5年	38.7	52.4	7.0	1.2	0.7
平成12年全体	44.4	48.5	4.6	1.1	1.4
平成12年女性	47.0	47.3	3.9	0.8	1.0
平成12年男性	41.3	49.9	5.4	1.5	1.9

親の介護

	積極的	ある程度	あまり	全く	わからない
平成5年	41.3	50.2	6.0	0.9	1.6
平成12年全体	45.1	48.2	3.2	0.9	2.6
平成12年女性	46.3	48.5	2.8	0.6	1.9
平成12年男性	43.6	47.8	3.8	1.4	3.4

資料出所：図3に同じ

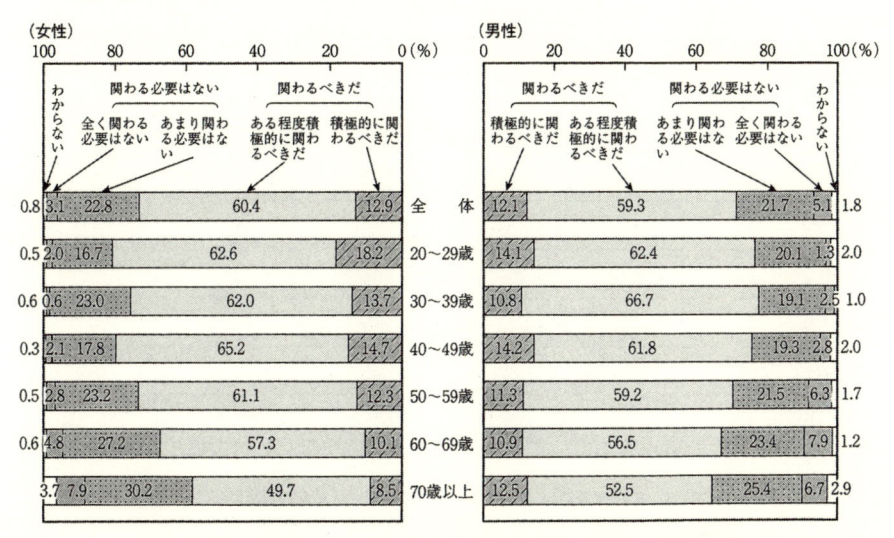

図8 男性の家庭へのかかわり方（炊事、洗濯、掃除などの家事）

女性

	わからない	全く関わる必要はない	あまり関わる必要はない	ある程度積極的に関わるべきだ	積極的に関わるべきだ
全体	0.8	3.1	22.8	60.4	12.9
20〜29歳	0.5	2.0	16.7	62.6	18.2
30〜39歳	0.6	0.6	23.0	62.0	13.7
40〜49歳	0.3	2.1	17.8	65.2	14.7
50〜59歳	0.5	2.8	23.2	61.1	12.3
60〜69歳	0.6	4.8	27.2	57.3	10.1
70歳以上	3.7	7.9	30.2	49.7	8.5

男性

	積極的に関わるべきだ	ある程度積極的に関わるべきだ	あまり関わる必要はない	全く関わる必要はない	わからない
全体	12.1	59.3	21.7	5.1	1.8
20〜29歳	14.1	62.4	20.1	1.3	2.0
30〜39歳	10.8	66.7	19.1	2.5	1.0
40〜49歳	14.2	61.8	19.3	2.8	2.0
50〜59歳	11.3	59.2	21.5	6.3	1.7
60〜69歳	10.9	56.5	23.4	7.9	1.2
70歳以上	12.5	52.5	25.4	6.7	2.9

資料出所：図3に同じ

72　第2部　伝統的ジェンダー役割を保持するシステムの批判的検討

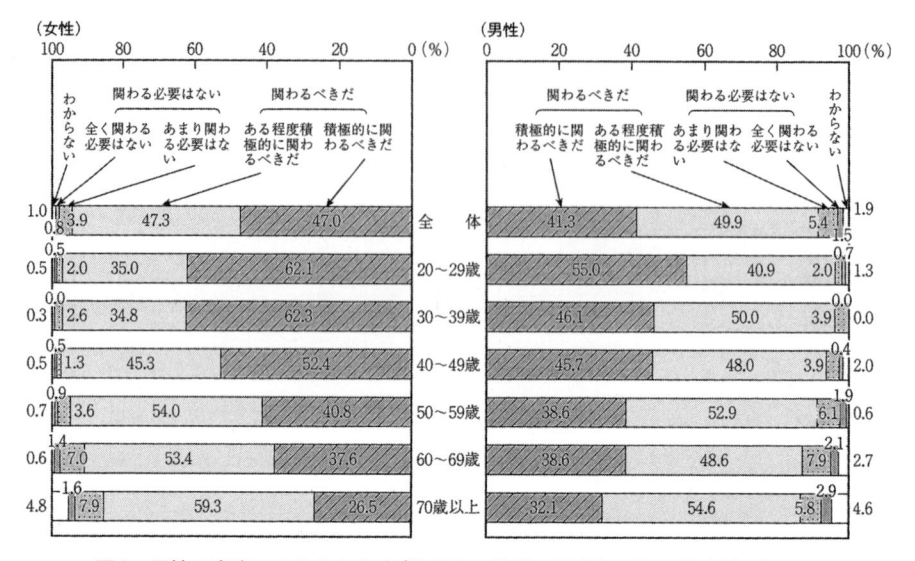

図9　男性の家庭へのかかわり方（子どもの世話、子どものしつけや教育）

資料出所：図3に同じ

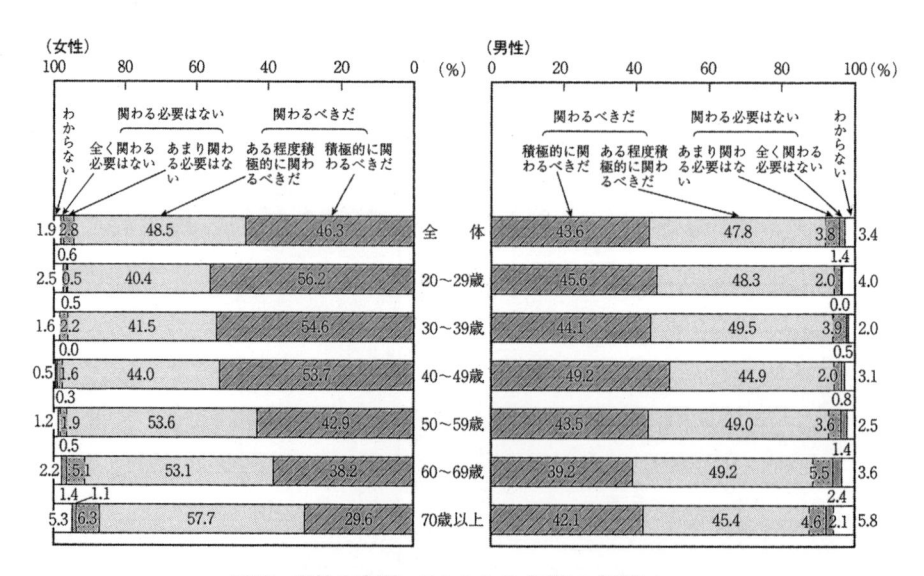

図10　男性の家庭へのかかわり方（親の介護）

資料出所：図3に同じ

資料編 73

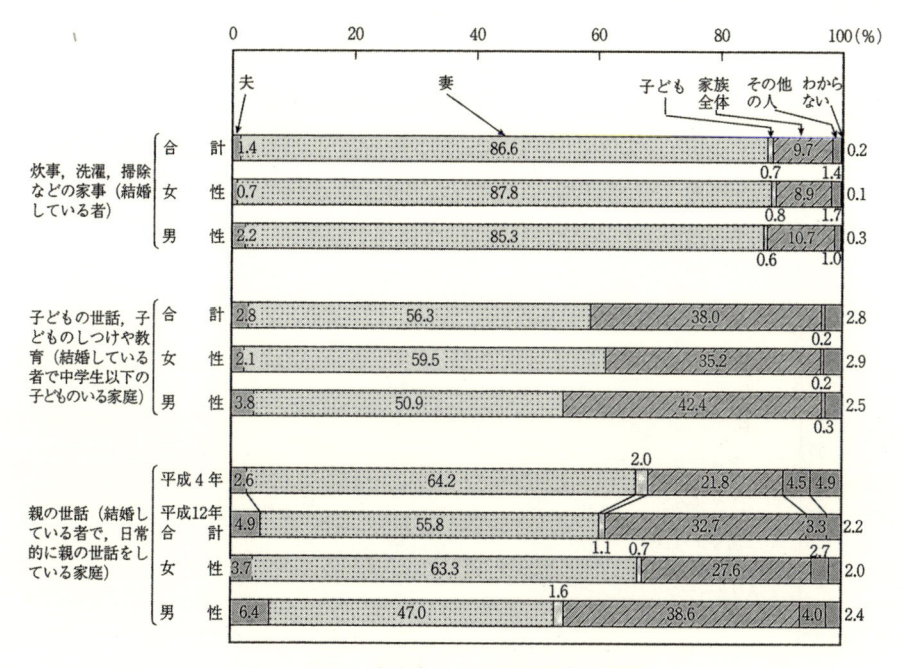

		夫	妻	子ども	家族全体	その他の人	わからない
炊事, 洗濯, 掃除などの家事 (結婚している者)	合計	1.4	86.6			9.7 / 0.7 / 1.4	0.2
	女性	0.7	87.8			8.9 / 0.8 / 1.7	0.1
	男性	2.2	85.3			10.7 / 0.6 / 1.0	0.3
子どもの世話, 子どものしつけや教育 (結婚している者で中学生以下の子どものいる家庭)	合計	2.8	56.3		38.0	0.2	2.8
	女性	2.1	59.5		35.2	0.2	2.9
	男性	3.8	50.9		42.4	0.3	2.5
親の世話 (結婚している者で, 日常的に親の世話をしている家庭)	平成4年	2.6	64.2	2.0	21.8	4.5	4.9
	平成12年合計	4.9	55.8	1.1 / 0.7	32.7	2.7	2.2
	女性	3.7	63.3		27.6	2.7	2.0
	男性	6.4	47.0	1.6	38.6	4.0	2.4

図11 家庭生活上の役割分担の実態

資料出所:図3に同じ

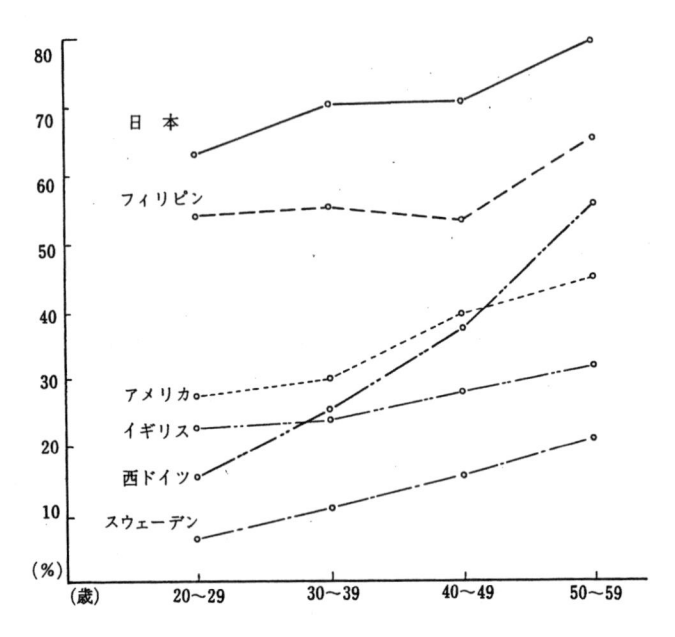

図12 夫は外で働き、妻は家庭を守るべきである
〔賛成者(どちらかといえば賛成を含む)〕
—年齢階層別—

資料出所:総理府『婦人の生活と意識—国際比較調査報告書—』

表1 子どものしつけ方

(%)

国	該当数(人)	男の子は男の子らしく、女の子は女の子らしく、しつけた方が良い	差別なく、同じようにしつけた方が良い	その他	わからない
日　　　本	1,294	62.6	34.4	0.4	2.6
フィリピン	1,200	28.1	67.4	0.3	4.2
アメリカ	1,200	31.3	61.9	5.3	1.5
スウェーデン	1,220	6.0	92.0	1.1	0.8
西ドイツ	1,333	19.9	74.5	1.7	3.9
イギリス	1,224	20.1	76.3	1.9	1.7

資料出所：図12に同じ

表2 職場での男女の地位の平等観

(%)

国	該当数(人)	男性の方が非常に優遇されている	どちらかといえば男性の方が優遇されている	平等	どちらかといえば女性の方が優遇されている	女性の方が非常に優遇されている	わからない
日　　　本	1,294	27.4	43.1	13.4	1.6	0.2	14.1
フィリピン	1,200	36.1	17.1	36.3	8.1	1.8	0.8
アメリカ	1,200	39.2	30.5	19.4	4.0	1.6	5.3
スウェーデン	1,220	10.2	47.5	33.9	1.2	0.1	7.0
西ドイツ	1,333	29.8	58.4	8.8	0.8	0.4	1.9
イギリス	1,224	15.8	51.0	25.7	3.7	0.1	3.8

資料出所：図12に同じ

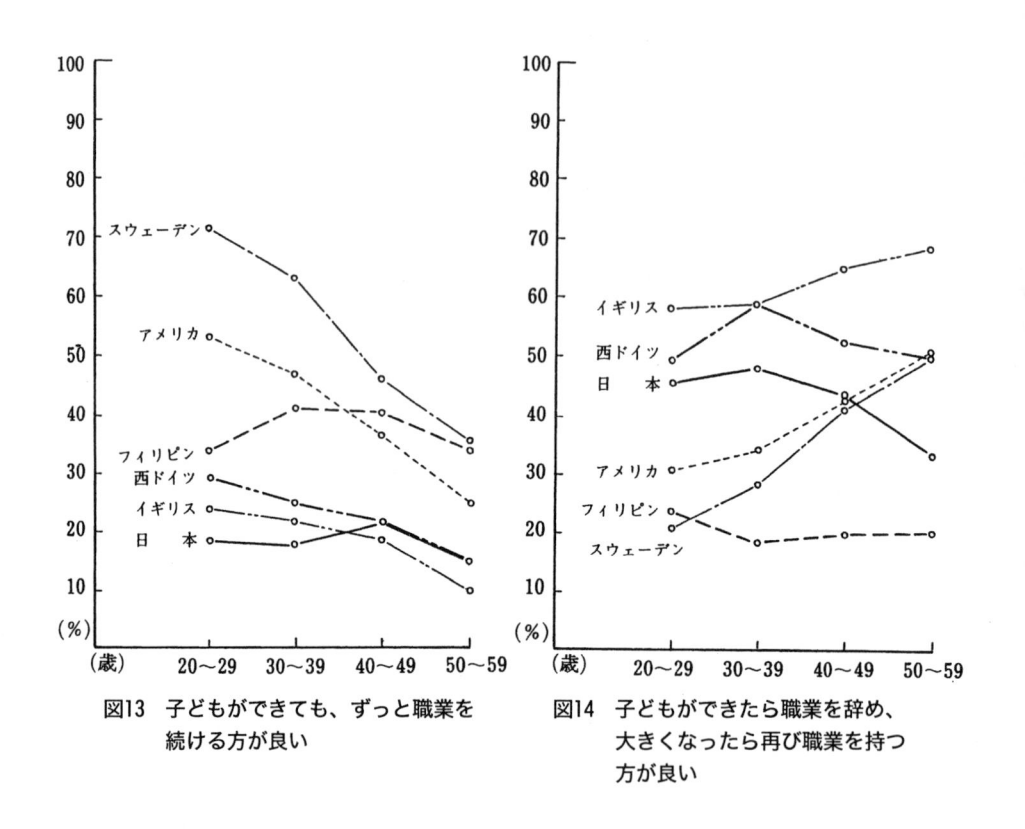

図13 子どもができても、ずっと職業を続ける方が良い

図14 子どもができたら職業を辞め、大きくなったら再び職業を持つ方が良い

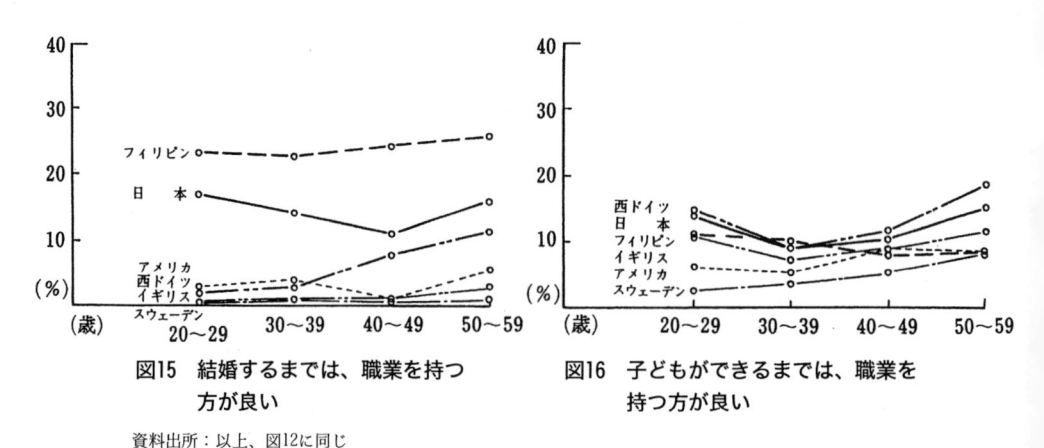

図15 結婚するまでは、職業を持つ方が良い

図16 子どもができるまでは、職業を持つ方が良い

資料出所：以上、図12に同じ

第3部

ロサンゼルスの日本人女性と
その家族

第4章　日本人駐在員とその家族

　本章ではアメリカにおける日本企業の特色と日本人駐在員の全体像を紹介することを目的としたい。1980年代半ばから、駐在員数の増加と長期化傾向が顕著になってきており、それにともなって子女の教育問題なども浮上してきている。駐在員家族の具体的な像を把握するためにも、北米地域、特にアメリカにおける在米日本企業にどのような特徴がみられるのか、さらには本書が主に扱っている地域であるロサンゼルスには、どのような職種の日本企業が多く進出してきているのかを踏まえることは不可欠な作業であると思われるからである。そこで、最初にアメリカの日本企業の全体像について示すことにしたい。

1. アメリカの日本企業

　アメリカと日本の間の貿易関係が緊密になるにつれて、より多くの日本企業がアメリカへの直接投資を増加させ海外に子会社を設立し出した。日本の海外子会社は歴史的にはアジア諸国から始まっている。しかし、ドル安、アメリカ企業への日本企業の競争力の上昇、米国政府がアメリカへの外国企業の積極的投資および誘致政策を推進するなど、1970年代以降の環境変化によって、アメリカにおける日本企業の存在が顕著化するようになった[1]。

　通産省(現経済産業省)は1970年以降、日本企業の国際化がどの程度進展

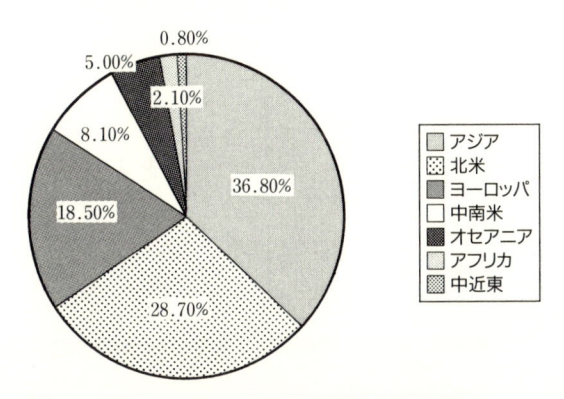

図4-1　1989年度日本企業の海外滞在地域別割合

出典：通商産業省産業政策局編（1990）．『日本企業の海外における事業動向―第18～19回調査―』

してきているかを把握する目的で、継続的に日本企業の海外での事業活動調査を実施してきている。1978年の調査では海外に子会社を持つ日本企業本社3,708社の海外子会社9,576社を対象に調査を実施し、海外子会社7,544社から回答を得た。**図4-1**に示しているようにアジア地域に36.8％、北米地域に28.7％、ヨーロッパ地域に18.5％となっており、この3地域の合計だけで84％に達している。

　産業別では製造業の53％が労働力が豊富で賃金が安いアジア地域に集中し、23.1％が北米地域に位置している。

　図4-2では滞米日本企業の産業別数を示しているが、ここから滞米企業のほとんどが商業および製造業であることがわかる。当調査では全米をそれぞれ西部地域、中西部地域、北東地域、南部地域およびその他の地域の5つの地域に分割して、どの地域にどれぐらいの日本企業が進出したかを調べると同時に産業別数を調査している。その結果、例えばカリフォルニア州、アリゾナ州等を含む西部地域には774の日本企業が進出し、その内訳は製造業247、商業286、その他241となっている。中西部地域には326社が進出しており、その内訳は製造業164社、商業111社、その他51社である。以下、北東地域507社、南部地域への進出日本企業

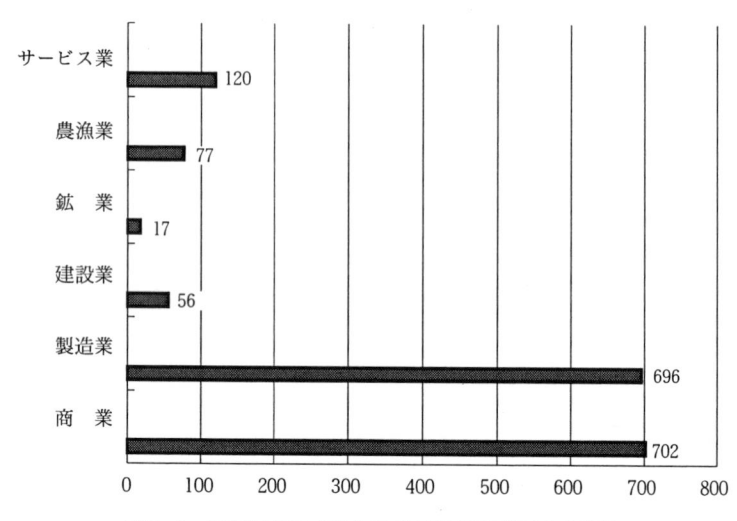

図4-2 1989年度アメリカにおける産業別日本企業数

- サービス業: 120
- 農漁業: 77
- 鉱業: 17
- 建設業: 56
- 製造業: 696
- 商業: 702

出典：図4-1に同じ

数は326社となっている。以下には進出企業の多い順番であるカリフォルニア州、ニューヨーク州、イリノイ州、ニュージャージ州における企業別数を表4-1に示しておく。

1986年以来の円高によって多くの日本の製造業は生産ラインを海外に移し始めた[2]。それゆえ、1986年以降では海外に位置する全製造業の31.7％が新規に海外に移転した企業である。図4-3に示されているように、特に1986年以降88年までに海外に生産ラインをシフトした企業の増加は著しい。この背景には前述した円高要因と同時に、日米間で激化してきた貿易摩擦を緩和するという意味もある。

表4-1 1989年度日本企業進出主要州における産業別数

	カリフォルニア	ニューヨーク	イリノイ	ニュージャージ
製造業	191	58	40	37
商業	231	155	70	52
その他	157	123	22	16
合計	579	336	132	105

出典：図4-1に同じ

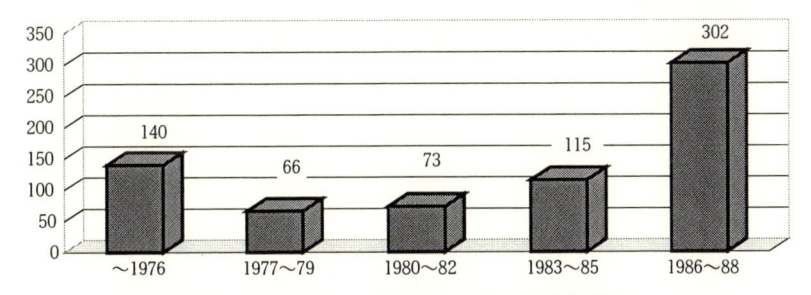

図4-3 アメリカへ移転した日本の製造業者数

期間	業者数
～1976	140
1977～79	66
1980～82	73
1983～85	115
1986～88	302

出典：図4-1に同じ

　急激な米国での日本の製造業の増加にともない、日本の海外生産の割合も上昇し続けている。例えば、1988年における日本企業の全生産における海外生産の割合は4.9%にまで達している。同時に、日本企業の海外総売上高に占めるアメリカ市場での売上高は、1988年には49%を占めるに至り、金額は2,750億ドルにまで達している。そのなかでもアメリカ市場における製造業と商業部門の売上高はトップを占めている。

　表4-2は米国における日本企業の産業別投資額を示している。全体の投資額のおおよそ90%を製造業と商業が占めていることがわかるが、製造業のなかでも輸送機械と電気機械がアメリカ市場への最大の投資企業であることが示されている。同時に、製造業はアメリカに新たに製造ラインや工場さらには研究開発施設も設立するために、1社当たりの投資額も最大になる傾向が示されている。

　表4-3は従業員数別の在米日本企業の分布を示しているが、ここから在米日本企業の多くは、従業員数が1～300人くらいの比較的小規模もしくは中規模企業がほとんどであることがわかる。一方では繊維、電機機械、輸送機械などの製造業は従業員数が500～1,000人程度の大企業に分類することができる。商業については個人企業であったり、小規模企業に分類されることがほとんどである。この理由として、商業の場合は、製造業とは異なり工場施設や研究開発にかける投資をする必要がほとんどなく、また個人でも人脈さえあれば商売をできることから、個人で営

表4-2 1989年度アメリカへの産業別投資額

(単位:百万円)

産　業	金　額	1社当たり平均投資額
農漁業	2,343	213
鉱業	16,636	2,080
建設	231	7
製造業	688,828	1,392
食品	17,284	508
繊維	2,210	221
ゴム、パルプ	10,687	1,207
化学	55,659	960
鉄鋼	34,728	1,447
非鉄金属	9,263	515
一般機械	24,063	422
電機機械	109,024	1,019
輸送機械	349,722	4,214
精密機械	18,409	682
石油、石炭	0	0
その他	57,779	885
商業	145,776	329
サービス	6,027	90
その他	73,460	425
合　計	933,301	759(1社当たり平均)

出典:図4-1に同じ

業活動を行っている会社が多いからである。電機機械や自動車産業などに代表される製造業は、地元の積極的な誘致策がある場合や地域の多くの人材を雇用する意味でも、地元への貢献度が高い場合も多い。またアメリカの地方経済や雇用状況にも影響を及ぼすことも決して少なくない。

表4-4は日本企業の親会社から派遣されてきた駐在員と現地の従業員数を示している。本表では企業規模が統一されないままであるため、日本の親会社からどれくらいの数の駐在員が派遣されてきているかを全般として把握することは困難であるが、おおよそ現地企業の全従業員数の5％程度が駐在員であることが示されている[3]。

以上のデータから全米における日本企業および日本人駐在員数が増加していることが明らかになった。日本貿易振興会（JETRO）は日本企業に対して1981年に、北米への企業進出に関する調査を実施したが、カリフォルニア州は、日本と比較的近いという地理的要因、恵まれた天候、

表4-3 1989年度在米日本企業の従業員規模別割合

産業	0〜50	51〜100	101〜300	301〜500	501〜1,000	1,000以上	合計
農漁業	54	9	14	6	4	4	91
	59.3%	9.9%	15.4%	6.6%	4.4%	4.4%	100%
鉱業	58	5	14	8	5	8	98
	59.2%	5.1%	14.3%	8.2%	5.1%	8.2%	100%
建設	205	21	25	8	2	1	262
	78.2%	8%	9.5%	3.1%	0.8%	0.4%	100%
製造業	1,100	490	806	280	302	265	3,243
	33.9%	15.1%	24.9%	8.6%	9.3%	8.2%	100%
食品	83	32	34	19	7	6	181
	45.9%	17.7%	18.8%	10.5%	3.9%	3.3%	100%
繊維	39	18	42	26	48	27	200
	19.5%	9.0%	21%	13%	24%	13.5%	100%
ゴム・パルプ	24	15	14	8	4	6	71
	33.8%	21.1%	19.7%	11.3%	5.6%	8.5%	100%
化学	205	62	94	14	30	7	412
	49.8%	15%	22.8%	3.4%	7.3%	1.7%	100%
鉄鋼	44	16	44	5	9	9	127
	34.6%	12.6%	34.6%	3.9%	7.1%	7.1%	100%
非鉄金属	23	17	32	15	2	7	96
	24%	17.7%	33.3%	15.6%	2.1%	7.3%	100%
一般機械	139	45	77	14	18	16	309
	45%	14.6%	24.9%	4.5%	5.8%	5.2%	100%
電機機械	213	117	193	85	95	113	816
	26.1%	14.3%	23.7%	10.4%	11.6%	13.8%	100%
輸送機械	86	57	109	44	46	44	386
	22.3%	14.8%	28.2%	11.4%	11.9%	11.4%	100%
精密機械	53	24	29	11	15	9	141
	37.6%	17%	20.6%	7.8%	10.6%	6.4%	100%
石油・石炭	5	1	1	1	2	3	13
	38.5%	7.7%	7.7%	7.7%	15.4%	23.1%	100%
その他	186	86	137	38	26	18	491
	37.9%	17.5%	27.9%	7.7%	5.3%	3.7%	100%
商業	1,722	282	275	62	43	25	2,409
	71.5%	11.7%	11.4%	2.6%	1.8%	1.0%	100%
サービス	316	31	37	8	9	4	405
	78%	7.7%	9.1%	2%	2.2%	1%	100%
その他	846	82	69	20	12	7	1,036
	81.7%	7.9%	6.7%	1.9%	1.2%	0.7%	100%
合計	4,301	920	1,240	392	377	314	7,544
	57%	12.2%	16.4%	5.2%	5.0%	4.2%	100%

出典：図4-1に同じ

表4-4　1989年度産業別現地日本企業の従業員数と日本人駐在員数

産　業	A	B	C	D
農漁業	345	24	2	7%
鉱業	67	38	2	56.7%
建設	1,666	373	7	22.4%
製造業	202,313	6,040	9	3%
食品	7,915	213	4	2.7%
繊維	1,837	58	4	3.2%
ゴム、パルプ	1,465	54	4	3.7%
化学	20,891	296	3	1.4%
鉄鋼	16,066	223	6	1.4%
非鉄金属	7,322	117	5	1.6%
一般機械	23,961	674	9	2.8%
電機機械	66,685	2,013	13	3%
輸送機械	32,910	1,396	13	4.2%
精密機械	5,264	395	12	7.5%
石油、石炭	28	17	6	60.7%
その他	17,969	584	7	3.3%
商業	73,326	5,405	8	7.4%
サービス	6,046	574	5	9.5%
その他	9,284	1,136	3	12.2%
合　計	293,047	13,590	7	4.6%

A　在米日本企業の従業員数
B　日本の親会社から派遣された駐在員数
C　在米日本企業の1社当たり平均駐在員数
D　在米日本企業の従業員に占める駐在員割合

出典：図4-1に同じ

および良質な労働力を確保できるという点が魅力として日本企業を引き付けていることが明らかになった[4]。

　カリフォルニア州のなかでもロサンゼルスは日本企業が集中している地域のひとつである[5]。1992年にロサンゼルス周辺地域にある日本企業が会員となって運営されている日本貿易懇話会（Japan Business Association of Southern California：JBA）が、ロサンゼルス周辺地域の日本企業数を調査した。日本貿易懇話会（以下、本章ではJBAと略）とは主に日本企業関係者が会員となっており、こうした会員から構成されている日系コミュニティと現地のアメリカコミュニティとの連絡調整役として設立され、両者の間のスムーズな関係を構築すべく活動をおこなっている組織である。1992年7月時点で、JBAの会員となっている日本企業は684に上っている。JBA

の事務所は、ダウンタウン、サウスベイ地域、およびオレンジ支部に分かれており、サウスベイ地域の主な活動は駐在員子弟の教育問題にかかわっている。そこでは、新しく赴任してきた日本人家族への教育相談、現地校の紹介や、地元のアメリカ人教育関係者の日本への理解を促進すべく、日本への短期研修サービスの提供などの活動を積極的におこなっている。サウスベイ地域とはロサンゼルスの

表4-5 1992年現在ロサンゼルス周辺地域の日系企業数

ランク	地域	企業数
1	ロサンゼルス	233
2	トーランス	112
3	アーバイン	33
	ガーデナ	33
	ロングビーチ	33
6	カーソン	22
7	サイプレス	15
8	イングルウッド	13
9	コンプトン	11
10	セリトス	9
	エルセグンド	9

出典：日本貿易懇話会による1992年度日系企業調査の結果を参照

南に位置する地域で、パロスベルデス、トーランスなどの地域を含む地域であり、トーランスには本田自動車工業やトヨタ自動車、その近くのマンハッタンビーチには日産自動車などが進出している。

　この地域への日本企業の進出は1981年以降急速に増加し、1981年には日系企業数は121であったが、1992年には251へと倍増した。同様にオレンジ郡への日系企業数の進出もほぼ倍増している。**表4-5**にはロサンゼルス周辺の地域別の日系企業数[6]を示しておく。

　JBAの1992年度調査によると、南カリフォルニア地域の企業活動に従事している企業のなかで、1980年代半ばからの急激な南カリフォルニア地域の不動産価格の上昇にともない、特にここ2～3年の傾向としては不動産業や貿易、観光などのサービス関連企業の増加が顕著化している。その結果として、商業、電機、サービス産業が南カリフォルニア地域の日系企業のおおよそ3分の1を占めているとのことである。

　こうした企業数の増加と比べると、この地域における駐在員数は漸減している傾向がみられる。例えばJBAの会員企業の駐在員数は1991年には3,827人であったが、1992年には3,680人に減少した。こうした漸減の

背景には、日本の本社が現地化を推進するという方針を推進したり、あるいは駐在員にかかる多大なコストを節約するために現地従業員を積極的に雇用するなどの政策推進などがあるとみられている。1現地法人企業当たりの平均駐在員数は1991年の5.5人から1992年には5.3人に減少した。

2. 日本人駐在員の定義

　日本の駐在員とは、ある一定の期間、ほとんどの場合には3～7年ぐらいの期間を海外の日本企業の現地法人で勤務すべく、日本の親会社から派遣されてきている日本企業で働く給与所得者と定義することができる。南カリフォルニアの日本ビジネス協会[7]の前会長である木内氏は、近年駐在員の駐在機関は長期化する傾向があると述べている。その理由として木内氏は、現地での企業経営を効果的に運営するには最低5～7年が必要であると述べている。

　現地での役割に応じて、駐在員を3つのカテゴリーに分類することができる。第1のカテゴリーに当てはまる駐在員は、最高経営責任者として現地法人を経営し意思決定をおこなう層であり、第2のカテゴリーには、現地法人の経営責任者として最高経営者を手助けし、同時に総支配人もしくは財務責任者として日本の親会社と意思疎通を常におこなう層、第3のカテゴリーの駐在員は、生産ラインや製品についての技術的アドバイスをおこなう。この場合には、生産ラインが機能するまで技術スタッフとして技術的アドバイスに従事するために、比較的短期間しか現地にとどままらない傾向が一般的である。また、しばしば第3のカテゴリーの駐在員は、現地法人の生産性改善のために品質管理にも従事する場合がある[8]。

　現地法人における駐在員の地位がどの程度であるかの正確なデータを入手することは困難であるが、一般的には中間管理職以上の役職につい

ている駐在員がほとんどであると推察される[9]。駐在員の給与についても正確なデータを入手することは困難であるが、筆者の調査および1985年に根津[10]が実施した調査をもとにすると、アメリカ社会での中流階層以上の層に属するものと推察できる。当然ながら収入は企業規模や役職によって異なるが、一般的にどの役職者、非役職者にかかわらず住宅補助、医療、車両保険への補助、および子女の教育費補助などの付加厚生給付は手厚く実施されている。

3. 駐在員の法的地位

　本節では、駐在員とその妻の米国における移民法上での地位について明確にすることを目的としたい。本書の目的である駐在員夫人のジェンダー役割観がいかなるものであるかを知る上で、彼女たちが正式に働けるか、あるいは働くことが法的に認められていないかという立場の違いが、ジェンダー役割観に影響を及ぼすものと推察できるからである。

　移民法上では、次のように駐在員の法的地位が扱われている。他国の市民がアメリカに特定の職務を遂行する目的で一時的に入国する場合には、彼らは非移民ビザか一時的ビザを取得しなければならない。企業活動に携わっている日本人は、アメリカへの一時的入国についての手続きと規則が定められている。これらの規則は、国境上での安全保障および、その国固有の労働力と永久雇用を遵守する一方で、一時的入国を促進する機能がある。

　非移民ビザカテゴリーにおける事業（ビジネス）による入国者は以下のように分類されている。

1. B-1ビザ：商売、事業のための訪問者
2. H-I Bビザ：専門職
3. H-2およびH-3ビザ：一時的労働者および研修者
4. E-1ビザおよびE-2ビザ：貿易者および投資者

5．L-1 ビザ：企業間転勤者

　ここで重要な点は、これらのビザ保持者として正式に認められる者は、事業（ビジネス）に従事している者であるということである。この場合の事業（ビジネス）従事者の定義は、商品およびサービス貿易に従事している者、もしくは投資活動に従事している者とされており、この定義に従えばほとんどの駐在員はE-1もしくはE-2ビザカテゴリーに相当する。

　Eビザは米国領事館を通じて取得することになり、Eビザ保持者は条約上の地位を取得しているものとしてみなされる。Eビザは単一の投資者によって所有されている会社および大規模多国籍企業によって使用されるビザである。日本人が所有している会社の主要な従業員も、同様にEビザ取得の申請をおこなうことができるが、その場合、日米間での実質的な貿易（51％以上）に従事している日本人に適用できるビザであり、事業活動に当たって、その申請者は上級官吏もしくは管理業務に携わっているか、あるいはその企業活動に欠かせない本質的な技能を所持していなければならないというような細かな取得上での制限が課せられている。

　E-2ビザは一般的には10万ドル以上の投資をおこなったもしくは投資する予定の日本人に適用されるビザである。E-1、2ビザ両方ともに5年間の期限で発行され、滞在年数が5年を超える場合には米国領事館を通じて再発行されることが可能である。

　Eビザ保持者の家族についてはビザ保持者とともにアメリカへの入国が認められている。Eビザ保持者の配偶者および21歳以下の未婚の子どもが同様にこのEビザのカテゴリーに当てはまるとされている。しかし子どもの場合には、21歳を超えたり、結婚した場合には条約上の地位の下でもはや米国に滞在する資格を持ち得ないとされている。アメリカ滞在期間において、Eビザ保持者である家族は、米国移民帰化局から明確な雇用の許可を取得することはできないとされている。米国移民帰化局

は、長い間条約上の外国人の家族が正式に許可されない状態で仕事に従事している場合においても、彼らの条約上の地位の侵犯ではないとの立場をとってきた。それゆえ、家族が不法就労していることが発覚した場合にでも、国外に追放するといった手段をとらなかったのであるが、1986年の移民法の改正により、正式な就労許可証を保持しない条約上の外国人家族を雇用した雇用者は違法であるとの立場を明確にした。したがって、就労許可証を持たない家族が就労していることが発覚した場合には、2つの罰則が科せられる。罰則の1つは非移民カテゴリーへの移民法上での地位の変更を禁止することであり、もう1つの罰則はアメリカでの永住権を取得する上での地位上の手続きを禁止することである[11]。このように1986年の新移民法以後には駐在員夫人の就労が完全に法的に禁止され、Eビザ保持者の妻は、いかなる賃金をもたらす仕事にかかわることができずパートタイム労働に従事することも禁止する内規が存在している[12]。

4. 海外子女と家族

　次章で海外子女の教育状況について詳述するが、ここでは全般的な海外子女と家族についての簡単な紹介をすることにしたい。

　海外に在留する日本人の増加にともない、当然同伴する子どもの数も近年増加の一途をたどってきている。1992年5月現在の海外に在留する義務教育相当年齢の子どもの数は、5万970人強となっている。この数字は在留邦人子女に関する調査が正式に開始された1971年と比較すると、おおよそ5.9倍に達している。前年度から0.4％の増加となっている。

　84年から92年までの在留邦人子女数と就学形態については図4-4に示している[13]。

　就学形態の比率の変化をみてみると、1985年には日本人学校在籍者が41.8％、補習授業校在籍者が37.7％であったのに対し、年を経るごとに

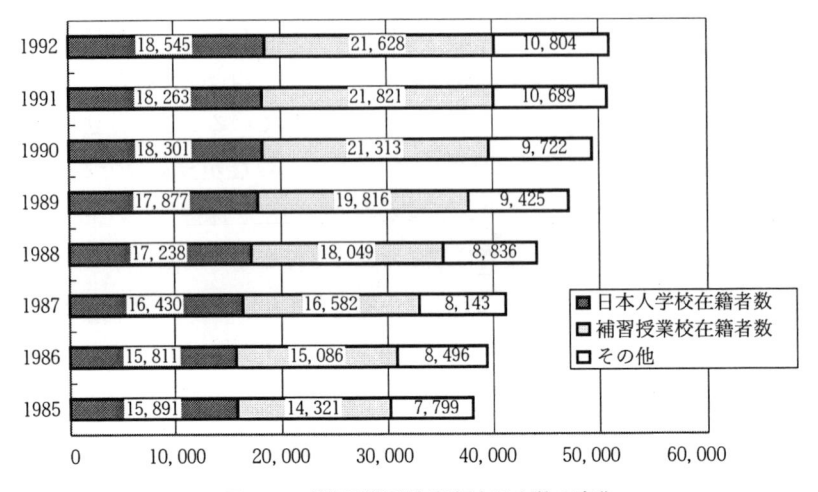

年	日本人学校在籍者数	補習授業校在籍者数	その他
1992	18,545	21,628	10,804
1991	18,263	21,821	10,689
1990	18,301	21,313	9,722
1989	17,877	19,816	9,425
1988	17,238	18,049	8,836
1987	16,430	16,582	8,143
1986	15,811	15,086	8,496
1985	15,891	14,321	7,799

図4-4 就学形態別在留邦人子女数の変化

出典：外務省(1995),『海外在留邦人数調査統計』

　この割合が変化し、1992年には全日制日本人学校在籍者が36.4%、補習授業校在籍者が42.4%、この2つのどれにも属していない子女が21.2%となるなど、日本人学校在籍者数の減少と補習授業校在籍者数の増加が特徴となっている。1992年の地域別では北米21,933人、中南米1,798人、アジア11,789人、大洋州1,639人、欧州12,793人、中近東448人、アフリカ577人となっており、北米、欧州、アジアに集中していることがわかる。

　各地域における就学形態比率のグラフは図4-5のとおりであるが、この図に示されているように、アジア地域においてはほとんどの子女が日本人学校に通学しているのに対し、北米では76%以上の子女が補習授業校と現地校の組み合わせを選択し、20%がおそらく現地校のみを選択しているということが読み取れる。欧州の場合には、いずれもが3割ぐらいに分割されているのが特徴である。

　このように北米地域の特徴として、多くの子女は現地校と補習授業校の組み合わせ、あるいは現地校を選択した場合には、日本の教科等につ

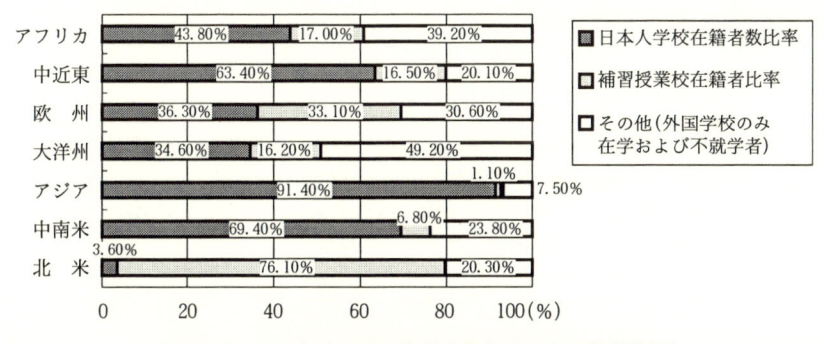

図4-5　1992年度地域別海外在留邦人子女の就学状況

地域	日本人学校在籍者数比率	補習授業校在籍者比率	その他（外国学校のみ在学および不就学者）
アフリカ	43.80%	17.00%	39.20%
中近東	63.40%	16.50%	20.10%
欧州	36.30%	33.10%	30.60%
大洋州	34.60%	16.20%	49.20%
アジア	91.40%	1.10%	7.50%
中南米	69.40%	6.80%	23.80%
北米	3.60%	76.10%	20.30%

出典：図4-4に同じ

いては通信教育などで補習をおこなっていることが多いとみられ、日本人学校が主体となっているアジア地域との大きな差異はこの点にある。

海外子女の教育問題については、近年多くの研究者が彼らの帰国後の適応問題等に焦点化し、またマスメディアもこぞって海外子女の日本での教育へのアクセスの改善等に対して関心を寄せてきた。本書では海外子女の教育問題よりも、むしろ子女たちの母親である駐在員夫人のジェンダー役割に子女たちの教育問題がどのように影響を及ぼしているかを知ることが関心ごとであるために、ここではそれほど深く分析することはしないつもりである。しかし、後の面接調査結果の章でも明らかになるように、多くの駐在員夫人である母親たちの主要な関心ごとは子女の現地、ロサンゼルスでの教育問題にある。そして子女たちの教育にかかわる母親としての役割が、彼女たちのジェンダー役割を規定することにもつながっているのである。次章ではこうしたことを視座にいれ、日本人コミュニティにおける海外子女の教育を巡る状況について検討することにする。

注

1　佐々木建(1986)．『日本型多国籍企業』東京：有斐閣。

2　海外への工場の移転ブームは、特に人件費の安いアジア地域において顕著に観察されるが、アメリカへの進出も、貿易摩擦の緩和や現地の積極的な誘致政策により、多くの日本の製造業が工場を設立した。
3　1990年代に入ってからは、日本企業は積極的な現地化政策を推し進めている。現地法人の幹部を従来の日本からの駐在員が占めるのではなく、現地雇用者を積極的に法人幹部に登用する政策を推進している。
4　JETRO (1983). *The Actual Data for Management of Japanese Corporations in the United States.* Series 1 and Series 2. Tokyo：JETRO
5　日本からアメリカへの移民史を振り返ってみても、気候が温暖で農業が盛んなカリフォルニア州には日本からの農業移民の歴史は長く、また鉄道労働者としてカリフォルニア州に渡った日本人も多かった。そのため、サンフランシスコやロサンゼルスには日系人のコミュニティが早くから形成された経過がある。
6　ここで示している日系企業とは、米国国籍を持つ日系人が設立している企業よりは、むしろ日本に親会社がある日本の現地法人のことである。
7　南カリフォルニアで操業する日本企業および会社法人が会員となり、日本企業や駐在員子女の教育問題等、現地とのスムーズなリエゾン関係を築くために作られた利益団体である。
8　JETRO (1983) の説明を参照している。
9　駐在員の現地法人での役職については、日本貿易懇話会発行の会員企業の1991年度の名簿を参考にした。
10　根津は、1985年にロサンゼルスに滞在する駐在員の子弟への教育目標についての調査研究を実施し、1,416人から回答を得た。
11　Ivener, M.A. (1991). *Doing Business in the USA: A Summary of the New Immigration Act of 1990.* Calif.: Immigration Viewpoint Press.
12　あさひ学園(1991).『あさひ学園レポート』ロサンゼルス：あさひ学園。
13　海外子女教育財団『海外子女教育』1987年4月号〜1993年3月号．東京：海外子女教育財団。

第5章　日本人海外子女の異文化環境への適応

はじめに

　「国際化」という言葉が社会に浸透するにつれて、海外・帰国生はもはやめずらしい存在ではなくなりつつある。同時に、海外・帰国生教育の見直しの必要性が唱えられるようになったのも近年のことである。海外・帰国生に関する論調も、1970年代、1980年代の海外・帰国生の不適応という問題を前提に救済の対象として児童、生徒を位置付けていたものから、最近では、国際化の象徴としてのエリートという位置付けへと変換し、それにともなって帰国生の受け入れ制度への批判も目立ちつつある。

　グッドマンは、帰国生に一定のイメージをあらかじめ想定した上で、海外・帰国生の教育研究がおこなわれ、その結果として帰国生の不適応という問題が海外・帰国生論の前提になっていると論じた[1]。彼は、帰国生と一般生が同条件で学ぶ受け入れ校での現地調査を実施し、帰国生の抱える問題が実は、文化的境界を超えて思春期にみられる普遍的なものであるという結論に達した。むしろ生徒たちは、進学においても一般生よりもかなり優遇された存在であり、新エリートとしてみなされるべきだと論じている。この新しい視点は、近年の海外・帰国生の教育研究を再検討する契機になった。

たしかに、入試などの特別優遇制度や急速に整備された帰国生徒教育制度の存在から、帰国生を新エリートと位置付ける動きが出現するのは必然的であるかもしれない。しかし、生徒たちが過ごしてきたコミュニティおよび生徒たちを取り巻く教育環境が多様であるにもかかわらず、生徒たちを一様に新エリートと定義付けられるのであろうか。グッドマンの研究においても、海外の日本人コミュニティ・モデルの相違に言及しているが、そうした異なるコミュニティ・モデルが、どう海外生徒の教育環境および異文化体験に影響を及ぼしているかについては詳しく触れていない。

佐藤は、日本人の子どもの特定地域への集中化から生じる子どもの異文化体験への変化を論じている。彼は日本人生徒が集中するコミュニティにおいて、日本の教育体制や受験競争がそのまま海外へ持ち込まれ、海外生徒教育の日本化が急速に推し進められていると指摘している[2]。日本人が集住している地域では、放課後の塾や習い事のために、海外生徒が現地の子どもと接触する機会が限られ、現地語を習得することができなかったり、異文化に適応しないまま帰国することがあることも指摘されている。

日本国内の受験志向を反映した海外生徒の日本志向が高まる一方で、異文化体験志向の強化という海外生徒を巡る教育環境の「多様化と変容」を新しい現象として捉える動きも、近年一部にある[3]。本章では、日本人が集中しているコミュニティにおける教育環境の「多様化と変容」の実態を分析し、それらが海外生徒の異文化適応に与える影響を探ろうとするものである。

1. 問題の所在

筆者は、ロサンゼルスの日本人が集中しているコミュニティの周辺におよそ8年間生活し、海外生徒を巡る教育環境の変容を目の当たりにし

てきた。多くの駐在員を含む短期滞在者に接することによって、海外生徒の保護者、特に母親たちの関心が、帰国後の生徒の学習面での適応に主にあるのではないかという印象を受けたことに本研究は端を発する。生徒たちは、土曜日の補習校への通学、現地校と補習校の宿題に追われているだけではなく、それ以外にも帰国後の受験にそなえての通塾、習い事などで忙しい毎日を送っている。日本人が集中しているコミュニティでは、現地校に通う日本人児童や生徒の数も多く、日本語も日常語として使用できる環境にある。実際、現地校に通いながらも、アメリカ人児童や生徒との接触もそれほど多くなく、現地語である英語も十分に習得することもないまま、限られた滞在期間を終えて帰国する児童や生徒の存在を目にすることもあった。

これは、海外日本人社会を象徴しているモデルのひとつであるアジアモデル[4]に近いのではないだろうか。言い換えれば、北米モデルというよりも、現地社会のことをあまり知らない閉鎖コミュニティ[5]に近いのではないだろうか。しかし、仮に海外生徒への教育の目的が、帰国後に一般児童や生徒と変わらないだけの学力を維持することにあるのなら、このような教育環境は、今日の海外生徒の教育にふさわしいものであるかのように思える。他方、現地での異文化体験と適応という視点からは、このような教育環境では、果たして異文化への適応が円滑に進むのだろうかという疑問と、何のための異文化体験かという問題意識が当然生じてくるであろう。

一方では、現地滞在の長期化にともない、異文化への適応が強まる児童や生徒の増加も現象として現れていた。後者のグループは、ゴードン[6]が定義する文化的同化、いわゆる現地語の習得、行動様式、服装その他の新しい接触文化の規範への適応を超えて、ホストグループが圧倒的に多数派を占めている組織への参加を意味する構造的同化を目指していた。そのためには、現地の多数派グループと同等な水準での競争ができるような英語力を習得することが前提条件になる。この後者と前者グ

ループの間で、異文化への適応状態と日本への教育志向傾向の相違が顕在化し、海外生徒の「二極化」傾向が観察された。後者グループが帰国した際に、前者グループとでは帰国後の日本国内での教育や文化への適応の度合いは当然異なると予想できる。そうした場合、帰国生を一元的に新エリートとして捉えることが、果たして適切であるかどうかという疑問が生じてくる。教育環境の「多様化と変容」の実態を把握し、海外生徒の「二極化」現象を分析することは、海外・帰国生教育が曲がり角にきているといわれている現在、必要な作業である。

　上述の問題意識に立ちながら、本章では次のような研究設問を設定する。

[研究設問1]：日本人が集中しているコミュニティにおける教育環境の変化が、子どもの異文化適応にどのような影響を及ぼしているか。

[研究設問2]：日本人が集中しているコミュニティにおける保護者、特に母親の教育的関心、現地への関心が子どもの異文化適応にどのような影響を及ぼしているか。

[研究設問3]：日本を志向しているグループに属する生徒と、長期滞在グループに属する生徒との異文化適応の上で相違点は何か。

2. 調査の方法

　調査の方法としては、ロサンゼルスにある日本人が集中しているコミュニティでの現地調査を中心としたエスノグラフィックな方法を導入している。エスノグラフィーは、短時間、短期間を教室やある現場の観察に費やすミクロ・レベルでの方法と、長期間にわたって、対象にする人々の日常生活に参加し、観察、聴き取りなどによってデータを収集するというマクロ・レベルでの方法に大別できる。

　ここでは、研究設問に対応した観察の対象を、1986年12月から1994年3月までの約7年6ヶ月という長期間を過ごしたロサンゼルスのコミュ

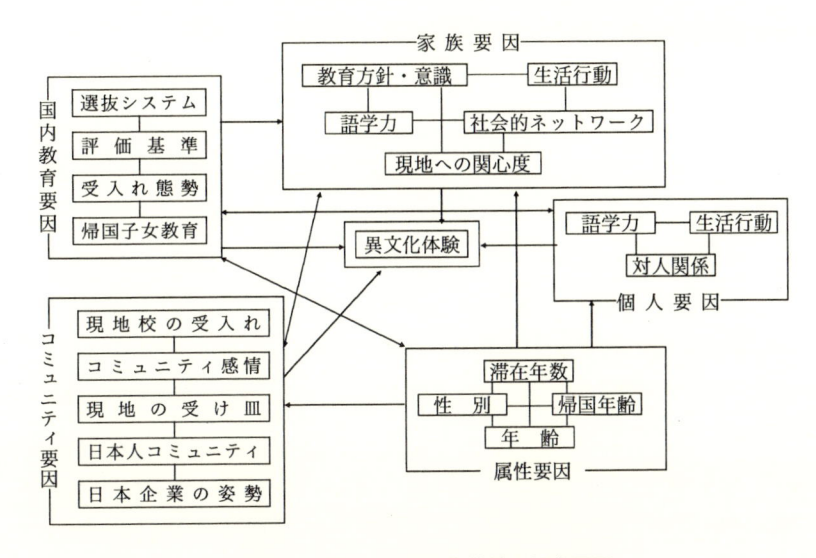

図5-1 子どもの異文化体験の規定要因

出典：伊藤忠記念財団、1990年の調査結果をもとに、佐藤郡衛が作成した。佐藤(1992), 18頁。

ニティに定め、ミクロ・マクロ両レベルでの観察を実施した。その際には、仮説生成研究[7]を取り入れた。

佐藤[8]が提示した「子どもの異文化体験の規定要因」(図5-1を参照)モデルを理論的枠組みの基本として使用し、データ収集をおこないデータを分類した。この規定要因モデルは、国内教育要因やコミュニティ要因などの構造的要因に、家族要因や属性要因、および個人要因が相互に絡み合って、子どもの異文化体験、現地校での異文化体験を規定していると説明されている[9]。

現地調査を実施していく上で、現地校と日本の学校には、教育方法、教育内容、教育目的、教師の教え方の相違などが存在していることが観察された。こうした違いは、子どもの現地での学校への適応、あるいは帰国後の学校への適応に関連すると予想され、かつ親が両国の教育の違いをどのように把握し理解しているかが、子どもの異文化体験に影響してくるであろうと推察された。したがって、「日米両国の教育への理解」

を佐藤の提示モデルのなかの家族要因に付け加えてみた。

データ収集は、ロサンゼルスのなかでも短期滞在型の日本人駐在員が多く集住するパロスベルデス市とトーランス市にある日本人コミュニティを中心におこなった。

子どもの異文化体験を観察するため、現地校での観察は、パロスベルデス市にある日本人児童が多く通学するS小学校を中心におこない、日本人補習校での観察は、長期滞在者あるいは現地永住者の子どもが多く通学するA校で実施した。現地の教育を理解するための観察は、日本人がほとんど在住していない地域にある私立のC小学校でおこなった。

母親への面接調査は、1989年から1993年にかけて、日本人が集中している地域で生活する短期滞在型グループの母親と長期滞在者、永住者グループの母親、および日本人があまり滞在していない地域で生活する長期滞在者グループの母親を中心に、約50人ほどに実施した。なお、補足データとして、筆者が1992年に実施した調査研究[10]でのデータと、ロサンゼルス補習授業校「あさひ学園」、ノース、サウストーランス校父母の会が1994年に実施した「帰国生アンケート調査」のデータを随時使用している。

3. ロサンゼルスの日本人コミュニティ

1970年以降、円高傾向と米国政府の外国資本投資奨励策によって、アメリカ進出日系企業の数は増加してきた。海外進出日系企業の増加にともない、海外生活者は年々増加の一途をたどっている。このため、在外子女数の増加傾向も顕著である。外務省の「在留邦人子女」数の調査[11]によると、1995年現在では、海外生徒の数は高校生、大学生を除くと4万9,698人に達している。地域別の内訳をみると、北米の在留邦人子女数は、1万9,227人[12]となっており、全体の38.7％を占めている。北米に滞在している海外子女の73％に相当する1万4,042人は補習授業校に在籍

しており、4.8％に相当する672人のみが全日制の日本人学校[13]に在籍している。

　アメリカ進出日系企業が最も多く進出している州はカリフォルニア州である。カリフォルニアは北カリフォルニアと南カリフォルニアに大別される。北カリフォルニアの代表的な地域には、半導体関連企業が大量に進出しているシリコンバレーがある。ロサンゼルスとサンディエゴが南カリフォルニアの代表的な都市であるが、最も日系企業が多く進出しているのがロサンゼルスである。

　1992年現在では、ロサンゼルスに進出している日系企業が主な会員になっている利益団体、「日本貿易懇話会」(JBA、第3章注7参照)の調査によると、会員日系企業は684社に上っている。業種別では、不動産、商業、輸送、運輸業などのサービス業、および電気産業で全体の3分の1を占めている。駐在員は、本社の現地化政策の推進と日本国内の不況による費用削減を反映して、近年若干の減少傾向を示し、1991年度の3,827人から、1992年度には3,680人に減少している。1社当たりの平均駐在員数は5.3人となっている。

　ロサンゼルス旧来の日系人コミュニティは、20世紀初頭に移住してきた日系一世によって形成されたリトル・トーキョウを中心とするロサンゼルス・ダウンタウン地域にあった。現在でもこの地域には、日系二世や三世を中心として、文化活動が営まれ、日系人を対象にした日本語維持教室が開かれている。また、日系の高齢者対象の高齢者ホームや、日本の領事館や銀行関係、商社事務所なども開設されている。

　しかしながら、現在では、上記の日系人コミュニティには日系企業の事務所があるものの、駐在員の生活コミュニティではもはやなくなりつつある。駐在員の生活コミュニティは、サウスベイと呼ばれるさらに南西のトーランス地域や、サンマリノ、もしくはオレンジ郡に属するアーバイン地域に移動している。そのような駐在員コミュニティのなかでも、近年駐在員の数が急増している駐在員コミュニティは、パロスベルデス

表5-1 日本人生徒が多い学区 1991年 LA郡

順位	学区	人数
1	トーランス	682
2	パロスベルデス	495
3	ロサンゼルス	326
4	アーケディア	167
5	ハシエンダ・ラ・プョーテ	108

出典：あさひ学園 (1994).『帰国生アンケート調査報告』

市である。表5-1に示しているように、日本人生徒が最も多いトーランス市の682人についで、495人もの日本人生徒を抱えている。パロスベルデス市は、トーランス市のさらに南に位置する太平洋を一望できる小高い丘陵地帯にある。医師、弁護士、あるいは大企業の中堅幹部以上が生活圏として好む安全なコミュニティであることが、駐在員などの短期滞在者を惹き付けている。表5-2に示しているパロスベルデス学区の特徴として、高学歴者が多いことと生活保護家庭率が低いことが挙げられる。親の学歴は4～5の間の数値を示しており、この数値は親が大学卒業以上の教育背景を持っていることを意味している。リトル・トーキョウなどが学区に含まれているロサンゼルス学区の親の学歴は、8年生[14]の調査では、2.43の数値を示している。また、生活保護家庭率は、同8年生対象の調査では、20.5％[15]の高率を示している。これらの数値から、パロスベルデス学区に裕福な層が集中していると推測できる。同学区の英語未修得の児童の割合も、ロサンゼルス統一学区やその他の地域に比較すると統計上低率を示している。

表5-2 パロスベルデス学区の地域的特徴(1987年)

	親の学歴[16]	生活保護家庭率	英語未修得児童率
3年生		0.5%	5.8%
6年生		0.2%	5.4%
8年生	4.37	0.2%	5.1%
12年生	4.36	0.1%	1.4%

出典：1987年度、カリフォルニア州教育省調査より作成

表5-3 パロスベルデス学区の人種構成比率

アメリカ原住民	東洋系	黒人	フィリピン	ヒスパニック	白人
0.1%	17.7%	1.8%	0.7%	2.0%	77.8%

出典：表5-2に同じ

表5-4 カリフォルニア州CAPテストランキング（算数部門）トップ5学区

	3年生	6年生	8年生	12年生
1	サンマリノ学区	ニューホール	ビバリーヒルズ	パロスベルデス
2	パロスベルデス学区	サンマリノ	アーケディア	サンマリノ
3	ビバリーヒルズ学区	アーケディア	ABC	ビバリーヒルズ
4	ホーソン学区	パロスベルデス	ボールドウィンパーク	ラーキャナダ
5	ニューホール学区	ラスバージナス	ボニータ	グレンドーラ

出典：1989年、*Los Angeles Times* の資料により作成

　人種の構成では、白人が大多数を占めているが、白人に次いで東洋系の住民が多いこともこの学区の特徴である。日本人以外の東洋系としては、台湾、韓国から、比較的新しく移住してきた移民が多い。

　豊かな階層に属する住民が形成しているコミュニティであるため、専業主婦であるアメリカ人の割合もかなり高いといえる。親の子どもたちの教育への関心も高く、子どもの学校での親のボランティア活動やPTA活動への参加も熱心におこなわれている。

　パロスベルデス学区は、1989年現在では小学校8校、中学校4校、高等学校3校を学区に持つ小規模学区である[17]。表5-4に示してあるように、1988年に実施されたCAPテスト[18]の結果でみる限り、8年生を除いて、パロスベルデス学区の公立校は上位の成績に位置している。パロスベルデス学区のこのような教育水準の高さと安全性が、駐在員のこの地区における急増の背景と推察される。

4. 日本人生徒たちの生活

教育環境

　代表的な新日本人コミュニティのひとつであるパロスベルデス市を事例として紹介したが、ここでは海外生徒の教育環境を概観してみる。筆者の調査研究では、ロサンゼルス・オレンジ郡にて生活する学齢期の子どもを持つ短期滞在者、長期滞在者の女性回答者254人の79％が、子ど

もたちを現地校と補習校の両方に通学させていると答えている。全日制日本人学校に子どもを通学させているのは、3％ほどであった。現地校のみに子どもを通学させている割合は、18％程度となっていた[19]。

ほとんどの回答者が小学生、中学生を持つ母親という性質上標本上の偏りを否定できないが、全体として、ロサンゼルスに在住している海外生徒の大多数は、現地校と補習校の両方に通学していると予想される。

パロスベルデス市に在住している海外生徒の場合は一体どのような通学形態を選択しているのであろうか。パロスベルデス学区の公立学校の水準は高いため、この地域の海外生徒の大多数は、現地校と週末の補習校の組み合わせを選択していると予想される。この地域で生活している母親約30人に面接調査を実施したが、ほぼ母親の90％が子どもたちは現地校と補習校の両方に通学していると回答した。

1990年以降、この地区に2校の全日制の日本人学校が設立された。K学園は従来から別の地域で開学していた幼稚部、小学部、中学部を併設する全日制日本人学校で、全人教育と国際性豊かな子どもの育成を目指す一方で、帰国後に、学業面と社会面で順調に適応できるような教育の実施を目的としている。N学園カリフォルニア中等部は、関西にある私立の中学・高校一貫教育を実施する進学校の海外校で、日本の一貫校とまったく変わらない教育内容を提供することをうたっている。

この地域で現地調査を始めた当初の1988年から1990年以後にかけて、この地域での教育環境にはある変化が起こった。海外コミュニティでの国内志向の強さがしばしば指摘されるようになってきたが[20]、パロスベルデス地域においても同様の傾向が見受けられるようになってきたのである。

国内の私立受験志向の高まりを反映しているせいであろうか、海外への塾の進出が1990年以降顕著になってきたといわれている。パロスベルデス地域、および隣接するトーランス地域においても塾の進出は1990年以降、活発になった。例えば、1993年現在では、おおよそ15校の学習塾

がトーランス・パロスベルデス地域に進出している。日本国内の大手の進学専門の学習塾が進出している場合が多く、進学・受験指導を主に海外生徒向けに展開している。塾の進出が顕在化し始めた時期と全日制のN学園が設立された時期は、一致している。

　実際の通塾率はどれくらいになるのであろうか。1994年に、ロサンゼルス補習校あさひ学園のノーストーランス校とサウストーランス校の父母の会が実施した帰国生アンケート調査[21]によると、通塾率は、69％に達している。通塾以外に、通信教育を受けている児童・生徒も多い。通塾の目的は、やはり「帰国後の学習に遅れないため」、「進学準備のため」となっており、学年が上がるにつれて、学習塾への通塾率は高くなる傾向にある。この調査報告は、トーランス・パロスベルデス地域においては受験産業の進出によって、受験を控えた子どもの補習校離れが顕在化していると指摘している。

　1980年代前半に既に、幼児を対象にした算数や国語の塾などが日本人コミュニティに存在していたが、受験を専門とする塾の存在はほとんどなかったといわれている。1990年代になってからの日本人コミュニティにおける学習塾の進出は、子どもたちの教育環境を大きく変質させ、また子どもの異文化体験にも影響を与えていると考えられるが、果たして現実にはどうだろうか。次項では、日本人児童の現地校での観察、面接、そして母親への面接を通じてこの異文化適応の状況を考察する。

日本人生徒たちの異文化適応状況

　日本人児童の現地校での観察は、パロスベルデス学区のなかでも最も日本人児童を多く受け入れているS小学校のESL[22]教室でおこなった。1988年度と1989年時点でのパロスベルデス学区には、375人の日本人児童がESL児童として登録されているが、その約4分の1に相当する52人の日本人児童がS校で学んでいる。

　観察は、上級のESL教室で3回に分けて計6時間ほどおこない、1年生

から4年生の児童15人に面接を実施した。質問は、次の点に関しておこなわれた。①放課後の活動、②アメリカ人の友人関係、および日本人の友人関係、③補習校での学習と学校外学習状況、④母親の英語運用能力。15人のうち13人が駐在員の子弟であった。残りの2人は、長期滞在者、あるいは永住者の子弟であった。次の2つの事例が、面接調査した児童たちの平均的な事例だと推測されたため、紹介することにする。

[事例1]：渡米後1年半経過した4年生の女児。通常のクラスでの授業を理解するほどの英語力は身に付けていないと自覚している。彼女の遊び友達は全て日本人であり、アメリカ人の友人はクラスメートのみで、学校で会話する程度の付合いだと説明している。補習校の宿題と通信教育をこなし、また、ピアノなどのお稽古事があるため、友人と遊ぶ時間は1週間にわずかだと話している。母親の英語運用能力は、彼女がみるところ不十分であり、母親にはアメリカ人の友人や他の民族の友人はいないといっていた。

[事例2]：渡米後1年経過した3年生の女児。非常に活発で筆者の質問にも気後れすることなく回答していた。彼女も親しい友人は全て日本人でアメリカ人の親しい友人はいないといっていた。補習校の宿題に追われ、また英語の家庭教師との学習があるため、友人と遊べる日は月曜日と金曜日だけと答えた。クラスには3人もの日本人児童がいるため、日本語で会話し、英語が上達しないという不満を筆者に話した。母親の英語運用能力は不十分で、日本人の友人しかいないものとみていた。また、学校との複雑な連絡事項などは父親が処理しているといっていた。

4年生の男児1人のみがアメリカ人の友人を多く持ち、友達と頻繁に遊ぶと答えた。母親は外交官である祖父の任務にともなって、7年間アメリカに滞在した経験があり、英語力も十分でアメリカ人の友人も多いと話していた。

この事例からは、日本人児童・生徒のアメリカ人友人との付合いの進展度は、母親の英語運用能力に比例するとの1979年の箕浦の観察結果と同様の結果を得た[23]。

1人の3年生韓国人の移民男児と1人の3年生フィリピン人女児以外は、このESL教室の児童全員が日本人児童であった。日本人児童同士では、日本語でのコミュニケーションが観察され、(しばしば教師によって英語を使用するようにとの指導が入ると)英語でのコミュニケーションに切り替えられたが、筆者の観察中には、日本人以外のESL児童との間にはいかなるコミュニケーションも観察されなかった点が印象的であった。

では、自分の生まれ育った日本社会の文化から、アメリカという新しい文化化マトリックスに出会い、自文化で身に付けた行動様式を新しい環境に適合するように、調整していく過程、「文化変容」(acculturation)はどう進行しているのであろうか。文化変容の指標として、服装、音楽やテレビ番組志向などのポップカルチャー、食生活、教室での行動様式、教師との相互作用(interaction)などが挙げられる。

ESL日本人児童には、高い割合で服装、教室での行動様式、教師との相互作用については、アメリカ型への転換が観察された。大多数の男児児童は、アメリカの子どもたちが好んで身に着ける膝までのブカブカ型ショートパンツ、Tシャツを身に付け、一部の女児は日本製のワンピースを着ていたものの、多くはTシャツとショートスパッツを身につけ、全員が流行のスニーカーをはいていた。

教室での行動様式あるいは教師との相互作用に関しては、多くの児童が日本人の多いESL教室という、いわば特殊な学習環境に置かれているにもかかわらず、アメリカ化が観察されたのは特筆すべきことであった。彼らは、積極的に教師と相互作用を進めている。教師への質問、教師からの問いかけに対する応答や回答も活発におこなっていた。教師の関心も積極的に惹き付けようとする態度が観察された。授業中の教室内での動きもクラスメートとの会話もかなり自由におこなわれていた。例えば、

教師が与えた課題を1人でこなせない場合、他のクラスメートのところに聞きに行ったり、またクラスメートが手助けしてやる場合も頻繁に見られた。課題への取り組み方、取り組みスピードにおいても、児童たちにはかなりの自由裁量が与えられている。最近日本から転入してきた4年生の1人の男児だけが、この教室の雰囲気にもまだ溶け込めないで、（英語が他のクラスメートに比べるとまだ不十分であるからか）手も挙げないで、教師との相互作用も不活発であった。残りの日本人児童は、彼らが身に付けてきた従来の日本の学校の教師との相互作用様式、教室での行動様式を修正・調整し、新しいアメリカの「教室文化」に適応しているように見受けられた。

こうした新しい「教室文化」への適応には、もちろん子どもたちが過ごしてきた「自文化」での期間、あるいは新しい「文化」に接触した期間と相関が強いのは当然であろう。いうなれば、低学年の児童ほど日本という「自文化」で過ごしてきた期間は短く、したがって、「新文化」に適応しやすいのかもしれない。また、ESL教室という日本人の多い特殊な環境は、児童がもの怖じしないで「新文化」に適応している自分をさらけ出しやすくする効果を発揮するとも考えられる。また、他の一般クラスを見せてもらった際に気付いたのであるが、オープン・スクールという学校の特性が関係しているのかも知れない。しかしながら、滞在年数平均が1年という短さにもかかわらず、子どもたちの「新教室文化」への適応の順応さは印象的であった。

ESL教室での観察から、アメリカの小学校の教室文化を一般化することには無理がある。したがって、一般のアメリカの小学校と補習校の授業風景の観察を通じて、「教室文化」をもう少し深く考察してみよう。

5. アメリカの小学校と補習校の教育比較

海外生徒の現地校への適応状態を考察していく場合、日本の小学校と

現地校での一般クラスの教師の接近方法、授業の進め方、生徒との相互作用などの比較は不可欠である。児童たちが、それまで当然として慣れていた「教室での文化」から新しい「教室での文化」にさらされた場合、新しい「教室文化」を受容することには時間がかかると推察される。しかし、筆者のESL教室での限られた観察をもとにした際に、海外生徒たちの新しい「教室文化」への順調な適応が目に付いた。もしかすると、何らかのアメリカの教室文化あるいは、スクーリングには子どもたちを適応させやすい何らかの構造が存在しているのではないだろうか。こうした新しい疑問に基づいて、補習校と現地校での一般クラスを観察してみる。

現地校C校は、日本人がほとんどいない地域にある私立の小学校である。相当教育熱心な中産階級以上に属する父兄の多い小規模校である。当時、日本人児童は、駐在員と医学関係の研究者の子女が2年生と3年生の教室に各1人ずついるだけであった。

ここでは、1991年から93年の2年間にわたって、非公式な形で観察を続けた。教室はオープン・スクール形式で、1年生と2年生というように分かれているが、比較的両者の間の壁は薄い。言い換えれば、子どもの学習の進行に応じて学習レベルが決定されるようになっている。C校の教育課程の特徴としては、ロート・ビヘイビアー（rote behavior）と呼ばれるドリル的反復練習を中心にする学習の時間が少なく、児童自身の選択と意思決定をより多く必要とするように、構成されていることが挙げられる。

アニオンは、アメリカのニュージャージ州にある労働者階級、中産階級、エリート階層の子どもが通う各小学校をエスノグラフィックな方法で調査研究した結果、労働者階級の子どもが通う学校では、単純な反復練習が主体であり、児童の選択や彼らの意思決定が必要とされるような教育課程に編成されていないと述べている。一方、中流層地域にある学校では、より児童の選択の幅や意思決定をする場面が必要とされるものの、常に正しい回答は何かということが期待されていると論じた。エ

リート層の子どもの通う学校では、児童の分析能力を高めるようにカリキュラムが組まれ、授業が進められていく。児童たちの選択の幅も広く、意思決定を必要とする場面が多く見られると論じた[24]。C校の場合もアニオンの分析に符合し、中流層以上の子どもを対象とした授業が展開されていると推測できる。

　国語の時間を例にみると、児童がそれぞれの進行具合に応じたワークシートに従って、リーディング・プログラムを選択する。リーディング・プログラムで、特に児童の認知技能（コグニティブ・スキル）として発達するよう重要視されているのは、批判的読解技能（クリティカル・リーディング・スキル）である。

　「批判的読解技能」には、事実と意見、現実と空想ごととを区別すること、作者の意図を理解すること、どのような目的で読み物が書かれているかを理解すること、間違った普遍化、一般化を認識すること、作者の意見を支援している事実を見つけだすこと、問題解決をしていく上で欠かせない情報の選択などが、重要な要素として挙げられている[25]。児童の「批判的読解技能」を伸ばすことを目的にして、意図的に作られた教材を低学年から使用して、国語の授業は進められていく。

　このリーディングの授業は、児童と教師との1対1の関係で進められ、児童同士の相互作用は観察されなかった。個人を中心に進められるリーディングとは別に、全体での国語授業を見てみると、スペリングの練習、辞書を引きながらの課題作文、クリエイティブ・ライティングなどのプログラムでは、児童同士の相互作用、共同での作業などが観察されたが、教師の統制はこの学校では徹底しており、児童たちは極めて寡黙に課題に取り組んでいた。

　中学年以上の生徒が選択したテーマによる課題発表の時間は、いわゆる批判的思考（クリティカル・シンキング）[26]を試す時間でもある。児童同士による発表児童への質問、異なる意見同士の討議や教師を交えての討議などがおこなわれ、児童同士や教師との相互作用は、活発であった。

規律といった点からは、S小学校に比較するとC小学校は厳しく、教師の統制も強力であるようであった。しかし、児童個人の学習の進展に応じての学習が進められ、また、成績も絶対評価であるため、教室での競争は奨励されていない。校長は「あくまでも個人の認知技能をその児童の能力に合わせて育成することが、学校全体の目標である」と明確に語り、それが学校の理念にもなっている。したがって、たとえゆっくりとであっても確実に認知技能を育成することが期待されている。教師に日本人児童の適応具合を質問してみたが、「小さな問題はその都度生じていても、全体的には適応している。長い目でみれば何の問題もない」との回答であった。

　次に、補習校での観察をまとめてみよう。補習校A校は、ロサンゼルスにある6校の補習校の1つであるが、他の5校と違って、地域の性格から駐在員でも長期滞在者や永住者の子どもが多く通う学校である。この学校に通う駐在員の子どもは、日本人コミュニティ以外の地域に住居を定めていたり、日本企業が比較的少数しか操業していない地域に駐在員として赴任する場合が多く、滞在期間も5年以上が標準であり、10年以上の滞在という駐在員もかなり多い。学校では「英語禁止」が鉄則になっているように、児童、生徒たちにとっては、英語の方が既に友人同士の会話の第1言語になっている。

　以上の状況から、A校に通っている子どもたちは長期にわたってアメリカに滞在し、現地の文化が親の持つ文化、あるいは彼らが経験した日本での文化を超えてしまった、「文化転換型」と考えた方がより適切である。

　この学校では、小学校2年生、3年生の教室を不定期ではあるが2年間にわたって、数回観察した。クラス人数は20人以下で、教師の目の行き届きやすい教室になっていた。1週間に1度の授業で日本でおこなわれている教科の進行に合わすために、教科の進行具合はかなり早い。授業では特に大事な部分だけを取り上げて、消化し、残りは教科書に準拠

したドリルを毎日宿題として割り当てられている。2年生と3年生という学力の基礎を築く大事な時期の教育課程ではあるが、時間上の制約から、補習授業校での授業時間では内容を十分に深めることはできない。教師の一方的な説明に終わってしまい、児童たちも理解しないまま次の単元に進んでいくことになる。

児童たちも落ち着きがなく、授業中に教室を歩き回ったり、となりの席の児童と遊んだりふざけたりすることが頻繁に見られる。授業に集中している児童もいるが、教師の説明を十分に理解しているかどうかは、教師の問いかけにも適切に答えない点から判断すると、疑問である。

教師と児童との相互作用もいままで説明してきた現地校の授業風景とは異なり、活発におこなわれていない。45分間の授業の大部分を、教師は説明に終始し、残りの時間は、教師の指示で教科書の問題に取り組むことが多く、生徒の選択、自主的な活動はあまり見られない。児童同士の相互作用もあまり見られなかった。児童たちは、日本語能力の不十分さに加えて、既にアメリカの教室文化が彼らの第1文化となってしまったためだろうか、補習校という日本の学校への不適応が目立ったことが興味深い。

6. 母親の海外子女の教育への意識

海外生徒の母親たちの教育上の関心は一体どこにあるのだろうか。筆者の1991から1992年にかけての調査[27]によると、母親の57％が、子どもの教育にかかわる親の負担は、アメリカの方が過重であると答えている。母国語の維持、英語力の習得、補習校と現地校両方での学力の維持等への働きかけ、母親が補習校の宿題や現地校の宿題を手伝うということに加えて、帰国後の受験に備えての塾の勉強の手伝いなどの負担が母親の肩にかかっているという現実は、否定できない。

母親たちは、現地校での子どもたちの適応状況についてはそれほどの

憂慮は示していない。母親たちは学校現場での暴力やドラッグなどの問題についてはかなり危惧していた反面、英語の取得、現地校での学習面での適応についてはそれほど心配していなかった。アメリカの教育に対する自由意見では、「子どもの個性を伸ばしている」、「ほめて育てる教育」、「ゆとりのある教育」などと高く評価する母親が大多数であった。母親たちは、日本とアメリカの学校の相違点を、直感的に捉えており、例えば、「ゆとりのある教育を行っているアメリカの小学校で、子どもはのびのびと過ごし、徐々に適応してきていますので、あまり心配はしていません」と話す母親もいた。

　子どもの現地校の「教室文化」への適応については、寛容性を示した母親たちであるが、子どもたちの帰国後の日本の学校への適応への心配ぶりは、現地校への憂慮とは比較にならないほどである。母親たちの最大の関心は、子どもたちが日本のどこの学校にうまく適応するかということにある。アメリカの学校制度と比較した場合に、しばしば指摘される日本の学校の閉鎖性のなかで、年々激化する進学競争をどのように子どもたちが突破するかが、日本人コミュニティで生活する母親の大多数の最大の関心事であった。

　入試競争の激化、入試競争の低年齢化などの日本社会の構造的な問題は、海外滞在家庭に決して無関係の出来事ではない。グッドマンが指摘しているように、帰国生には入試に際しての特別枠が設けられているのは確かであるが、数々の条件が前提にされていることを忘れてはならない。帰国時の年齢、滞在時期などが、帰国生として認定される条件になるため、中途半端な年齢で帰国した帰国生は、日本の教育制度の下で学習してきた児童や生徒たちと同等の条件下で競争することが前提になる。

　例えば、帰国生の受け入れも年々厳しくなっているという情報は、たちまちのうちに日本人コミュニティに普及する。まして、海外生徒でも、全日制の日本人学校に通学している海外生徒と同じ条件の下で、学科試験を競争する場合、母親たちは現地校と補習校での学習だけでは不利で

あるという情報を入手する。その結果、入学試験や編入試験に合格するために、日本の学校の教科内容を日本にいる一般児童や生徒と同じようにこなしていかなければならないと考え、子どもを進学塾に通わせる母親が多くなる。パロスベルデス地域での全日制日本人学校の新設も、トーランス地域における通塾率69％という事実も、こうした母親の日本の教育志向の高まりをそのまま反映していると考えられる。

　前節までは、ロサンゼルスの日本人が集住する地域で生活する海外生徒が、アメリカの文化あるいは「教室文化」にかなり順調に適応していることが現地調査を通じて観察された。一方で、アメリカへの滞在が長期化している海外生徒が、日本の学校の「教室文化」には逆に適応しにくいことを、長期滞在者の多い地域での補習校での観察を通じて明らかにしてきた。そして、日本人が集中しているコミュニティでの母親たちが日本への教育志向を高めているという現実を、母親たちへの面接調査を通じて明らかにしてきた。次節では、こうした現地調査の結果をもとに、研究設問に答えていく。

7. 考察とまとめ

　江淵は、2つの異なる文化の狭間における個人の意味を、個人が2つの異なる文化とどのように接触するかという観点からアプローチした場合、文化転換型、文化交差型、文化分離型、および相互作用型という4つの異なる形態・構造類型が当てはまると示唆した[28]。日本で自国の文化を身に付け、学校教育を受け、その親の駐在にともなってロサンゼルスに渡航し、現地校で学ぶ海外生徒は、文化転換型、文化交差型の両方に当てはまる。日本人が集住している地域で観察した児童たちは、身に付けてきた従来の日本の学校の教師との相互作用様式、教室での行動様式を修正し調整して、新しいアメリカの「教室文化」に適応しているように見受けられた。いうなれば、順調に「文化変容」が進んでいる。

そして、アメリカの学校文化、教室文化が、海外生徒たちの文化変容を促進する要素として働いているのではないかという仮説が、現地校と補習校の観察を通じて新たにもたらされた。現地校での長期的な成果をもとにした学習計画、より児童の選択の幅や意思決定を必要とするような教育課程の編成、教師や生徒同士での活発な相互作用を通じての児童や生徒の批判的分析能力の育成などは、児童・生徒の主体性を必要とする。児童や生徒たちは、順応するまではとまどうものの、いったん英語力が身に付くと主体的な学習への取り組みに適応していく。個人の学習スピードに応じた学習の進め方や、相対的な評価というより個人の学習目標に応じて絶対評価をするという学習環境が、海外生徒を取り巻く学習環境である。いわば、母親たちが語っていた「ほめて育てる」、「のびのびと育てる」、「ゆとりのある教育」という現地校の文化が海外生徒たちの文化転換を円滑に促進すると考えられる。

児童や生徒の主体性を活かす教育課程の組み方、個人の学習スピードに応じた学習レベルの設定、生徒・教師との相互作用を通じての批判分析能力の育成などは、補習校や日本の学校教育とは根本的に異質である。日本では統一された教育課程の下で、児童や生徒たちが効率よく知識、情報を習得し、記憶力を磨いていく。補習校といえども例外ではない。補習校での参与観察でみたように、こうした硬質的な日本の「教室文化」には、アメリカの「教室文化」に極めて適応した子どもたち、言い換えれば、長期滞在者の児童が適応することは容易なことではない。

現地校に通い、文化変容が進んでいる子どもたちも、補習校に通い、家族とともに暮らし、日本のテレビ番組を毎日のように見て、日本からの情報を頻繁に獲得できる環境にいる場合は、文化交差型に当てはまる。母国の言語的、文化的な影響を受けながら、異文化で育つことは、2つの文化が交差する構造となる。ただし、一般的には、文化交差型であったとしても、滞在が長期化すると、ホスト国の文化が母国の文化を吸収する、文化転換型へと移行する。江淵は、強固な自律性を持つエスニッ

ク・コミュニティを形成している場合は例外であると述べている[29]。

　以上の考察を研究設問に基づきながらまとめてみると次のようになる。第1に、日本人コミュニティの海外生徒たちは、環境がどうであっても、現地の教室文化には順調に適応しているように感じられた。しかし、日本人が集住している地域での教育環境が極めて日本志向であり、家族、特に母親の日本への教育志向が極めて高い場合には、それ以上に、母国である日本の文化がホスト国の文化と交差したままの状態を保つように作用する。むしろ、海外生徒たちは、異文化環境にありながら、母国の文化がホスト国の文化を包摂している状態で生活を営んでいると考えられる。現地校の「教室文化」に適応しながら、その「教室文化」とは異質の日本の「教室文化」に適応し、あるいはそれ以上に大変な「進学塾」の学習をこなしている日本人が集住する地域の海外生徒たちは、多大な努力を払って「文化交差型」モデルを維持していると考えられる。

　第2に、日本人が集住している地域以外で生活を営む海外生徒たち、あるいは長期滞在している海外生徒たちは、母国の文化とホスト国の文化が転換した状態、ホスト国の文化が母国の文化を包摂してしまっている状態にある。このような長期滞在型の海外生徒たちの日本の「教室文化」への適応は、容易でないことが観察された。

　最後に、ロサンゼルスの日本人が集中しているコミュニティを中心とした現地調査の結果を一般化することはできないが、今回の結果をもとに今後の海外・帰国生教育を考えていく上で検討しなければならない点を提示する。

　まず二極化した海外生徒たちの実状が確認されたが、二極化した彼らを、帰国後に帰国生の適応教育というパラダイムのなかで一元的に取り扱うのが妥当かどうか検討する必要がある。また、仮に、帰国生が帰国後に何の問題もないとした場合においても、帰国生を新エリートと位置付けることが適切であるだろうか。既に述べてきたように、彼らが現地の教室文化への適応を進行させながら、同時に多大な努力を払って日本

の教室文化への適応を維持しているのであれば、日本での適応に問題がないと簡単に片付けるのは性急すぎる見方だといえる。日本の学習や学校文化に適応するために、多大の努力を払っている帰国生の背景への配慮も考慮に入れ、帰国生の適応教育を考えていく必要があるのではないだろうか。

注

1 グッドマン，ロジャー(1992)．『帰国子女：新しい特権層の出現』岩波書店：東京．
2 佐藤郡衛(1992)．「海外に置ける教育摩擦とその対応」『異文化間教育』6、11～26頁．
3 国際交流研究会(1995)．『海外子女をとりまく教育環境の多様化と変容に関する比較研究：マレーシア調査報告』．
4 江淵一公(1994)．『異文化間教育序説』九州：九州大学出版会．
5 小林哲也編(1979)．『在外日本人児童の適応と学習―マニラ、シンガポールにおける在外日本人コミュニティとその子弟の教育に関する調査報告』京都大学教育学部．
6 Gordon, K.K. (1964). *Assimilation in American Life.* New York：Oxford University Press.
7 箕浦康子(1995)．「文化間移動にともなう教育学的諸問題の研究法：人を中心に据えた研究をどう進めるか」『比較教育学研究』第21号、15～22頁．
8 佐藤郡衛、前掲論文、18頁．
9 同上書、19頁．
10 Yamada, R. (1993). *The Gender Roles of Japanese Women: An Assessment of Gender Roles of Japanese Housewives Living in the United States.* Ph.D. dissertation presented at University of California, Los Angeles.
11 外務省(1995)．『海外在留法人数調査統計』外務大臣官房領事移住部編を参考にした．
12 内訳は例えば小学生が10,914人、中学生が4,600人となっている．
13 国内の指導要領に基づいて教育を行う全日制日本人学校以外に、企業が運営している学校等がある．
14 アメリカの幼稚園、小学校、中学校、高校はK 12と一貫して呼称されており、そのため8年生とは日本の中学校2年生に相当する．
15 1987年度のカリフォルニア州教育省調査による．
16 8年生と12年生を対象にした調査の親の学歴項目を数値化した．1＝高校未卒業、2＝高校卒業、3＝大学在籍経験、4＝大学卒業資格、5＝修士・博士課程修了．
17 パロスベルデス学区が属するロサンゼルス統一学区は、アメリカ全土でも3番目に大きな学区である．

18 CAPテストとはCalifornia Assessment Programと呼ばれ、カリフォルニア州の教育省が毎年実施するテストである。カリフォルニア州の公立校の生徒は全員このテストを受けることが義務付けられている。算数（数学）、リーディング、英作文の3分野からテストは構成されており、3年生、6年生、8年生、12年生のみが受ける。
19 Yamada, R. (1993). *op.cit.*
20 佐藤郡衛、前掲論文、6～17頁。
21 あさひ学園ノース・トーランス校、サウス・トーランス校父母の会によるアンケート調査（1994）.『帰国生アンケート調査報告』。補習校の父母の会が中心となって、帰国生の日本の学校教育および、社会への適応に関するアンケート調査を児童、生徒、受け入れ先の教師を中心に行った。
22 English as a Second Languageの略。英語を母語としない児童、生徒、学生を意味する。ESL studentの多くは、普通教室での学習に不自由しなくなるまで特別に設けられたESL教室で学習する。
23 Minoura Y.(1979). *Life in Between*. Ph.D. dissertation, Los angeles University of California, Los Angeles.
24 Anyon, J. (1980). "Social Class and the Hidden Curriculum of Work", *Journal of Education,* 162, pp.67-92.
25 ランダム・ハウスの学校用教材、リーディングプログラム用の教師用ガイドに明記されている。
26 批判的分析能力と翻訳されている。
27 Yamada, R. (1993). *op.cit.*
28 江淵一公、前掲書、42～51頁。
29 江淵一公、前掲書、45頁。

第4部
調査研究編

第6章　研究方法

1. 調査の概要と尺度

　本章では主に研究を進める上での方法に関して詳述することにしたい。本研究の対象者はアメリカに滞在している日本人主婦と日本に住む主婦（専業主婦、兼業主婦を含む）である。調査に際しては、2種類の調査を異なる時期に異なる調査対象者に対して実施することにした。

　事前予備調査は1991年の1月から2月にかけてパロスベルデス市、トーランス市、シャーマンオーク市[1]にある学習塾の「公文教室」に来ている子どもの母親60人を対象に実施した[2]。最終回答者は49人であった。

　第一調査は南カリフォルニアに位置する補習校あさひ学園[3]校長先生の協力を得て実施することが可能になった[4]。その結果、同学園のオレンジ校、パロスベルデス校、トーランス校、パサデナ校、およびインダストリーヒル校[5]にそれぞれ在籍する日本人生徒の母親を対象に質問紙を配布させてもらうことができた。

　調査は1991年の11月から92年の1月にかけて、330人を対象に実施し、最終回答者は254人、最終回収率は77％となった。当初は年齢、教育背景、世帯収入、子どもの年齢等の属性において多様性を確保する予定であったが、アメリカ、それもロサンゼルスに滞在する主婦を対象にした調査である点から、幅広い対象者を確保することの困難性、そして補習

校の協力を得ることで補習校に在籍している日本人児童・生徒の母親が実質的な回答者であったという理由から、子どものいない主婦は本調査回答者にはほとんどいなかったこと、また母親の年齢層ならびに世帯収入においても均質性が観察された。それゆえ、こうした均質性が調査結果には大きく影響を及ぼしていることは否めない。しかし、海外で子育てをしている夫人たちを対象とすることで、海外での子女の教育問題や異文化との相克といった点が、母親にどう影響を与えているかといった側面を把握することができた。

　第二調査は日本にいる主婦およびアメリカに滞在している日本人主婦を対象に1992年2月に実施された。アメリカ側の対象者はトーランス市にあるハミルトン・アダルトスクール（成人学校）に在籍している日本人夫人であり、最終回答者は38人であった。日本側の対象者は横浜市の主婦37人が回答した。横浜市を選択した理由は、日本での第2番目の都市として、国際的にも開かれ、数多い海外帰国者が住居をかまえていること、比較的高学歴女性が多い[6]ということからロサンゼルス市と共通点があるとみなしたからである。

第一調査の概要

　本調査の主な方法は質問紙調査と面接調査の両方である。用意された2種類の質問紙のうち、アメリカに滞在する日本人主婦に対してのみ実施された第一質問紙調査は、資料に示してあるように4部から成り立っている。第1部は、日本の総理府が84年ならびに87年に、日本人女性の家庭および社会におけるジェンダー役割と規範を吟味するために実施した世論調査を組み合わせた。第2部では、スカンゾニが開発したジェンダー役割に関する尺度を参考に質問紙を作成した。質問項目はスカンゾニが開発した尺度を参考にした[7]。スカンゾニは項目を因子分析した結果、尺度は伝統的妻役割、妻の自己実現、不確実な夫の態度の変容、制度的公平性、伝統的夫役割、宗教的な母親役割の合法化、伝統的母親役

割の因子を見出した[8]。彼が命名したそれぞれの因子は、日本人女性の家庭内でのジェンダー役割に迫る上でも構造的に普遍化できるものと思われたので参考にしたが、宗教に関する項目等は日本の文化や社会制度に適合しないとみなされたので、質問項目を作成する過程で除外した。最終的な項目は日本人女性に適応するように文言を修正し、新たにいくつかの項目を付け加えた。

参考にしたスカンゾニの尺度は、妻の社会的地位、夫の社会的地位、母親の社会的地位の3つのカテゴリーである。

まず妻の社会的地位は、第1の因子である伝統的妻役割、第2因子である妻の自己実現から成り立っている。伝統的妻役割は、夫や子どもの関心や利益を本人の関心や利益よりも優先することと定義され[9]、以下に示した質問項目から成り立っている。第2の因子である妻の自己実現は、妻の関心、利益が夫や子どもの利益や関心と同程度に位置付けられている場合で、伝統的な妻役割が伝統的ジェンダー枠組みのなかで醸成された概念であるのに対し、妻の自己実現因子はフェミニズム運動以降に新たに広がった女性の個人的な能力、業績を重視する概念がかかわっている。

①伝統的妻役割
1. 結婚している女性の最も重要な役目は夫と子どもの世話である。
2. 女性にとって一番の満足は子どもから与えられるものである。
3. 女性は男性と同様に同じレベルで働くべきでない。
4. 物事を決める際に妻は夫と同じような決定権を持つべきでない。
5. 家族を金銭的にささえている男性と同じ水準の仕事に従事している女性は、同じ賃金水準で給与をもらうべきでない。
6. 女性は精神的にも肉体的にも男性とは違う構造を持っているから女性が肉体労働に適さないように他にも女性に向かない仕事があると思う。

7. 妻は夫や子どもに負担をかけるなら仕事を辞めるべきだ。
　8. 幼い子どもがいる場合、母親が外で働くのはどうしても経済的に必要な場合に限るべきだ。

②妻の自己実現
　1. 妻が職業を持つことは夫が働くのと同じように重要なことである。
　2. 妻が働く場合、長期的な計画を持って働くべきである。
　3. 妻として母親としての自分に満足しない場合、仕事をすべきである。
　4. 若い母親が働きやすくなるようにもっと公共の託児所を増やすべきだ。

　次に、夫の社会的地位は、第3の因子である制度的公平性と第4の因子である夫の利益や権威が、家庭内で最優先されるべきだとする家父長的イデオロギーを包摂している伝統的夫役割から構成されている。

③制度的公平性
　1. 家事や育児は男女とも同様におこなうべきだ。
　2. 共働き家庭では男女とも同様に家事や育児をおこなうべきだ。

④伝統的夫役割
　1. 夫は家長であるべきだ。
　2. 結婚している男性の最も大事な仕事は家庭外で働くことである。

　最後の母親の社会的地位は第5因子である伝統的母親役割から構成されている。

⑤伝統的母親役割
　1. 働く母親も専業の母親とまったく同じように子どもの世話をし同じ親子関係を持つべきだ。
　2. 子どものいない結婚生活は完璧とはいえない。
　3. 母親が働いている場合、乳幼児の発達に十分にかかわれない。

さらに、ジェンダー役割尺度を作成し[10]、その得点が高くなるほど平等主義的なジェンダー役割観が高くなるように設定した。新たに修正した項目からなる各質問項目に対して、「強く同意する」に4点、「同意する場合が多い」に3点、「どちらともいえない」に2点、「同意しない場合が多い」に1点、「まったく同意しない」に0点を付与し[11]、高得点が平等主義的なジェンダー役割観を表すものとし、この平等主義的ジェンダー役割観を従属変数として設定した。有効回答者254人のデータをもとに、各変数をグルーピングするため、22からなる質問項目全てを変量として主成分分析をおこなった。その際、因子負荷量および共通性をもとに、3項目を不適当と判断し除外し、残りの19項目を因子負荷量1以上を基準として6つの変量群に分類した。各主成分因子は以下のように命名した。

第1主成分因子
伝統的夫と妻役割
- 項目　女性にとって一番の満足は子どもから与えられるものである
- 項目　結婚している女性の最も重要な役目は夫と子どもの世話である
- 項目　男性の主たる仕事は職場での仕事、女性の主たる仕事は家事である
- 項目　夫は家長であるべきだ

第2主成分因子
男女間での制度的公平性
- 項目　共働き家庭では男女とも同様に家事や育児をおこなうべきだ
- 項目　家事や育児は男女とも同様におこなうべきだ
- 項目　若い母親が働きやすくなるようにもっと公共の託児所をふやすべきだ

第3主成分因子
伝統的母役割
- 項目　幼い子どもがいる場合、母親が外で働くのはどうしても経済的に必要な場合に限るべきだ
- 項目　働く母親も専業の母親とまったく同じように子どもの世話をし同じ親子関係を持つべきだ
- 項目　妻は夫や子どもに負担をかけるなら仕事は辞めるべきだ
- 項目　男の子は男らしく女の子は女らしくしつけるべきだ

第4主成分因子
男女間の平等教育
- 項目　男の子も女の子と同様に、簡単な食事を作ったり、ボタン付け程度の身の回りのことができるようにしつけるべきだ
- 項目　女の子も、将来、職業人として自立できるような教育が必要である

第5主成分因子
伝統的妻の地位
- 項目　女性は男性と同様に同じレベルで働くべきではない
- 項目　物事を決める際に、妻は夫と同じ決定権を持つべきでない
- 項目　女性は精神的にも肉体的にも男性とは違う構造を持っているから女性が肉体労働に適さないように他にも女性に向かない仕事があると思う

第6主成分因子
妻の自己実現
- 項目　妻が働く場合、長期的な計画を持って働くべきである
- 項目　妻が職業を持つことは夫が働くのと同じように重要なことである
- 項目　妻として母親としての自分に満足しない場合、仕事をすべきである

これらの19項目については、質問がかなり抽象的で一般的な表現でなされている点を注意しておきたい。例えば、「働く母親も専業の母親とまったく同じように子どもの世話をして同じ親子関係を持つべきだ」については、「同じ親子関係」がいかなるものかがこの文章からは把握しにくい。また、「女性は男性と同様に同じレベルで働くべきではない」については、「男性と同様に同じレベル」とあるが、同じレベルが何を意味しているのかがわかりにくい。「男の子は男らしく女の子は女らしくしつけるべきだ」という項目については、「男らしく、女らしく」が厳密に定義されていない。したがって、回答者の意味の取り方によって、回答の内容が変わってくる可能性がある[12]。19項目の質問から形成された平等主義的性別役割尺度に対する信頼度テストを実施した結果、標準アルファ値は0.7887となったため、本質問紙には一定の妥当性が認められると判断した。

　事前調査により、アメリカにいる子女の教育環境、教育問題が母親のジェンダー役割との関連性が高いことが観察されたので、調査用紙の第3部では子どもの教育環境と教育における父親および母親のかかわりを尋ねた。最後の部分は属性等の情報から構成されている。

第二調査の概要

　第二調査はアメリカに滞在している主婦と日本に在住している主婦とのジェンダー役割に関する意識の比較をおこなう目的で実施した。この調査は、若者の結婚への期待と若者のジェンダー役割観を測るために[13]、ダンが1960年に開発した結婚役割期待テスト（Marriage Role Expectation Inventory, 略してMREI）[14]をベースにした。本来のテストは、権威の類型、育児、教育、雇用、経済支援、家事、個人的性格、社会参加などの領域から構成されており、この7領域における平等主義的あるいは伝統的規範に基づく夫と妻の役割に関する71の質問項目から成り立っている。日

本の文化に当てはまらない項目は削除し、新たに項目を付け加え最終的な質問項目は48であった。評定尺度の各水準を、1：強く同意する、2：同意する場合が多い、3：わからない、4：同意しない場合が多い、5：まったく同意しないとし、点数が高くなるほど平等主義的ジェンダー役割観を持っているようになるように設定した。信頼度テストを実施した結果、標準アルファ値は0.8719を示し、一定の妥当性が認められた。

　以上の2種類の質問紙調査を試みたが、多様な背景を持つ夫人を質問紙調査では確保することが困難であったことを鑑みて、アメリカ、ロサンゼルスに滞在する夫人対象に面接調査を実施した。面接調査に参加した夫人は、若年層から高年齢層に至るまでかなりの年齢幅のある女性たちであった。25人の女性たちに加えて、駐在員である男性(夫や父親)も何人か面接調査に参加してくれた[15]。面接調査では、主にアメリカに住む夫人たちの特殊な環境や、異文化との接触度、家族間、ジェンダー役割に関する意識と実際、アメリカでの生活への意見と個人的な生き方へのアメリカの影響度、子どもの教育環境や日本の教育環境との比較等について尋ねた。

2. 問題の設定と研究の枠組み

　既に述べてきたように、日本においては、家庭内のみならず社会におけるジェンダー役割、そして規範においても大幅な変容がみられるようになった。一方、アメリカにいる日本人女性のジェンダー役割は、現在でも極めて伝統的であるように思われる。伝統的なジェンダー役割もしくは意識とは、性別に基づいて妻と夫の家庭内外での分業体制が固定化、継続的に実践されていることを意味する[16]。したがって、本研究における伝統的ジェンダー役割の定義は、家族内（アメリカに住む日本人家族の基本単位は核家族であると定義した上で）での性別役割分業とする。具体的には、男性は家庭外での市場価値のある仕事に従事し、女性は家事仕事と育児

に専念していることである。このような現状において、本研究の問題意識は、以下の6点になる。

1. 近年の日本社会での環境変化が日本人女性の意識や規範の変容に影響を及ぼしているとするならば、こうした変化はアメリカに滞在する日本人女性にも影響しているのであろうか。
2. アメリカに滞在する日本人主婦のジェンダー役割観に影響している何か特殊な要因は存在しているのであろうか。
3. 妻の教育背景、夫の教育背景、妻の年齢、職業的地位、駐在員の妻という現状、職業経験、子どもの年齢、仕事をしたいという要望と、平等主義的ジェンダー役割観との間には何らかの関連性が見出されるのだろうか。
4. 米国に滞在する日本人主婦のジェンダー役割観と女性の高等教育には何らかの関連性がみられるのだろうか。換言すれば、日本における女性の高等教育には、伝統的なジェンダー役割を保持する何らかの構造性があるのではないだろうか。
5. 異文化で子どもを育てるという特殊な環境が、女性のジェンダー役割観に何らかの影響を及ぼしているのではないだろうか。
6. アメリカに滞在する日本人家族は、パーソンズが1950年代に提唱した伝統的な家族モデルを現在でも維持しているのではないだろうか。

これらの問題意識は、実際の質問紙調査、あるいは面接調査結果から明確化される部分もあり、そのためより問題意識を具体化するために、以下のような仮説を設定した。

3．仮説とその根拠

仮説1　若年層日本人主婦ほどジェンダー役割観は平等主義的である。
仮説2　高学歴背景を持つアメリカ滞在日本人主婦ほど平等主義的

ジェンダー役割観を持っている。

仮説3　配偶者の学歴が高学歴であればあるほど、妻のジェンダー役割観は平等主義的である。

仮説4　職業経験を持つアメリカ滞在日本人主婦ほどジェンダー役割観は平等主義的である。

仮説5　強い職業従事希望を持つアメリカ滞在日本人主婦ほどジェンダー役割観は平等主義的である。

仮説6　職業に従事しているアメリカ滞在日本人主婦ほどジェンダー役割観は平等主義的である。

仮説7　アメリカに滞在する日本人主婦は、日本在住の日本人主婦に比べて伝統的性別役割観を保持している。

　これらの仮説はスカンゾニ等の先行研究に基づいているため、欧米のパラダイムが日本人主婦にも適用できるかどうかが主な検証目的である。

仮説の根拠

　伝統的価値観ならびに近代的価値観の獲得に影響を及ぼす原因は幾多ある。スカンゾニによれば、教育はある種の価値観や態度形成もしくはその変容に影響すると認識されている。高い教育背景を持つ者は、低い教育背景を持つ者よりも、ジェンダー役割観は伝統主義に拘束されている可能性が低くなる。教育を受けることによって、個人の規範や行為のある側面をある種の価値観から「解放」したり、「近代化」することにつながるからであり、こうした価値観の変容への効果においては性差はみられない[17]。

　世代間の差もジェンダー役割観の形成において重要な要因である。古い世代ほど伝統的な男性優位観が一般的な社会的規範であった時代で、また男女間での公平性があまりみられない社会で成長過程を経ているのに対し、若年層ほどリベラルな環境、高等教育や仕事の参加の上でもより平等なアクセスが可能となった時代で育っている。

職業の経験、職業を持っているということもジェンダー役割観形成に関連性がある。女性が労働市場に参入するにつれて、結婚後あるいは出産後も職業を継続しようとする割合が増加することが、多くの先行研究で指摘されている。女性が自己の収入を得ることが、家庭内で発言力などに代表される力を獲得することにつながり、夫の家事への参加の度合いにも効果を及ぼすと指摘されている。また、女性が家庭内から家庭外での労働市場に参入することにより、公的な環境やビジネス交渉など、それまで女性があまり近づくことができなかった分野に接近することで社会化が促進される。このような社会化を通じてジェンダー観の形成、変容がおこなわれる。

現代の日本社会では、女性の高学歴化、職業への参入の増加、結婚、出産後の継続労働の増加などの現象が顕著化していることを鑑みると、教育、職業、年齢といった変数を用いることで仮説を検証することは妥当性があると考えられる。

また、仮説7を設定する際、「夫の海外での任務」という特殊な状況に付随してアメリカに来ている日本人主婦には、日本の主婦たちとは異なる役割が加味されていると考えられ、こうした特殊な状況が主婦としての役割の差異化にも関連しているのではないかと推察された。

4．本研究の意義と限界

本研究の意義は下記に挙げる3点にあると思われる。

1. 本研究はアメリカに滞在する日本人主婦のジェンダー役割観についての最初の実証研究である。海外子女の異文化適応、帰国後の適応問題、教育問題等に関する先行研究はかなりの蓄積がみられてきたが[18]、子女たちの母親に関心を向けた研究はほとんど存在してこなかった。まして、子女たちの異文化適応にかなりの関連性を持つと思われる異国での母親の役割を視野にいれての、母親たちのジェ

ンダー役割および役割観に視点を当てた研究はなかったに等しいといえる。さらに、日本の主婦たちとアメリカに滞在する日本人主婦たちとのジェンダー役割観を比較調査することで、そこに何らかに差異が見出され、その差異を生み出している要因が本研究で明確になることにより、今後企業が従業員を海外に駐在させる際に、妻への支援策を充実させていく上で参考になる点があると思われる。

2. 第2に、本研究は西洋のジェンダー役割理論がアメリカに滞在する日本人主婦にも適用できるかどうかを検証することが目的である。ジェンダー役割理論の実践が十分におこなわれ、その歴史もあると考えられるアメリカに滞在している日本人主婦が、これまでの筆者の観察によると逆の伝統的ジェンダー役割を果たしているようにみえるが、実際はいかなるものであろうか。もし伝統的役割を果たしているのであれば、その要因を分析することにより、日本の女子の高等教育システムあるいは婚姻形態に、何らかの伝統的ジェンダー役割観を保持するメカニズムが存在する事実に肉薄することが可能になると思われ、理論と現実のギャップを埋めることにもつながることが期待できる。

3. さらに、質問紙調査で不十分な部分を面接調査で詳細な情報を入手し、より深く分析することで、彼女たちが自己実現への希望と、母親、妻の責任という現実との間のジレンマを明らかにすることに役立つ。特に、日本の国際化が進展し、今後も海外に一時的に滞在する家族が増加すると予測されるなかで、女性の高学歴化現象を反映して、今後は高学歴背景と職業経験を持つ若年層女性が、一時的滞在者として夫にともなって海外に移る例は増加するであろう。そうした女性たちは、おそらく夫の海外勤務の間にも自己実現と家族の責任という狭間で揺れ動くと想像するのは難しくない。自己実現を望みながら家族の責任という重圧を感じ、自己実現をやむなく断念した女性たちが、職に復帰する際の支援策が今後は不可欠となる

であろう。そうした女性たちへの支援策のベースとして、本研究は何らかの知見を与えるものと思われる。

次に、本研究の限界は以下の点にあると思われる。

本研究の最も大きな限界は第1節でも述べているように、質問紙調査の回答者の均質性にある。また、地理的な限界もあるかと思われる。国際化の流れのなかで、一時的に滞在する日本人駐在員はアメリカ全土に散らばっている。それらの地域は文化、経済状態、生活水準、人口構成等多様性に富んでいる。ロサンゼルスはアメリカのなかでも最も経済的に豊かであるだけでなく、刺激にあふれた近代都市のひとつである。それゆえ、英語の学習、スポーツ等趣味のレッスンの機会にも恵まれており、仕事の機会も経済的に停滞している地域と比較すると豊富である。また、日本文化への接触度においても、日本語テレビ放送やラジオ放送、日本語の新聞、雑誌等からの情報も入手しやすく、日本食を簡単に手にいれることも可能である。一方近年法人税の優遇策等から日本企業の進出が盛んになっているインディアナやオハイオ州などの中西部や南部地域においては、上記のような文化資源へのアクセスはロサンゼルスほど容易ではないし、また機会も豊富ではない。その意味からも、本研究結果を全米の日本人主婦の結果として一般化することには無理があると考えられよう。こうした2点の限界性は、多様な回答から成り立っていないという統計結果を生み出す可能性があること、また、日本人がそれほどいない地域に在住する夫人たちの声を反映しないという結果にもつながってくる可能性は排除できないだろう。

注
1 この3市はロサンゼルス郡にある市である。
2 公文教室の主催者であるT先生の協力により事前予備調査が可能となった。
3 あさひ学園は日本に帰国する予定の海外生への補習校であり、南カリフォルニアに位置している日本企業の支援を受けて運営されている。カリキュラムは日本の文部省の指導要領に準拠して日本の公立学校とほぼ同内容で構成されており、授業は毎週土曜日の1日を使って実施されている。

4 本調査も当時のあさひ学園のY校長先生の全面的な協力により可能となった。現地での調査の場合、調査対象者を獲得するのが困難であるため、氏の協力なくしては母親たちにアクセスする道はなかったと思う。
5 本調査を実施した当時のロサンゼルスには補習校は5校存在していたが、現在は統廃合により補習校の数は減少している。この5校は一部の学校(トーランス校)を除けば、そのほとんどは小学校部門だけから成り立っていた。
6 根津の1986年の調査および筆者の事前調査結果に基づいている。
7 スカンゾニはアリス・ロッシが1970年に開発した妻、夫、母の地位を測定する尺度をベースとして独自の尺度を形成したが、その際、役割理論(role theory)を基本的概念として位置付けている。
8 Scanzoni, J. (1975). *Sex Roles, Life Styles, and Childbearing : Changing Patterns in Marriage and the Family.* New York：The Free Press, p.28.
9 *Ibid.,* p.29.
10 スカンゾニの尺度をベースにしているが、日本の風土や社会に不適切な項目もあったため、他の研究者と相談の上、日本人女性に適切だと思われる質問項目に文体も含め最終的に変更している。
11 質問によっては、反対の得点が付与されるように設定している。
12 ほかの項目についても同様の問題が生じる可能性があるが、この点については、一般的な文章という基準で質問紙を作成したために起こりうるものとして許容していただきたい。
13 Hayes, D.A.M.(1977). *Sex-roles, Demographic Variables, and Marital Satisfaction along an Institutional-companionship Marriage Continuum.* Ph.D. Dissertation, Michigan：U.M.I. Dissertation Services. p.49.
14 1960年という30年近く前に開発されたMREIを使用した理由としては、アメリカにおいてはジェンダー役割、結婚とジェンダーに関する研究は、1960年代、1970年代に盛んに実施されたが、それ以降はほとんど実施されなくなっていった。今回、調査を実施するに当たって様々なインベントリーを参照したが、1960年に開発されたMREIが、最も日本人夫人のジェンダー役割を調査するのに適切であったためである。
15 本調査への参加者は30人(夫人+夫)であるが、それ以外に第5章の子女の教育に関する面接調査への参加者も含めると総計50人に上る。
16 Scanzoni, J. (1979). "Sex-role Influences on Married Women's Status Attainments", *Journal of Marriage and the Family,* Vol.42, pp.743-756.
17 Scanzoni, J. (1975). *op.cit.*.
18 箕浦康子、根津豊子、小林哲也等の研究を参照した。

第7章　量的調査結果と分析

本章では量的データを中心とした第一調査結果、第二調査結果をベースに問題意識および仮説と照らし合わせながら分析することにしたい。

1. 第一調査結果

　数量分析が容易になるようにコード化した各変数は次のとおりである。妻の属する年齢グループ(1＝20〜24　2＝25〜29、……9＝60〜64)、夫、妻のそれぞれの学歴(1＝高卒、2＝専修学校卒、3＝短大卒、4＝4年制大学卒、5＝大学院卒)、妻の就労状態(1＝現在就労中、0＝不就労)、妻の職業経験(1＝職業経験有り、0＝職業経験無し)、就労希望の有無(1＝就労希望有り、0＝就労希望無し)、世帯収入(1＝年収 $2万9,999以下、2＝$3万〜$3万9,999……5＝$6万以上)[1]、そして稽古事、スポーツ活動等を含む妻の学習活動への参加 (1＝参加中、0＝非参加)。これらの諸変数を独立変数として設定した。なお、筆者が1991年度に実施した駐在員子女の海外適応状況の調査により、母親が子女の家庭学習にかかわる頻度が高く、かつ子女の学習活動や学校外活動への参加のための送迎に、かなりの手間と時間を取られていることが判明したため、本調査では、子女の年齢は12歳を基準値として設定した。すなわち、子どもの年齢(1＝12歳以下、0＝それ以外)、ならびにアメリカに滞在してからの方が(日本に住んでいたときよりも)子女の教育等への関与度が高い場合(1＝はい、0＝いいえ)という変数をコード化し、独立変数に組

み入れた。

1-1. 分析対象者のプロフィール

　回答者の83.9％に相当する213人が自らを駐在員夫人だと答えており、16.1％に当たる41人が永住者、研究者夫人等に分類された。対象者の年齢別の構成は、25〜29歳グループ1.6％、30〜34歳グループ20.5％、35〜39歳グループ48.8％、40〜44歳グループ24％、45〜49歳グループ9％、50〜54歳グループ0.8％、60〜64歳グループ0.4％となっている。日本人補習校に在籍する児童・生徒の保護者が回答者の大多数となったため、結果的にはサンプル構成としてはかなり偏っていることは否定できない。

　妻の学歴をみると、高卒21.3％、専修学校卒4.7％、短大卒37％、大学卒35.4％、大学院卒1.2％となっており、全体でみると、78.3％の回答者が高等教育を受けている。夫の学歴をみると、77％が大学卒であり、8.3％が大学院卒となっている。高卒者は全体の7.9％を占めている。日本在住の成人女性、男性の比較可能な学歴に関するデータを残念ながら取得できなかったため、1997年度時点での大学進学率47.3％(浪人を含む)を参考にせざるを得なかったが、ロサンゼルス滞在駐在員およびその妻の学歴は、やはり日本の平均よりかなり高いと考えられよう。

　254人の分析可能な回答者の85.8％(218人)が、調査時点では就労しておらず、14.2％に当たる36人が就労していた。84年時点での政府の調査によると、53.3％の既婚女性が働いていることになっていることから、就業率はかなり低いことがわかる[2]。一方で、過去の就業経験についてみてみると、過去に就業経験のない回答者は、9.1％(23人)という低い数値になっており、79.1％(201人)の回答者が就業経験を持っていることが判明した。調査時点での就労希望に関しては、過半数の回答者である62.2％(158人)が就労希望を抱いており、就労希望を持っていない回答者は12.6％という少数派であった。

　1990年度の世帯収入に関しては、20％の回答者が無回答であったが[3]、

表7-1 各変数の平均と標準偏差

変数名	平均値	標準偏差
妻の年齢	4.126	.907
夫の学歴	3.752	.940
妻の学歴	2.905	1.140
1990世帯収入	4.365	.947
就労状況	.142	.349
就労経験	.897	.304
就労希望	.832	.375
学習活動	.850	.361
低年齢子女の有無	.724	.448
子女にかかわる時間	1.9295	.257

約半数近くが年収6万ドル以上と答えている。15.7％が5万～5万9,999ドルと答えており、1993年度全米平均約3万5,000ドルと比較すると、駐在員の世帯収入はかなりの高所得層に属すると推定できる。

回答者の学習活動への参加度はかなり高く、84.6％という数値を示していた。

12歳以下の子女を持つ回答者の割合は、予想どおり72.4％という高い数値であった。子どものいない回答者は極めて少数であった。12歳以下の子女を持つ回答者の高い割合を反映して、66.5％の回答者がアメリカに滞在してから、より子女の教育にかかわる頻度が高くなっていると答えていた。各独立変数の平均と標準偏差は**表7-1**のとおりである。

単純回答結果

次に各質問項目および質問項目と学歴、年齢等の変数の関連をみていくことにしたい。

就業している理由として挙げられている項目をみてみると、上位3位までには、「仕事をするのが好きだから」「視野を広めたり、友人を得るため」「自分の能力、技能や資格を生かすため」が位置しており、「家計費

表7-2 就業理由(多重回答)

理由	度数	回答比率(%)	ケース(%)
生計を維持するため	3	3.3	8.3
家計費の足しにするため	11	12.0	30.6
将来に備えて貯蓄するため	5	5.4	13.9
自分で自由に使えるお金を得るため	8	8.7	22.2
自分の能力、技能や資格を生かすため	15	16.3	41.7
視野を広めたり、友人を得るため	17	18.5	47.2
仕事をするのが好きだから	17	18.5	47.2
時間的に余裕があるから	10	10.9	27.8
家業であるから	6	6.5	16.7
計	92	100.0	255.6

表7-3 就業理由と妻の学歴との関係

	高校卒		短大・専門等卒		大学・大学院卒	
	ケース	(%)	ケース	(%)	ケース	(%)
生計を維持するため			2	5.3	1	3.3
家計費の足しにするため	5	20.8	5	13.2	1	3.3
将来に備えて貯蓄するため	2	8.3	3	7.9		
自分で自由に使えるお金を得るため	2	8.3	3	7.9	3	10.0
自分の能力、技能や資格を生かすため	4	16.7	4	10.5	7	23.3
視野を広めたり、友人を得るため	4	16.7	7	18.4	6	20.0
仕事をするのが好きだから	2	8.3	8	21.1	7	23.3
時間的に余裕があるから	4	16.7	2	5.3	4	13.3
家業であるから	1	4.2	4	10.5	1	3.3
計 (%)		100.0		100.0		100.0

の足しにするため」と答えた夫人の割合は12.0%を示しているぐらいで、生活を維持していくことに直接関連している理由は上位には挙がってきていない。84年の世論調査結果では女性が働いている理由の上位項目として、(1)子どもの教育費のため (31%)、(2)夫の収入の不足分の補いと生活水準の維持 (19%)、(3)自分自身のお金を得るため (19%) と金銭関連項目が挙がっている。

就業している駐在員夫人の仕事をしている理由と学歴との関連はいかなるものだろうか。

短大・専門学校および大学・大学院の学歴背景を持つ女性に特徴的な理由に「仕事をするのが好きだから」がある。また大学・大学院卒の女性にのみ高い割合でみられた理由に「自分の能力、技能や資格を生かすた

表7-4 就業していない理由

理由	度数	回答比率(%)	ケース(%)
経済的に働く必要がない	54	14.0	26.0
ビザ上の規制のため	155	40.1	74.5
夫の会社の規制のため	29	7.5	13.9
経験等を生かせる場所がないため	10	2.6	4.8
文化や言語の違いのため	35	9.0	16.8
海外生活に適応するため余裕がない	16	4.1	7.7
仕事をみつけることが困難なため	4	1.0	1.9
子どもの教育や世話で時間がないため	69	17.8	33.2
女性は家庭にいるべきだという考え方	15	3.9	7.3
計	387	100.0	186.1

表7-5 就業していない理由と夫の学歴との関係

	高卒		短大・高専等卒		大学・大学院卒	
	ケース	（％）	ケース	（％）	ケース	（％）
経済的に働く必要がない	4	16.0	2	9.5	48	14.1
ビザ上の規制のため	5	20.0	9	42.9	141	41.3
会社の規制のため	3	12.0	1	4.8	25	7.3
経験等を生かせる場所がないため	1	4.0	1	4.8	8	2.3
文化や言語の違いのため	3	12.0	2	9.5	30	8.8
海外生活に適応する余裕がないため	1	4.0	1	4.8	14	4.1
仕事をみつけることが困難なため			1	4.8	3	.9
子どもの教育や世話で時間がないため	7	28.0	4	19.0	58	17.0
女性は家庭にいるべきだという考え方	1	4.0			14	4.1
計　（％）		100.0		100.0		100.0

め」というものがある。多くの駐在員夫人がビザ上の規制等で働くことが困難な状況にもかかわらず、就業している高学歴女性には、自らの能力、技能、資格を生かして主体的に就業している姿が浮かび上がってくる。

　就業していない理由についてみてみると、海外駐在員夫人の典型的な生活が反映されているようにみえる。頻度が高い項目上位3位（複数回答）は、「ビザ上の規制のため」、「子どもの教育や世話で時間がないため」、「経済的に働く必要がない」となっている。米国の移民法により就労ビザを獲得しない限り正式には働けない現状と、前述したように外国で子どもを育てる、あるいは子どもが異文化で教育を受けることに関して、母親がかなりの支援をせざるを得ない状況が反映されている。一方、駐在員である夫のかなりの高給によって、経済的に働く必要がないという恵まれた経済状況にある駐在員夫人の姿が見えている。「駐在員の妻は働いてはならない」という規制をしている日本企業の存在も、夫人の就業していない理由として無視できない項目である。

　夫の学歴と夫人たちが就業していない理由との関連性をみた際に、夫が大学・大学院卒の妻たちに顕著な理由として、「子どものことで時間がない」というものがある。夫人自身の学歴背景が大学・大学院卒の場合と比較しても、夫が高学歴者である夫人たちが当項目を選んだ比率は

極めて高くなっている。高学歴背景を持つ夫たちは、多くの場合海外で重要なポジションについていたり、責任者として子会社を任されている場合が多い。そういう状況において、妻たちは、夫を子どもへの役割モデルとして示しつつ子どもたちの教育に積極的にかかわったり、子どもの学校、習い事などの手助けをしているのではないだろうか。

　次に、「将来働きたい」あるいは「働きたくない」と回答している夫人たちの回答をみてみることにしたい。複数回答であるが、圧倒的に「将来働きたい」と答えた回答者が多い。その理由として、最も頻度が高い項目は、「自分の能力、技能、資格を生かすため」であり、次に「生きがいを求めるため」が続き、「時間的に余裕ができたため」「自分で自由に使えるお金を得るため」がほぼ同数で並んでいる。一方、「生計を維持するため」は最も低く、1983年の世論調査では、18％の女性が働きたい理由としてこの項目を選んでいたことを考えると、駐在員が豊かな階層に属していることが見えてくる。「将来に備えて貯蓄するため」「家計費の足しにするため」も、1983年の世論調査での27％、30％と比較するとかなり低い数値を示している。経済的に恵まれ安定した生活を送っている駐在員夫人の実態を反映して、金銭に関連する項目は第二次的になっている様子がこの回答から想像でき、むしろ、夫人たちは仕事を自己実現の手段としてみなしている傾向がうかがえる。

　ここで学歴と希望理由の関連性についてみることにする。高校卒、短

表7-6　働きたい希望理由

理　由	度数	回答比率(％)	ケース(％)
生計を維持するため	7	2.0	4.8
家計費の足しにするため	40	11.3	27.4
将来に備えて貯蓄するため	32	9.0	21.9
自分で自由に使えるお金を得るため	45	12.7	30.8
自分の能力、技能、資格を生かすため	69	19.5	47.3
視野を広げたり、友人を得るため	23	6.5	15.8
生きがいを求めるため	53	15.0	36.3
女性も社会に出るべきだと思うから	39	11.0	26.7
時間的に余裕ができたため	46	13.0	31.5
計	354	100.0	242.5

表7-7 妻の学歴別就労希望理由
(働きたい希望理由と妻の学歴の関係)

	高校卒		短大・専門等卒		大学・大学院卒	
	度数	(%)	度数	(%)	度数	(%)
生計を維持するため			3	4.9	4	6.9
家計費の足しにするため	10	38.5	20	32.8	10	17.2
将来に備えて貯蓄するため	9	34.6	17	27.9	6	10.3
自分で自由に使えるお金を得るため	7	26.9	27	44.3	11	19.0
自分の能力、技能、資格を生かすため	3	11.5	29	47.5	36	62.1
視野を広げたり、友人を得るため	1	3.8	10	16.4	12	20.7
生きがいを求めるため	6	23.1	21	34.4	26	44.8
女性も社会に出るべきだと思うから	5	19.2	13	21.3	21	36.2
時間的に余裕ができたため	14	53.8	19	31.1	13	22.4
計 (%)		100.0		100.0		100.0

大・専門学校卒の夫人たちが、「家計費の足しにするため」「将来に備えて貯蓄するため」と、現実的な理由を比較的高い割合で挙げているのに対し、大卒・大学院卒女性のうち「自分の能力・技能、資格を生かすため」と回答している割合は、複数回答者がいるにせよ、62.1％と極めて高い。また「生きがいを求めるため」「女性も社会に出るべきだと思うから」と回答している比率も高い。ここにも高学歴背景を持つ女性たちの仕事を通じての自己実現といった希望が多いことが見受けられる。

　仕事につくことを希望していない回答者の理由としては、「家事、育児が十分にできないから」の比率が最も高く、「経済的に困らないから」、「他にやりたいことがあるから」、「子どもの教育が十分にできないから」

表7-8 就労したくない理由

理　由	度数	回答比率(%)	ケース(%)
経済的に困らないから	17	15.5	29.3
家事、育児が十分にできないから	27	24.5	46.6
子どもの教育が十分にできないから	14	12.7	24.1
女性は家にいるべきだと思うから	8	7.3	13.8
高齢者や病人の世話をするため	3	2.7	5.2
他にやりたいことがあるから	15	13.6	25.9
家族の反対があるから	4	3.6	6.9
健康に自信が持てないから	10	9.1	17.2
希望する仕事や条件のよい仕事がみつかりそうにないから	12	10.9	20.7
計	110	100.0	189.7

表7-9 仕事を辞めた理由

理　由	度数	回答比率(%)	ケース(%)
家事・育児に専念するため	46	15.9	23.8
家事・育児との両立が困難だったため	23	7.9	11.9
結婚退職のため	108	37.2	56.0
夫の駐在・転勤のため	57	19.7	29.5
子どもの教育のため	4	1.4	2.1
家族の無理解や反対のため	2	.7	1.0
自分の健康上の理由のため	8	2.8	4.1
仕事に対する不満のため	11	3.8	5.7
低い給与のため	2	.7	1.0
職場での人間関係のため	6	2.1	3.1
職場での結婚・出産退職の慣行のため	15	5.2	7.8
昇進、教育訓練での男女差別の存在	1	.3	.5
経済的に働く必要がないため	7	2.4	3.6
計	290	100.0	150.3

が大体同じような比率で続いている。これらの項目は日本での1983年での世論調査でも上位項目として挙げられており、就業を希望していない夫人たちの理由は日本、アメリカの区別なく同様であることがわかる。

仕事を辞めた理由で最も回答数が多かったのは、結婚退職であった。それ以外に高い項目は夫の転勤と家事に専念するためとなっている。今回の調査対象者の平均年齢層が40歳代前半であるとすると、やはり「寿退社」がこの年代の専業主婦層に多いのではないかと推察される。学歴

表7-10 仕事を辞めた理由と妻の学歴の関係

	高校卒		短大・専門等卒		大学・大学院卒	
	ケース	(%)	ケース	(%)	ケース	(%)
家事・育児に専念するため	12	19.4	23	19.2	11	10.2
家事・育児との両立が困難だったため	4	6.5	8	6.7	11	10.2
結婚退職のため	24	38.4	50	41.7	34	31.5
夫の駐在・転勤のため	12	19.4	23	19.2	22	20.4
子どもの教育のため	1	1.6	1	.8	2	1.9
家族の無理解や反対のため			1	.8	1	.9
自分の健康上の理由のため	3	4.8	1	.8	4	3.7
仕事に対する不満のため	1	1.6	3	2.5	7	6.5
低い給与のため					2	1.9
職場での人間関係のため	1	1.6			5	4.6
職場での結婚・出産退職の慣行のため	4	6.5	6	5.0	5	4.6
経済的に働く必要がないため			4	3.3	3	2.8
昇進、教育訓練での男女差別の存在					1	.9
計 (%)		100.0		100.0		100.0

別にみた結果も同様の傾向を示している(表7-10を参照)。

働き続ける上での困難性としては、「育児」、「夫の転勤」、「高齢者や病人の介護」、「子どもの教育問題」、「家事との両立」等の項目が上位に位置付けられている。夫人たちの学歴との関連をみても、どの学歴背景にも共通な項目は「育児」であった。

83年の世論調査でも同様の回答となっており、「育児、子どもの教育、高齢者や病人の介護」が日本人主婦の大きな責任として捉えられていることがわかる。同時に、決して少なくない女性たちが、結婚退職の慣習の存在や仕事場での男女差別の存在を、継続就業を困難にする要因として回答したことから、社会的な慣習や規範の存在が、女性たちの就業継続の壁として立ちはだかっていることが回答から浮かび上がってくる。1986年の「男女雇用均等法」の施行以降、社会全体が職場での昇進や給与および雇用条件における男女の差の是正に向けて動いているようにみえるが、実際には長らく続いてきた慣習や規範、考えを払拭することは容易ではない。そしてまた根強く社会に残っている「女性は家族のために家にいるべきだ」という考え方や、「女性は能力的に男性に劣っている」という見方が、実際の職業継続を躊躇させている要因ともいえる。駐在員夫人たちの働きたくないという理由の背後には、こうした社会全般にみられる慣習や考え方に対しての悲観的な見方が存在しているのではな

表7-11　働き続ける上での困難性

理　由	度数	回答比率(%)	ケース(%)
育児	213	20.3	85.9
高齢者や病人の介護	123	11.7	49.6
家事との両立	99	9.4	39.9
子どもの教育問題	120	11.4	48.4
夫の転勤	144	13.7	58.1
家族の無理解や反対	86	8.2	34.7
自分の健康問題	75	7.1	30.2
職場での結婚・出産退職の慣習の存在	63	6.0	25.4
昇進、教育訓練における男女差別の存在	41	3.9	16.5
女性は家にいるべきだという考え方の存在	42	4.0	16.9
女性は男性よりも劣っているという考え方の存在	45	4.3	18.1
計	1,051	100.0	423.8

表7-12 働く困難原因と妻の学歴の関係

	高校卒		短大・専門等卒		大学・大学院卒	
	ケース	(%)	ケース	(%)	ケース	(%)
育児	44	20.1	92	21.1	76	19.5
高齢者や病人の世話	19	8.7	48	11.0	55	14.1
家事との両立	23	10.5	39	8.9	36	9.3
子どもの教育問題	26	11.9	56	12.8	38	9.8
夫の転勤	28	12.8	58	13.3	57	14.7
家族の無理解や反対	22	10.0	34	7.8	30	7.7
自分の健康問題	16	7.3	29	6.6	30	7.7
職場での結婚・出産退職の慣行	12	5.5	28	6.4	22	5.7
昇進・教育訓練における男女差別の存在	5	2.3	19	4.3	16	4.1
女性は家にいるべきだという考え方の存在	10	4.6	17	3.9	15	3.9
女性は男性よりも劣っているという考え方の存在	14	6.4	17	3.9	14	3.6
計（%）		100.0		100.0		100.0

いだろうか。

84.6%という高い割合で夫人たちは何らかの学習活動に従事していたが、そのなかで英語や他の外国語を学んでいる夫人の比率が最も高く、

表7-13 学習の内訳

理由	度数	回答比率(%)	ケース(%)
洋裁・編物等	66	19.1	33.5
いけばな	32	9.2	16.2
料理	31	9.0	15.7
音楽、絵画等芸術	31	9.0	15.7
美容	1	.3	.5
スポーツ	63	18.2	32.0
コンピュータ、簿記	11	3.2	5.6
英語、他の外国語	102	29.5	51.8
人文、社会科学	9	2.6	4.6
計	346	100.0	175.6

他の学習活動としてはスポーツや趣味に関連しての活動が主であった。学習活動に従事している理由で主な理由として、「趣味を豊かにするため」「日常生活に役立てるため」「教養を身につけるため」「自分の健康のた

表7-14 学習の内訳

理由	度数	回答比率(%)	ケース(%)
将来の仕事のため	39	10.2	18.6
現在の仕事に役立てるため	14	3.7	6.7
日常生活に役立てるため	100	26.2	47.6
趣味を豊かにするため	104	27.2	49.5
教養を身につけるため	60	15.7	28.6
精神修養のため	15	3.9	7.1
自分の健康のため	50	13.1	23.8
計	382	100.0	181.9

表7-15　学習理由と妻の学歴の関係

	高校卒		短大・専門等卒		大学・大学院卒	
	ケース	（％）	ケース	（％）	ケース	（％）
将来の仕事のため	7	9.0	17	11.4	15	9.7
現在の仕事に役立てるため	1	1.3	3	2.0	10	6.5
日常生活に役立てるため	21	26.9	38	25.5	41	26.6
趣味を豊かにするため	22	28.2	48	32.2	33	21.4
教養を身につけるため	10	12.8	21	14.1	29	18.8
精神修養のため	5	6.4	3	2.0	7	4.5
自分の健康のため	12	15.4	19	12.8	19	12.3
計　（％）		100.0		100.0		100.0

表7-16　学習理由と年齢層との関係

	20〜34歳		35〜39歳		40歳以上	
	ケース	（％）	ケース	（％）	ケース	（％）
将来の仕事のため	6	8.1	22	11.0	11	10.2
現在の仕事に役立てるため			6	3.0	8	7.4
日常生活に役立てるため	24	32.4	53	26.5	23	21.3
趣味を豊かにするため	20	27.0	54	27.0	30	27.8
教養を身につけるため	9	12.2	35	17.5	16	14.8
精神修養のため	4	5.4	6	3.0	5	4.6
自分の健康のため	11	14.9	24	12.0	15	13.9
計　（％）		100.0		100.0		100.0

表7-17　学習活動と年収の関連性

			学習活動		合計
			いいえ	はい	
税込み所得 (1990年度分)	30,000-39,999	度数 学習活動の％	4 12.5%	11 6.4%	15 7.4%
	40,000-49,999	度数 学習活動の％	9 28.1%	13 7.6%	22 10.8%
	50,000-59,999	度数 学習活動の％	6 18.8%	34 19.9%	40 19.7%
	$60,000以上	度数 学習活動の％	13 40.6%	112 65.5%	125 61.6%
合計		度数 学習活動の％	32 100.0%	171 100.0%	203 100.0

カイ2乗検定、.005で有意。ピアソンのR　.203

表7-18 学習場所

理　由	度数	回答比率(%)	ケース(%)
コミュニティカレッジ	25	10.7	13.2
成人学校	85	36.3	45.0
エクステンションプログラム	1	.4	.5
大学の正規学生として	3	1.3	1.6
家庭教師について	120	51.3	63.5
計	234	100.0	123.8

め」が挙げられ、世論調査の学習活動の理由とほとんど差はみられない。しかし、「将来の仕事のため」と回答した女性の比率は世論調査の結果よりも若干高く、実際に多くの女性たちとの面接調査においても、「日本に帰国後英語塾を開きたい」、「トールペインティング[4]などの教室を開きたい」などと、将来の仕事に備えて学習活動に従事している姿勢が確認された。学歴間の差、年齢層間の差も前頁の表にみられるようにそれほど顕著ではなかったが、収入が高くなるほど家計に余裕があるため、学習活動に従事する割合は高くなっていることが判明した。

1-2. ジェンダー役割観の規定要因

　上述した記述データからは駐在員夫人の全体的な傾向はつかめるが、平等主義的もしくは伝統的ジェンダー役割観をどのような要因が規定しているかを探ることには無理がある。そこで本項ではジェンダー役割観の規定要因や問題意識をベースにした仮説の検証を目的に、みていくことにしたい。先行研究[5]からジェンダー役割観に関連しているとみられる変数を選択し、その変数間の相関関係をみてみることにしよう。

就労状況

　妻の年齢グループと妻の就労状況に弱い負の相関がみられるが（－.155　$p<0.05$（相関係数が5％水準で有意）、有効数254）、これは年齢の高いグループほど就労している割合が高くなることを意味している。同じように、年齢の低いグループほど低年齢子女を抱え（－.459　$p<0.00$（相関係数が1％水準で有意）、有効数254）、育児に取られる時間が長くなるという物理

表7-19　各変数間の相関係数

相関係数

	就労状況	就労経験	就労希望	学習活動	子女にかかわる時間	妻の年齢	夫の学歴	妻の学歴
就労希望		.193** .008						
学習活動	－.304** .000							
子女にかかわる時間						－.149* .022		
妻の年齢	－.155** .013							
夫の学歴		－.108 .108			.195** .002			
妻の学歴		－.121 .070					.330** .000	
1990年度世帯収入	－.204** .003				.203** .004		.117 .097	.153* .029
低年齢子女の有無	－.128* .041		－.196** .007		.171* .011	－.459** .000		

** 相関係数は1％水準で有意
* 相関係数は5％水準で有意

的条件から、就労する割合が低いことが（－.128 p＜0.05、有効数254）相関係数から読み取れる。育児に手がかかる幼児、児童を抱えている場合には現実的には働くということは困難であるとしても、日本で実施された世論調査結果同様に、多くの女性が就労希望を抱いているのかもしれないという予想に反して、数値をベースにする限り、低年齢子女を抱えている回答者ほど就労希望を示さない傾向が観察される（－.196 p＜0.01、有効数191）。就労状況と世帯収入との間には、中位の負の相関が観察された（－.204 p＜0.01、有効数204）。世帯収入が高くなればなるほど、専業主婦の割合が高くなる傾向があることを意味している。

就労経験と就労希望との間には中位の相関（.193 p＜0.01、有効数186）がみられ、また就労経験と夫の学歴、妻の学歴との間にはそれぞれ弱い負の相関が観察された（－.108 p＜0.1、有効数224、－.121　p＜0.01、有効数224）。このことから、就労経験のあるアメリカ滞在夫人は就労希望が高

いと考えられる。就労経験と夫の学歴、妻の学歴の相関は、夫ならびに本人の学歴そして世帯収入が高くなればなるほど、過去に就労経験のないアメリカ滞在夫人が増加する傾向にあると推察されよう。

結婚パターン

　さらに、相関係数からアメリカ滞在夫人の結婚のパターンを推測することも可能である。近年、多くの女性が高等教育修了後に労働市場に参入することは一般的になっている。しかし、本調査の回答者であるアメリカ滞在夫人に関する限りにおいては、むしろ高学歴女性ほど労働市場に参入した経験がなく、就労経験のない女性ほど高学歴男性と結婚している傾向がみられたことを強調しておきたい。また、本調査の回答者においては、高学歴女性ほど高学歴男性と結婚する傾向があること、すなわち学歴同類婚 (educational homogamy) の割合が高いことがかなり強い相関係数によって ($.330\ p<0.01$) 確認された。

　男性と女性の学歴階層と結婚においては、学歴による内婚傾向があるという知見が得られているが、そこには２つのパターンが存在する。１つは、「夫婦とも同水準」という内婚であり、もう１つは「夫が妻より一段高い組み合わせ」というパターンである[6]。両結婚パターンと学歴、帰属階層との関連についてみてみると、教育水準はおおむね専門・管理職＞ホワイトカラー＞自営業＞ブルーカラー、農業という序列を有しており、学歴による内婚はほぼ階層の再生産につながっていることが自明である。

　「夫が妻より一段高い組み合わせ」というパターンによって、学歴が女性にとって、結婚を通じての地位達成としての意味を持っていることが説明できる。濱名は女性の大学卒の同学歴者との結婚率は91％である一方、短大卒の女性の６割は四年制大学卒と結婚しているというデータを示したが[7]、本調査においても同じ学歴間同士の学歴同類婚傾向が観察されると同時に、短大・専門学校卒女性の大学・大学院卒男性との結婚比率の高さが観察された。

つまり結婚を通じての上昇移動という構図が確認されたのである[8]。

就労状況と学習活動

就労状況と学習活動との間には、比較的強い負の相関（$-.304$、$p<0.01$、有効数253）がみられたが、これは職業に従事している女性ほど学習活動への参加率が低くなる傾向があることを示している。学習活動と夫の学歴との間には中位の相関が観察され（$.195$、$p<0.05$、有効数253）、世帯収入との間にも中位の相関があることが判明した（$.203$、$p<0.01$、有効数203）。世帯収入も高く、かつ高学歴夫を持つ妻ほど様々な学習活動に参加する割合が高いとみることができる。

高学歴夫、高学歴妻と世帯収入との間には弱い相関がみられた（高学歴夫×世帯収入、$.117$、$p<0.1$、有効数204、高学歴妻×世帯収入、$.153$、$p<0.05$、有効数204）。このことから高学歴夫および妻の双方が比較的高い収入を得る傾向があると言い換えられる。

子女関連項目

子女にかかわる時間と年齢の間には負の相関がみられ（$-.149$、$p<0.05$、有効数234）、子女にかかわる時間と低年齢子女の有無の間には弱い相関がみられた（$.171$、$p<0.05$、有効数234）。換言すれば、日本人夫人が若く、子どもの年齢が低くなればなるほど、子女の教育にかかわる時間が長くなる。筆者が実施した1991年の日本人児童の海外生活の適応についての事前調査においても、母親の子女の教育へのかかわりの高さが既に明らかになっている。学齢期の子どもを持つ年齢層の母親たちの最大の関心は、海外という特殊な状況下での子女の教育問題、すなわち、いかにして子女に言語の維持(日本語)をさせ、新たな言語(英語)を習得させることによって異文化適応をスムーズに成し遂げさせるかにある。特に、最近のアメリカ社会の治安の悪化と学校教育水準の悪化という環境下で、母親の子女へのかかわり度は高くなる傾向にある。また、帰国後のことを考慮して、大多数の子女は現地校と日本人補習校の両方に通学していることが事前調査においては判明している。そうした場合、両方の学習

量を子どもだけで消化することはほぼ不可能であると予想され、多くの場合、親とりわけ母親が彼らに協力しているのが現実であろう。

平等主義的ジェンダー役割観との関連

それでは、ジェンダー役割観が高くなるように点数化した平等主義的ジェンダー役割観[9]と夫人たちが考える結婚のあり方、職業関連意識との関連はいかにあるだろうか。結婚のあり方についての考え方に基づき保守派、中道派、進歩派[10]に分類し、それぞれの平等主義的ジェンダー役割観の点数に違いがあるかを検証した。一元配置分析結果によると進歩派の平均値は64.7点、中道派59.4点、保守派59.5点（F値は8.808、1％水準で有意）となり、保守派と中道派には有意な差はないものの、進歩派は平等主義的ジェンダー役割観を持っていることが検証された。

同様に就業希望と平等主義的ジェンダー役割観について一元配置分析を試みた結果、「すぐにでも働きたい」と希望している夫人の平均点は、65.6点、「帰国後またはいずれは職業を持ちたい」と希望している夫人の平均点は61.7点、「持ちたいとは思わない」を希望している夫人の平均点は58点（F値7.27、001、1％水準で有意）であった。

就職のあり方についての考え方と平等主義的ジェンダー役割観について一元配置分析を試みた結果は以下のとおりである。就職を一時的なこととして受け止めているのではなく、長くあるいは一時期結婚や出産で家庭にはいるにしても、再就職することが女性の就職のあり方と考えている女性ほど、平等主義的ジェンダー役割観の得点が高くなっていることがわかる。このことからも職業保持への積極的考えと平等主義的ジェンダー役割には強い関連性があることが確認された。

年齢を40歳未満のグループと40歳以上のグループに分けて平等主義的ジェンダー役割観に関するt検定を試みた結果、40歳未満のグループの方が40歳以上のグループよりも平等主義的ジェンダー役割観を保持していることが判明した（t値1.7、有意水準0.1）。

教育背景とジェンダー役割観との関連はどうであろうか。表7-21に示

表7-20　一元配置分析結果

平等主義的ジェンダー観

	平　均
就職し、長く働く	69.2
就職し、結婚や出産などで一時期家庭にはいるにしても、再び働く	62.6
就職し、結婚や出産などを契機として家にはいる	54.3
就職しない	52.0

F値7.27、有意確率<.001

表7-21　一元配置分析結果

平等主義的ジェンダー観

	度　数	平均値	
高校卒	54	58.7(58.7)	F値 5.284
短大・専門等卒	106	60.8(60.8)	有意確率<.01
大学・大学院卒	93	63.2(63.2)	
合　計	253	61.3(61.3)	

しているように高学歴背景を持つ夫人ほどジェンダー役割観は平等主義的であることがわかる。

1-3. 子どもの教育との関連性

　自分の息子、娘の進学先としてどの程度を望むかを学歴背景別に示したのが図7-1、7-2のグラフである。

　息子に望む学歴については、大学・大学院卒の夫人ほど大学院までを望む比率は高い一方で、子ども次第と答える割合も高くなっている。娘に対しては、やはり大学・大学院卒夫人ほど大学院までを望む割合が高いものの、やはり息子同様子ども次第と答える夫人も多い。高卒女性も息子、娘ともに子ども次第と答える比率が高く、リベラルな傾向を持っているといえる。短大・専門学校卒の夫人が息子、娘ともに子ども次第と答える比率が下がる傾向が観察された。

　子どもの通っている学校の種類によって、宿題をこなしていくのにどのようなパターンがあるのかを示したのが表7-22である。学校種別に見た場合、日本人学校に通っている児童、生徒の場合において比較的、だ

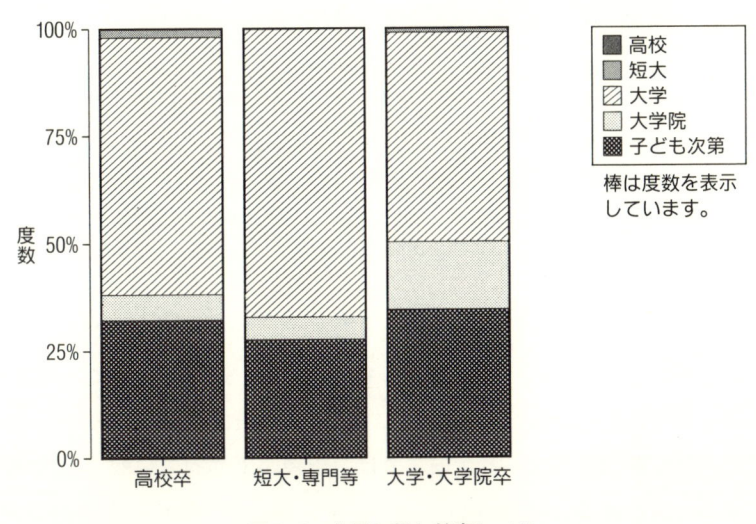

第7章　量的調査結果と分析　149

図7-1　息子に望む教育レベル

カイ2乗検定は0.053で有意

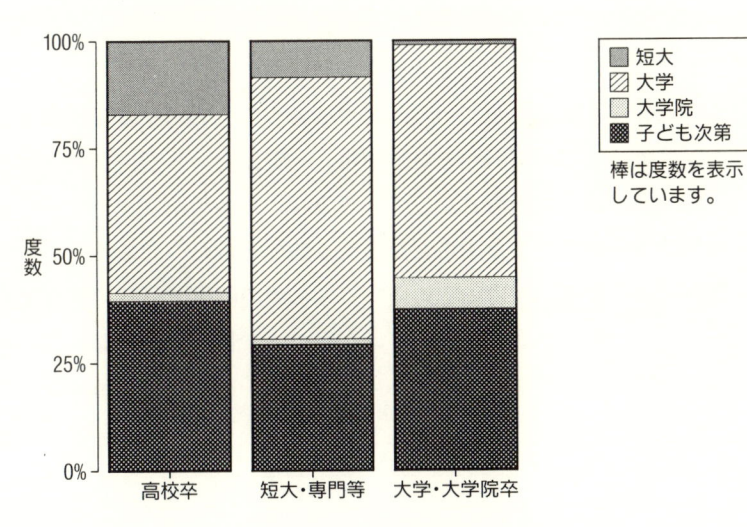

図7-2　娘に望む教育レベル

カイ2乗検定は0.003で有意

表7-22 通学学校種類と宿題の手助けの関係

	宿題の手助け									
	父親		母親		子ども自身		家庭教師		両親	
	ケース	(%)	ケース	(%)	ケース	(%)	ケース	(%)	ケース	(%)
現地校	7	26.9	32	19.0	10	25.6	1	9.1	11	25.6
日本人学校	−	−	6	3.6	4	10.3	−	−	1	2.3
現地校と日本人学校	20	76.9	140	83.3	30	76.9	10	90.9	34	79.1
計 (%)		103.8		106.0		112.8		100.0		107.0

れの手助けも借りずに自分で宿題をこなしていることがうかがえる。しかし、現地校だけに通っている場合では、父親、母親、もしくは両親が手助けしており、通学パターンとしては最も一般的な、現地校と日本人学校の両方に通学しているケースでは、母親が圧倒的に宿題を手伝っていることがわかる。家庭教師という答えもあるが、駐在員家庭の場合、母親、そして父親も子どもの学習に積極的に関与している姿が一般的であるといえる。

ではこの子どもの宿題への親の関与と親の負担感にはどのような関連性が見出されるのだろうか。それをあらわしたのが**表7-23**である。この表では宿題を一人でこなしている子どもも含めて、アメリカで子どもが教育を受けている方が両親への負担が重いと答えている割合が圧倒的である（**表7-24**）。日本で教育を受けている場合、親の手助けなく子どもが独力で学校の勉強等をこなすことが当たり前であったのであろうが、言語、文化、教育制度、教育内容の異なる国に親の転勤で移ってきた子どもにとっては、親の手助けなくしては家庭での学習が成立しないことが

表7-23 負担感と宿題の手助けの関係

	宿題の手助け									
	父親		母親		子ども自身		家庭教師		両親	
	ケース	(%)	ケース	(%)	ケース	(%)	ケース	(%)	ケース	(%)
日本	1	5.9	7	6.6	−	−	1	14.3	3	9.7
アメリカ	16	94.1	99	93.4	20	100.0	6	85.7	28	90.3
計(%)		100.0		100.0		100.0		100.0		100.0

第7章　量的調査結果と分析　151

表7-24　通学学校種類と負担感

	通学学校種類					
	現地校		日本人学校		現地校と日本人学校	
	ケース	(％)	ケース	(％)	ケース	(％)
日　　本	6	19.4	1	25.0	5	4.0
アメリカ	25	80.6	3	75.0	121	96.0
合計(％)		100.0		100.0		100.0

表7-25　通学学校種類とボランティア活動の関係

		通学学校種類					
		現地校		日本人学校		現地校と日本人学校	
		ケース	(％)	ケース	(％)	ケース	(％)
ボランティア	は　い	37	66.1	6	85.7	139	70.6
	いいえ	19	33.9	1	14.3	58	29.4
計　(％)			100.0		100.0		100.0

回答から推察できる。そして子どもの学習に最も積極的に関与しているのが母親であるために、こうした子どもへの教育に費やす時間が、母親たちのアメリカでの生活や家庭内でのジェンダー役割にも影響を及ぼすのであろうと考えられる。

　ボランティア活動については、現地校および日本人学校に通学している子どもの母親ともどもが積極的に参加し、学校間の差はほとんどみられなかった(表7-25)。

1-4. 個別の変数との平等主義的ジェンダー役割観との関連

　全体的な平等主義的ジェンダー観と先行研究をベースにした個別の変数との関連を前節で分析してきたが、次に統計的に有意であったそのなかのいくつかの項目を取り上げて、具体的にみてみることにしたい。

　例えば、「男の子は男らしく女の子は女らしくしつけるべきだ」という質問に対して同意する、あるいは同意しない夫人たちの教育背景との関連はいかなるものだろうか。

　「強く同意する」「同意する」を合わせると、全般的に大多数の夫人たち

表7-26　妻の教育背景とジェンダー観[11]

			男の子は男らしく女の子は女らしくしつけるべきだ			合　計
			強く同意する	同意する	同意しない	
妻の教育背景	高校卒	度数 妻の教育背景の% 男の子は……の%	8 22.9% 32.0%	26 74.3% 27.4%	1 2.9% 6.3%	35 100.0% 25.7%
	短大・専門等卒	度数 妻の教育背景の% 男の子は……の%	14 24.1% 56.0%	39 67.2% 41.1%	5 8.6% 31.3%	58 100.0% 42.6%
	大学・大学院卒	度数 妻の教育背景の% 男の子は……の%	3 7.0% 12.0%	30 69.8% 31.6%	10 23.3% 62.5%	43 100.0% 31.6%
合　計		度数 妻の教育背景の% 男の子は……の%	25 18.4% 100.0%	95 69.9% 100.0%	16 11.8% 100.0%	136 100.0% 100.0

カイ2乗検定、<.05で有意

表7-27　妻の教育背景とジェンダー観

			男性は外で仕事、女性の仕事は家事である			合　計
			強く同意する	同意する	同意しない	
妻の教育背景	高校卒	度数 妻の教育背景の% 男性は……の%	2 7.1% 28.6%	20 71.4% 30.3%	6 21.4% 20.7%	28 100.0% 27.5%
	短大・専門等卒	度数 妻の教育背景の% 男性は……の%	2 5.7% 40.0%	28 80.0% 41.2%	5 14.3% 17.2%	35 100.0% 34.3%
	大学・大学院卒	度数 妻の教育背景の% 男性は……の%	3 7.7% 60.0%	18 46.2% 26.5%	18 46.2% 62.1%	39 100.0% 38.2%
合　計		度数 妻の教育背景の% 男性は……の%	7 6.9% 100.0%	66 64.7% 100.0%	29 28.4% 100.0%	102 100.0% 100.0%

カイ2乗検定、<.01で有意

がこの考え方に共鳴していることがわかるが、「同意しない」と回答している少数者のうちの大半を占めているのが大学・大学院卒の高学歴背景を持つ夫人たちである。このグループは「強く同意する」と回答している割合もほかのグループと比較しても有意に低い。この項目に最も肯定的なグループは高校卒の教育背景を持つグループであった(表7-26)。

「男性は外で仕事、女性の仕事は家事である」に対しては、46.2%の大

表7-28 妻の教育背景とジェンダー観

			女性にとって一番の満足は子どもから与えられるものである		合計
			同意する	同意しない	
妻の教育背景	高校卒	度数 妻の教育背景の% 女性にとって……の%	10 76.9% 20.4%	3 23.1% 11.1%	13 100.0% 17.1%
	短大・専門等卒	度数 妻の教育背景の% 女性にとって……の%	26 72.2% 53.1%	10 27.8% 37.0%	36 100.0% 47.4%
	大学・大学院卒	度数 妻の教育背景の% 女性にとって……の%	13 48.1% 26.5%	14 51.9% 51.9%	27 100.0% 35.5%
合計		度数 妻の教育背景の% 女性にとって……の%	49 64.5% 100.0%	27 35.5% 100.0%	76 100.0% 100.0%

カイ2乗検定、＜.05で有意

表7-29 ジェンダー観と就労したくない理由の関係

			家事・育児が十分にできないから		合計
			いいえ	はい	
男性は外で仕事、女性の仕事は家事である	強く同意する	度数 男性は……の% 家事・育児が十分に……の%	4 80.0% 4.4%	1 20.0% 8.3%	5 100.0% 4.9%
	同意する	度数 男性は……の% 家事・育児が十分に……の%	57 83.8% 63.3%	11 16.2% 91.7%	68 100.0% 66.7%
	同意しない	度数 男性は……の% 家事・育児が十分に……の%	29 100.0% 32.2%		29 100.0% 28.4%
合計		度数 男性は……の% 家事・育児が十分に……の%	90 88.2% 100.0%	12 11.8% 100.0%	102 100.0% 100.0%

学・大学院卒の教育背景を持つ女性たちが「同意しない」と回答しており、この比率は高卒女性、短大・専門学校卒女性の2～3倍近い比率となっている。一方、短大・専門学校卒の女性たちの85%近くがこの考えに同意しており、この比率は高卒背景を持つ女性たちよりも高くなっている（表7-27）。

「女性にとって一番の満足は子どもから与えられるものである」という質問項目を高卒女性グループと同様に高い比率で同意しているグループが短大・専門学校卒女性であったことからも、短大・専門学校卒女性が伝統的なジェンダー役割観を持っている傾向があるといえるだろう（表7-28）。

「働きたくない」と回答した女性のなかで、その理由を「家事・育児が十分にできないから」と選んだ女性の「男性は外で仕事、女性の仕事は家事である」への認識をみてみよう（表7-29）。「家事育児が十分にできないから」と回答している女性は12人と少数であるが、その全員がやはり上記の考えに同意していることがわかる。

それでは夫の教育背景とジェンダー観との関係はどうであろうか。

表7-30、31で示している「女性は男性と同様に同じレベルで働くべきでない」と「妻は夫や子どもに負担をかけるなら仕事をやめるべきだ」という項目についてみてみよう。全体として夫が高学歴であるケースが多いため、回答が偏るきらいがあるものの、前者については高学歴背景の夫を持つ妻が圧倒的に「同意しない」と回答している。一方後者については、全ての教育背景に共通に妻は同意すると回答している比率が高く

表7-30 夫の教育背景と妻のジェンダー観との関係

			女性は男性と同様に同じレベルで働くべきでない			合 計
			強く同意する	同意する	同意しない	
夫の教育背景	高 卒	度数 夫の教育背景の% 女性は……の%	1 50.0% 50.0%	1 50.0% 3.8%		2 100.0% 2.4
	短大・高専等卒	度数 夫の教育背景の% 女性は……の%		4 50.0% 15.4%	4 50.0% 7.1%	8 100.0% 9.5%
	大学・大学院卒	度数 夫の教育背景の% 女性は……の%	1 1.4% 50.0%	21 28.4% 80.8%	52 70.3% 92.9%	74 100.0% 88.1%
合 計		度数 夫の教育背景の% 女性は……の%	2 2.4% 100.0%	26 31.0% 100.0%	56 66.7% 100.0%	84 100.0% 100.0%

表7-31 夫の教育背景と妻のジェンダー観の関連

			妻は夫や子どもに負担をかけるなら仕事はやめるべきだ			合 計
			強く同意する	同意する	同意しない	
夫の教育背景	高 卒	度数 夫の教育背景の% 妻は……の%		7 100.0% 7.7%		7 100.0% 5.9%
	短大・高専等卒	度数 夫の教育背景の% 妻は……の%	4 50.0% 25.0%	3 37.5% 3.3%	1 12.5% 9.1%	8 100.0% 6.8%
	大学・大学院卒	度数 夫の教育背景の% 妻は……の%	12 11.7% 75.0%	81 78.6% 89.0%	10 9.7% 90.9%	103 100.0% 87.3%
合 計		度数 夫の教育背景の% 女性は……の%	2 13.6% 100.0%	91 77.1% 100.0%	11 9.3% 100.0%	84 100.0% 100.0%

なっている。自分の自己実現を優先することより、バランスのとれた家庭生活をモデルと考える夫人たちの考え方がこの背景にはあるのだろう。そして夫が高収入を得ているという恵まれた生活も、こうした夫人たちの姿勢に関連していると思われる。

1-5. 重回帰分析結果

それでは平等主義的ジェンダー役割観を規定している要因は何であろうか。

表7-32は前述した独立変数の相関係数に基づいて重回帰分析モデルを試みた結果である。「妻の年齢」が平等主義的性別役割志向にブレーキをかける結果となって現れた。「妻の学歴」、「職業の有無」、「就労経験」は、平等主義的ジェンダー役割観に影響を及ぼしている意味のある変数として浮かび上がってきた。妻の学歴が高くなればなるほど、平等主義的性別役割志向が強くなり、職業を持っていること、あるいは就労経験がある夫人ほど、平等主義的性別役割志向が高くなると解釈できる。しかし、年齢が高くなるほど保守的なジェンダー役割観を持つようになると読み取れる。

表7-32　重回帰分析結果

変　数	b	(SE)	beta
妻の年齢	-2.35	1.21	-.230**
妻の学歴	1.63	.963	.181*
夫の学歴	1.53	1.19	.137
1990世帯収入	.974	1.05	.095
職業の有無	9.31	5.59	.160*
就労経験	7.65	3.78	.197**
就労希望	2.80	2.59	.104
学習活動	4.41	4.14	.106
低年齢子女の有無	-2.65	2.47	-.128
子女にかかわる時間	-.90	3.36	-.026

Constant　44.55
R^2　.181
調整済みR^2　.096

有意水準 * $p<0.1$ ** $p<0.05$ *** $p<0.01$

　子女に関する変数、「低年齢子女の有無」、「子女にかかわる時間」の影響はどのように解釈できるだろうか。12歳以下の子どもの存在の前では、年齢層の高い夫人ほど伝統的性別役割志向に向かう一方、12歳以下の子どもがいながら、就労している女性は、平等主義的性別役割志向が高いと考えられようか。

　階層的重回帰分析結果における説明変数を合わせてのR^2（規定力）は、18.1％を示している。

2. 第二調査結果

　第二調査の主な目的は、日米に住む女性たちのジェンダー観を比較することであり、点数が高くなるほど平等主義的ジェンダー役割観を持っているように設定した質問紙調査[12]に基づき両グループの点数を比較した。両グループのプロフィールを示しておく。

　両グループのプロフィールを簡単にまとめておこう。アメリカに滞在する女性たち37人全員が既婚者であり、全員が調査時点で働いていなかった。しかし、アメリカに住む以前には36人が働いた経験を持っていた。28人が駐在員夫人、2人が永住者、後の3人が研究者などの一時滞在

者夫人であった。アメリカ滞在期間は成人学校での調査対象者という性質を反映してほとんどが5年以内の滞在期間と回答し、そのうち35％が滞米1年未満という短期期間であった。

日本にいる女性たち32人の回答者のうち27人が既婚者、5人が未婚であった。28人が就業しており、4人は未就労者であったが、全員が就労経験を持っていた。

夫の学歴背景は、在米日本人夫人の夫の90％以上が大卒以上の高学歴者であり、日本の回答者の場合には70％の夫が大卒であった。夫の学歴背景とは対照的な興味あるデータは妻の学歴背景にある。在米日本人夫人のうち、32.4％が高卒の学歴背景を持ち、54％が短大および専門学校卒の学歴背景を持っており、5人のみが四年制大学卒であったのに対し、日本にいる女性たちの場合には、7人（21.9％）

表7-33　プロフィール

		国	
		USA	日本
婚姻状況	未婚		5
	既婚	37	27
就労状況	就労		28
	未就労	37	4
年齢層	20–24		2
	25–29	3	5
	30–34	10	6
	35–39	9	8
	40–44	8	7
	45–49	3	2
	50–54	3	1
	60–64	1	1
夫の教育背景	高校卒	1	3
	専門学校卒	1	
	短大・高専卒	1	
	大学卒	33	20
	大学院卒	1	3
妻の教育背景	高校卒	12	7
	専門学校卒		3
	短大・高専卒	20	7
	大学卒	5	10
	大学院卒		4
子どもの数	0	7	10
	1	9	9
	2	15	10
	over 3	5	3
	5	1	
職業経験	有	36	32
	無	1	
1990年度年収	29.999以下		3
	30.000–39.999	2	5
	40.000–49.999	2	5
	50.000–59.999	11	3
	60.000以上	14	14

が高卒者、10人（30.3％）が短大・専門学校卒、残りの10人が四年制大学卒、4人が大学院卒という内訳であった。平均的な日本人女性の四年制卒業率と比較すると、かなり高学歴者が日本の回答者には多かったといえるだろう。

世帯収入に関しては、在米日本人夫人の37.8％以上が年収6万ドル以

表7-34 tテスト結果

グループ名称	人数	平均	標準偏差	SE	F値	Prob.	T値	有意確率
アメリカ滞在グループ	37	173.1	15.621	2.568	1.28	0.473	−4.43	.000
日本グループ	32	190.8	17.677	3.125				

上と回答し、残りのほとんどが5万ドル以上6万ドル以下と回答するなど、高所得者が多いことが特徴であったが、日本にいる女性たちはかなり異なった諸相を示していた。9％が年収 $29,999[13] 以下に属し、おおよそ16％が3万ドルから4万ドル未満および4万ドルから5万ドル未満、43.8％が6万ドル以下に属していると答えた。在米日本人夫人のいずれもが就労していないことを考慮すると、世帯収入は夫の収入からのみもたらされているのに対し、88％の日本の回答女性は就労している。それゆえ、日本の回答者の世帯収入が夫と妻両方の合計であるとすると、アメリカの日本人夫人の生活水準の方が高いと考えられる。

滞米日本人夫人と日本にいる女性の平等主義的ジェンダー観の点数を比較検証した結果、日本にいる女性の方がより平等主義的ジェンダー観を保持していることが判明した。

具体的な項目で滞米駐在員夫人と日本にいる女性のジェンダー観、もしくは実際に家庭で実施されているジェンダー役割について比較した結果が表7-35、7-36、7-37である。

表7-35では「料理をしたり家を片付けたりするのは妻の仕事である」という伝統的なジェンダー観についての考えを尋ねているが、この考えに肯定的な意見を持っているのは滞米駐在員夫人であり、否定的な意見を持っているのは日本にいる女性であることが表から読み取れる。次に、実際の家庭でのジェンダー役割について尋ねた結果が**表7-36、7-37**である。「夫婦間での意見の相違があった場合の、最終決定権を夫、妻のどちらかが持っているか」という点については、滞米駐在員夫人のほとんどが夫であると回答しているのに対し、日本にいる女性の場合には過半

表7-35

		料理をしたり家を片付けたりするのは妻の仕事である				合計
		強く同意する	同意する場合が多い	同意しない場合が多い	まったく同意しない	
アメリカ	度数 「料理をしたり…」の%	4 80.0%	13 81.3%	7 58.3%	6 33.3%	30 58.8%
日本	度数 「同上」の%	1 20.0%	3 18.8%	5 41.7%	12 66.7%	21 41.2%
合計	度数 「同上」の%	5 100.0%	16 100.0%	12 100.0%	18 100.0%	51 100.0%

カイ2乗検定、<.05で有意

表7-36

		夫婦の間で意見の相違がある場合、最終決定は夫がする				合計
		強く同意する	同意する場合が多い	同意しない場合が多い	まったく同意しない	
アメリカ	度数 「夫婦の間で…」の%	2 66.7%	19 79.2%	3 33.3%		24 60.0%
日本	度数 「同上」の%	1 33.3%	5 20.8%	6 66.7%	4 100.0%	16 40.0%
合計	度数 「同上」の%	3 100.0%	24 100.0%	9 100.0%	4 100.0%	40 100.0%

表7-37

		家計は夫が完全に管理している				合計
		強く同意する	同意する場合が多い	同意しない場合が多い	まったく同意しない	
アメリカ	度数 「家計は夫が…」の%	5 100.0%	9 90.0%	7 41.2%	4 22.2%	25 50.0%
日本	度数 「同上」の%		1 10.0%	10 58.8%	14 77.8%	25 50.0%
	度数 「同上」の%	5 100.0%	10 100.0%	17 100.0%	18 100.0%	50 100.0%

数がこの項目に同意していない。さらに「家計の管理を夫がしている」かどうかについて尋ねたところ、日本にいる女性は圧倒的にこの項目に否定的な回答をしたのに対し、滞米駐在員夫人の方は、過半数がこの項目

に肯定的な回答を寄せた。

これらの回答から、かなりの滞米駐在員夫人が伝統的なジェンダー役割を保持し、実際に家庭内でも伝統的なジェンダー役割を実践していることがうかがえる。

本調査では、日本の女性がアメリカ滞在女性（駐在員夫人）より、より平等主義的なジェンダー役割観を持っているのではないかという仮説を検証することが目的であったことから、仮説は検証されたといえる。それでは次に、変数間の関係およびいかなる要因が日本にいる女性の平等主義的ジェンダー役割観に影響を及ぼしているのかを、第一調査の仮説検証に使用した変数を用い、みてみることにする。

表7-38には相関係数が1.0以上のものを表示しているが、ここで主な関連性について解釈してみることにする。結婚している女性の世帯収入は高い傾向にある。年齢層の高い女性ほど子どもの数は多くなり、世帯収入が高い家庭ほど子どもの数は多い。年齢層が高くなるほど女性の教育背景は低くなり、夫の教育背景も低くなる傾向がみられる。夫の教育背景と妻の教育背景には若干の関連性が観察される。夫の教育背景が高

表7-38　相関係数

	婚姻状況	年齢層	夫の教育背景	妻の教育背景	90年度世帯収入	子どもの数
婚姻状況						
就労状況	.163					
年齢層						
夫の教育背景		-.151				
妻の教育背景		-.420*	.154			
1990年度世帯収入	.384*	.157	.271	-.261		
子どもの数	.520**	.328			.377*	
平等主義的ジェンダー	.179	-.101	.138	.276		.221

*　相関係数は5％水準で有意（両側）
**　相関係数は1％水準で有意（両側）

くなるほど世帯収入は高くなるが、妻の教育背景が高くなればなるほど、世帯収入は低くなる傾向がある。

　妻の教育背景が高いほど平等主義的ジェンダー観を持ち、夫の教育背景も若干の関連性を持っている。なお、結婚し子どもの数の多い女性ほど平等主義的ジェンダー観を持つ傾向がみられるが、そのなかでは年齢層の高い女性ほど伝統的ジェンダー観を持つ傾向がみられる。

　ここで滞米日本人夫人の場合を参考にしてみると、夫の教育背景、妻の教育背景ともに高くなればなるほど、妻は平等主義的ジェンダー役割観を保持しているが、年齢が高くなり、世帯収入が多い家庭ほど、そして子どもの数が多い家庭ほど、伝統的ジェンダー観を持つようになる傾向が観察された。これらのことから、かなりの違いが滞米日本人夫人（駐在員夫人）と日本にいる女性との間にみられることが判明した。

注
1　年収平均については、駐在員の平均年収は過去の調査からもかなり高いと予測したのだが、アメリカの各種調査で使用されている年収に関する質問と同様の範囲に設定したため、偏りがかなりあることは否めない。
2　この原因は第4章で述べているように、駐在員のアメリカでの法的地位によるものと思われる。夫人の就労が移民法上認められていない。
3　回答のなかには、正確な年収をよく知らないという答えが目立っていた。その理由として日本にいるときとは異なり、給与所得者自身が年末調整も自分で処理しなければならないことや、家賃、その他の管理も小切手を切っての管理のため、家計管理を夫がおこなっている場合が多く、妻は夫のアメリカでの収入についてあまり知らないということも背景としてあったためである。
4　トールペインティングとは、アメリカで盛んな手工芸のひとつで、椅子や、たんすなどの家具から、お盆、レター入れ等の小物に図案にそってペイントするものである。日本人主婦の間では人気が高く、また手先が器用な日本人女性の上達も早く、帰国後カルチャーセンターの講師を務めたり、自宅で教室を開いたりして活躍している女性も多い。
5　第1章で検討した先行研究、およびスカンゾニ等の先行研究を参照した。
6　志水宏吉(1990).「学歴・結婚・階層再生産」菊池城司編『現代日本の階層構造③　教育と社会移動』東京：東京大学出版会。
7　濱名篤(1990).「女性における学校利用層の分析」菊池城司編『現代日本の階層構造③　教育と社会移動』東京：東京大学出版会。

8

夫と妻の学歴のクロス表

			妻学歴			合計
			高校卒	短大・専門等卒	大学・大学院卒	
夫学歴	高卒	度数 夫学歴に占める%	11 55.0%	7 35.0%	20 10.0%	20 100.0%
	短大・高専等卒	度数 夫学歴に占める%	6 35.3%	8 47.1%	3 17.6%	17 100.0%
	大学・大学院卒	度数 夫学歴に占める%	37 17.1%	91 42.1%	88 40.7%	216 100.0%
合計		度数 夫学歴に占める%	54 21.3%	106 41.9%	93 36.8%	253 100.0%

カイ2乗検定、.000で有意

9 質問項目の合計点数は点数が高いほど平等主義的ジェンダー観が強く、低いほど伝統的ジェンダー観が強くなると設定した、新たな点数付けをした変数を平等主義的ジェンダー役割観と命名した。

10 保守派には「女の幸福は結婚にあるのだから結婚した方がよい」「人間である以上当然のことだから結婚した方がよい」、中道派には「精神的にも経済的にも安定するから結婚した方がよい」、進歩派には「独り立ちできればあえて結婚しなくてもよい」「結婚は女性の自由を束縛するから、一生結婚しない方がよい」が当てはまるようにした。

11 「どちらともいえない」とした回答はこの分析には使用しなかった。

12 この調査でも、質問項目の合計点数は点数が高いほど平等主義的ジェンダー観が強く、低いほど伝統的ジェンダー観が強くなると設定した、新たな点数付けをした変数を平等主義的ジェンダー役割観と命名した質問項目の合計点数は、点数が高いほど平等主義的ジェンダー観が強く、低いほど伝統的ジェンダー観が強くなると設定した、新たな点数付けをした変数を平等主義的ジェンダー役割観と命名した。

13 本章では比較のためにドル換算にして表示している。当時の1ドルはおおよそ130円ほどである。

第8章　質的データ分析結果

　前章で示したように、日本にいる女性が滞米駐在員夫人よりも、かなりの平等主義的ジェンダー役割観を保持していることが検証され、当結果から近年の日本女性を取り巻く様々な環境変化が、女性の平等主義的なジェンダー役割観形成に少なからぬ影響を与えていると予想できる。そうであるならば、次になぜ滞米駐在員夫人は日本にいる女性と比較した場合、どちらかといえば伝統的なジェンダー役割観を維持しているのだろうか。そして、実際に伝統的な妻、母親役割を果たしていることが判明したが、その要因は一体何だろうか。この点については質問紙調査からはうかがい知ることができない部分があると考えられ、より深く要因を分析するために滞米駐在員夫人への面接調査を実施することにし、日本にいる帰国夫人への面接調査も追加した[1]。質問紙調査結果を吟味し、浮かび上がってきた駐在員夫人を取り巻く特殊な環境や条件などを考慮し、①駐在員の妻、海外子女の母としての役割とコミットメント、②駐在員である夫については、夫や父としての役割とコミットメント、③家族の関係、④日本企業という組織との関係性、⑤日本人および現地コミュニティとの関係性、⑥アメリカ社会の文化的および社会的理解度についての領域に焦点を絞り面接を実施することにした。

　面接調査を実施するに際して、子どもの存在が日本人主婦の行動の規定要因として大きいということを考慮し[2]、今回の調査では学齢期の子どもを持つ夫人に加えて、成人したあるいは大学生以上の子ども、もし

くは子どものいない夫人たちを調査対象者として選ぶことに留意した。結果として25人が面接調査に応じてくれた。彼女たちの内訳は、全員が駐在員夫人であり、おおよそ半分が現地会社の幹部クラスの夫人であり、残りが学齢期の子どもを持つ中堅の駐在員の夫人たちであった。

　学齢期の子どものいない夫人たちは幹部クラスの夫人であり、年齢も45歳以上であった。子どものいない夫人は若年層であった。一方、学齢期の子どもを持つ夫人たちはほとんどが30歳から45歳の間の年齢層に属し、ほとんどが中間管理職クラスの駐在員たちの夫人であった。面接調査を実施したところ、3タイプの夫人たちに分類されることが判明した。第1のタイプは、幹部クラスの駐在員夫人の妻たちで構成されており、彼女たちは伝統的なジェンダー役割観を肯定的に捉えかつそのような役割を果たしている一方で、アメリカ生活を楽しんでいた。現地企業のトップの妻としての役割とそのコミットメントは最優先されるとみなしていた。第2のタイプは、学齢期の子どもを持つ夫人に顕著に観察されたが、自分自身の自己実現には大いなる関心を持っているものの、現実としては妻、母親としてのコミットメントを優先するタイプであった。第3のタイプは少数派である。このタイプの夫人は、妻や母としての役割コミットメントよりも、自分自身の自己実現を優先するタイプとして定義づけられる。

1. 駐在員夫人としてのコミットメント

　駐在員夫人としての認識と役割へのコミットメントという問題は、私の想像以上に強烈に夫人たちの行動を規定しており、印象的であった。ファローズが1990年に、日本の経済的成功にとってよく働く日本人主婦の存在は強力な武器であったと評した[3]。すなわち夫が家庭外で働いている間、家庭内の諸事を一手に引き受けて面倒をみる主婦は、間接的に夫が属している企業の成功に寄与したとファローズはみなしたのである。

私自身の面接調査もこうした見方、すなわち企業の経済構造に果たす駐在員夫人の役割を確認した形となったのである[4]。

　面接したほとんど全ての幹部駐在員夫人の妻は企業組織における妻の役割の重要性を指摘したのであった。幾人かは「海外に進出している日本企業にとって、夫と妻は一心同体として役割を果たしている」と強調した。夫の地位が高くなればなるほど、妻の役割と責任も重くなる。また、夫の昇進もしばしば妻に関係している場合もあるという。つまり、夫の上司や同僚が、いかにその駐在員夫人が夫人同士の付き合いのなかで人間関係を上手に構築しているか、駐在員が仕事にエネルギッシュに専念できる環境を妻が作り上げているか、妻自身が海外生活に適応しているかどうかを観察しているだけでなく、これらも夫の昇進に際しては重要な評価項目になるという。

　妻が深刻な異文化不適応という問題を抱えたりした場合には、夫の会社内での地位にとって不利益になることもしばしばあると、面接に応じてくれた夫人たちは語ってくれた。かつて、妻が海外生活に適応することができなく、不適応問題がかなり深刻化したことがあったが、そのときには夫も妻とともに日本に帰国させられたケースがあったと説明してくれた。

　両親、友人、親戚やその他の相談相手に恵まれ、支援してくれる人たちや有益な情報に不自由しない日本での生活と異なり、海外生活では夫婦が原則となって、問題に直面したときには乗り切っていかなければならない。それゆえ、夫婦の絆は固いともいえるが、妻が家族の問題を処理し切れなかったりすると、夫も家族の問題にかかわらざるを得ないため、外の仕事に専念することが困難になる。ある夫人はこのように説明しながら、海外生活では妻の役割が夫の働く意欲やモラルを直接サポートしていると述べた。

　妻の役割とコミットメントは、同時に彼女の「公的なイメージ」にも密接に関与していると多くの夫人たちは述べた。海外生活では夫婦同伴の

パーティがよく開かれるといわれているが、こうしたパーティは、地位の高いアメリカ人を招待するフォーマルパーティや自宅で開かれるインフォーマルなパーティなど、様式は多種にわたっている。ほとんどパーティが開かれない日本と比較すると、アメリカ生活ではパーティは日常生活に欠かせない。そしてこのようなパーティにおいて、妻の行動様式や会話のセンス、どのような料理をサーブしているか、いかに客をもてなしているかなどは、夫や夫の会社の「公的なイメージ」にとって極めて重要である。ある夫人は次のように述べた。

　　妻は夫の会社や日本社会の代表でもあるのです。妻たちは日本企業や社会のイメージを損なわないように常に注意すべきです。ここでは夫人は個人として認識されているのではなく、〇〇会社の〇〇さんの奥様として認識されているのですから。

「〇〇会社の〇〇さんの奥様」という言い方は面接調査の際に多くの夫人たちから聞かされたことばであった。特に、駐在員とその家族が集住している地域においては、この「〇〇会社の〇〇さんの奥様」という言い方は夫人個人を特定する場合に常に使用される。したがって、夫人たちは〇〇会社を代表しているという意識を持ち、〇〇会社の良いイメージを保持しようと努力するのである。それ以上に、企業のトップ幹部の夫人は、また従業員の夫人たちの生活等への責任を負っている場合もあるのである。あるトップ幹部の夫人は次のように述べた。

　　私自身は〇〇会社の所長の妻ですが、他の駐在員の夫人たちの行動にも責任を持っています。私は、彼女たちがいかに海外生活に適用しているか、どのような問題を抱えているか常に気にかけています。ですから時々彼女たちと会って、どのような生活を送っているのか聞き、もし何か困ったことを抱えている場合には、相談にも

のっています。

　妻たちの定期的な会合が開かれる場合もしばしばある。ある夫人はこう語っている。

　　アメリカに来てから同じ会社の夫人同士の付き合いが緊密になったように感じます。日本で暮らしていた頃はほとんど主人の会社の奥様たちとの付き合いはありませんでした。今の私の付き合いはほとんど会社関係の人たちですし、定期的に同じ会社の夫人たちで集まっています。

　こうした定期的な会合を開いている企業は駐在員数の多い大企業に多くみられる。夫人たちの間での連帯と協力は夫人たちが現地の文化に適応する際に重要な機能としてみなされており、定期的な会合では、海外生活に関する詳細な提案や情報およびその他の事項についての情報が交換されたり論議されたりするだけでなく、新規に駐在してくる夫人がスムーズに現地とけこめるように手助けしたり、あるいは子女の学校探しなどの手伝いなども交代で実施する[5]。

　しばしば、夫の会社での序列がそのまま夫人たちの序列にも反映されることもある。夫人たちはこのような場合、夫の会社での序列に従って、行動しなければならない。この意味では、夫人たちは夫の企業の隠れたメンバーであるともいえるかもしれない。

　日本で海外からの帰国夫人との面接調査を実施したときに、ほとんどの参加者は、夫人同士の付き合いは夫の会社の名前が明らかにされてから始まったと指摘した。それとは反対に、日本での夫人同士の付き合いは夫人個人をベースとして始まり進展する。日本では夫の勤めている会社がどこであるかは、夫人同士の付き合いが進展していくことに何の関係もないと説明し、海外ではあたかも肩に企業の旗を背負っているかの

ようであったと述べた。

　アメリカで面接した夫人の幾人かは面接を引き受けるのに乗り気でなかった。彼女たちは会社に関係する情報や個人的な問題は、プライベートな問題であるから公にしたくないとの懸念を表していた。彼女たちによると、しばしば夫は個人的な問題を外で話すべきでないと注意するという。

　ある夫人は、「質問紙調査には回答しない、そして個人的な情報や夫の会社に関することについての面談には応じないように」との指導があると教えてくれた。特に、駐在員の財政状況に関することは最高の秘密事項として扱われている。事実、質問紙調査においても20％程度の回答者が、1990年度の世帯収入の質問項目を空白のまま返却してきたことなどは、こうしたことも反映していると考えられよう。代わりに、子どもの教育問題については積極的に語る傾向を全員が示したのであった。

　駐在員夫人に対する隠れた指導は一般的におこなわれている。例えば、正式に仕事に携わることはビザ上の規制によって厳しく禁止されている。しかし、実際には学齢期の子どもへの家庭教師や、いけばな、洋裁、およびアート等を個人的に教えるなどの非公式の仕事への従事の機会はそれなりに存在している。企業はこれらのパートタイムでの仕事への公式の禁止をしているわけではないが、安全面での理由から、企業はこうしたパートタイムの仕事への従事をしないようやんわりと夫人たちに牽制している。

　駐在員夫人としての役割とコミットメントおよび「公的なイメージ」を保持することは、自然と伝統的なジェンダー役割を必要とする。「よき妻、よき母」としてのイメージは、日本人の駐在員夫人の理想的なモデルとして受け止められている。自己実現を目指す夫人は駐在員夫人の間では否定的に受け止められている。ある30代前半の夫人はこの点について次のように述べてくれた。

多くの駐在員夫人は「よき妻、よき母」のイメージを壊すことを恐れていると思います。帰国したら、私は父の中小企業を引き継いで働く母になるつもりです。ですから、ここにいる間は、将来のために私はできるだけ色々な習い事をしたいと思っています。私は2番目の子どもを早くからプレスクールの長時間預かってくれるプログラムに入れました。すると年上の夫人から「お子さんが3歳になるまでは絶対に母親がそばにいることが必要だと思うわよ」と非難されました。

　彼女は、日本人女性が伝統的なジェンダー役割観を持っていることが日本社会が平等主義にならない最大の原因であると非難し、大多数の日本人女性にとっては、「よき妻、よき母」のイメージを保持することが大切であると考え、こうしたグループは働く母親に対して強い反感を抱き、受け入れない傾向があると強く非難した。
　他の40代の夫人は滞米駐在員夫人の間に、主婦の自己実現に対する反感が存在することを認めながら、その理由として、働く母親の家庭では子どものしつけや教育が十分にできないと信じている駐在員夫人が多いからだと説明した。
　面談全体を通じて、夫人たちから平等主義的ジェンダー観への明らかな反発や反感を聞いたことは一度もなかったが、むしろ駐在員社会における伝統的妻、母役割の重要性を強調する声は大変強く、先立って実施した質問紙調査の結果を裏付ける結果となった。
　「伝統的ジェンダー観」と「公的イメージ」、そして妻の教育背景と夫人たちの間に存在する「ヒエラルキー（序列）」についての興味ある側面が浮かび上がってきた。
　ある夫人は次のような例を挙げた。

　　一流日本企業の夫人のみが会員としての資格があるプライベート

クラブがあります。会員である夫人たちのほとんどが一流大学の卒業生です。
　夫の大学、企業そして妻の大学のランクがそこでの序列を決定する要因なのです。

　一流日本企業の幹部夫人が最も高く評価され、夫人の学校歴もしくは学歴が彼女の社会的地位の決定要因でもある。駐在員社会では、しばしば、夫の社会的地位が妻の社会的地位として受容され、こうしたケースは高い地位の駐在員の間では顕著にみられる傾向でもある。駐在員社会での社会的地位についての、夫人たちの語りは、直井等が1990年に夫婦間の社会的地位の相関の高さは、学歴を媒介とした結婚により階層結合している結果[6]であるとの見解を検証した形となった。さらに、地位借用モデル[7]、すなわち世帯主である夫と同じ階層的地位を共有することを前提としており、本モデルでは夫の学歴や職業的地位が世帯収入と妻の階層意識の決定要因となるとされているが、滞米駐在員夫人の多くはこのモデルに該当すると考えられたのである。

　さて、平等主義的ジェンダー役割観を測るに当たって、経済的要因を無視することはできない。面談に応じたほとんど全ての駐在員夫人は現在のアメリカでの生活水準に高い満足度を示した。住居、フリンジベネフィット[8]、夫の給与全てが彼女たちにとって満足のゆくものであり、高給と比較して実質的に低い物価はアメリカでの生活をさらに魅力あるものとする。

　通常高い地位にある駐在員家族は上層クラスの白人コミュニティ[9]である高級住宅に住む。こうした高い地位にある駐在員幹部の夫人で、現地のお手伝いやクリーニングサービスを雇っている比率はかなり高かった。幾人かの夫人はアメリカの住居の素晴らしさや安価なメイドサービスについて言及した。彼女たちは日本に住んでいた頃には、大都市の小さな家に住み、アメリカに来るまでお手伝いやクリーニングサービスを

雇うなんて想像したこともなかったと述べた。それ以上に、大多数の夫人たちの心配事は、駐在期間が終わり帰国した際に、貧しい日本の住宅事情と、それほど高くない日本の給与と比べると相対的に高い物価水準に再適応できるかどうかであった。

多くの幹部駐在員夫人たちは既に育児を終了し、経済的にもまったく働く必要はないことから、自由時間も多く、生活を楽しむ機会も多く持っているようであった。このグループは、例えば日米間の交流に関するボランティアや夫人同士の交流、趣味の習い事やゴルフやテニスなどのスポーツに時間を割いていた。事実、幹部夫人同士でゴルフをする割合は非常に高かった。その理由について、ある夫人はこう述べている。

　　ゴルフは日本のビジネス界では実質的な意味を持っています。ここの駐在員社会においても、ゴルフは企業間や異業種間のネットワークを広げる役目を担っています。日系駐在員はネットワークを広げるためのゴルフにしばしば妻を同行させ、そこで夫人同士の付き合いも広がります。

このように駐在員社会においてゴルフは個人的な楽しみと社会的な意味を持っていることを夫人は説明してくれたのであった。

2. 若年夫人の事例

比較的高年齢層に属する幹部夫人と対照的に、若い学齢期の子どもを持つ夫人たちとの面談はまったく異なるイメージを伝えている。母親としての役割がアメリカでの生活の大部分を占めているのである。これらのグループの夫人たちは、幹部夫人のように会社での夫の地位、夫および妻の学校歴、学歴について強調することはほとんどなかった。むしろ、彼女たちの付き合いは子どもの年齢や子どもの通っている学校を通じて

深まる。そして比較的平等でフランクな付き合いがみられた。

　このグループの夫人たちの最大の関心ごとは、子どもの文化的、言語的適応、教育、しつけ、そして安全等の問題に置かれていた。彼女たちは、アメリカの子どもの個人の発達に応じた学習の長所を高く評価する一方で、近年のアメリカの初等、中等教育の荒廃については深い危惧を示した。アメリカに長く滞在するある夫人は、10代に蔓延するドラッグと学習動機の欠如について厳しく批判した。

　大多数の駐在員家族にとって最終的な子どもの教育目標は日本に置かれていた。それゆえ、母親たちは日本からの最新の情報を収集することに熱心であり、子どもの教育における母親の責任は多大であると自覚していた。学齢期の子どもを持つ母親の多くは、子どもが学校におこなっている午前中には、英語を習ったり、その他の趣味の活動に従事したりするが、午後は子どもの宿題を見たり、子どもを塾やその他の習い事に送迎することに時間を費やしていた。

　学齢期以下の子ども、すなわち乳幼児を持つ若い夫人たちは、1日のほとんどの時間を家で子どもと過ごしている。実際に、このグループの夫人たちが最も自分の自由になる時間を持っていなかった。アメリカ人の母親の間では一般的であるベビーシッターのサービスを受けることはこのグループでは一般的ではない。幾人かの夫人は強いストレス感とアメリカ社会からの疎外感を訴えた。

　両グループともにアメリカで生活する上で、伝統的な母親役割の意味を強調したものの、一方では平等主義的ジェンダー役割観については相反する感情を表した。就労希望と夫の育児へのかかわりへの希望が最も高くみられたのはこの両グループであった。しかし、母親役割よりも本人の自己実現を優先することに対しては強い否定的な感情を示したのである。ある30代の高学歴背景を持つ夫人は母親役、割と自分の自己実現についての矛盾する感情について語ってくれた。彼女は日本の有名女子大学の英文科卒業で、英文学の修士号を持っている女性であり、アメリ

カへの夫の転勤でロサンゼルスに在住しているのだが、アメリカの大学院で修士号を取得しようと考えたことがあるという。しかし、7歳の一人息子のことを考慮して、修士号取得という希望は断念して息子の世話をすることに専念した。彼女はこう語った。

　　私は自己実現をあきらめました。どうしてかというと子どもは絶対母親の助けと世話を必要とする時期があるからです。今が息子にとって私の助け、世話、そして愛情を必要とする時期だと思うのです。彼が私の助けを必要とするなら私は何でもしてやります。学校から戻ってきたら、彼のそばに座り、宿題を見直してやり、わからないところがあれば助けてやり、宿題をタイプしてやります。息子の世話をすることは私の満足でもあります。

　この事例は決して特殊ではなく同様の例は多い。駐在員社会では子どもに自分の時間の全てをかける多くの駐在員夫人が存在している。ある夫人はこうした駐在員夫人の行動パターンについて次のように解説した。つまり、アメリカ社会においては、高学歴背景を持つ駐在員夫人は、ビザ上の規制、会社の隠れた指導、文化的、言語的問題から彼女たちの技能や能力を発揮する機会がほとんどない。そこで、自分の持つ全エネルギーを子どもに向ける。子どもの世話に専念することで、自己実現していると自分自身を納得させているのである。

3. 幹部夫人と若年夫人の共通点

　2つの共通点が第1の幹部夫人および第2の若年齢層グループの間に観察された。第1の共通点は、はっきりとした性別分業が維持されているということである。面談に応じた夫人たちの夫のほぼ全員が経済的責任を負い、家族の面倒をみていた。代わりに、夫が外の仕事に専念でき

るように妻が家庭内の仕事の全責任を担っていた。しかし、例えば日本では家庭内でのプライベートな仕事の一種としてみなされ、妻が1人でしていた子どもの学校のPTAへの参加、学校の先生との面談、大家との契約交渉、支払い等は、アメリカ生活では公的、パブリックな仕事としてみなされ、夫の仕事としてこなされていた。

したがって、多くの夫がPTA活動に参加したり、学校の面談会議に出席し、学校の資金集めにも参加していた。さらに教師とのスムーズなコミュニケーションをとれるように努力もしていた。そして、銀行口座の管理や支払いの小切手を切ることも多くの夫がおこなっていたのである。

多くのケースでは、夫人の英語力の欠如が夫への依存を生み出している原因であった。面談した夫人たちのなかで、英語でのコミュニケーション能力に自信を持っていると示した夫人はほんのわずかであった。これらの夫人たちは全員が大学卒あるいはそれ以上の学歴を持ち、留学した経験のある夫人たちであった。この少数派の彼女たちは自立していて、夫の手助けなく公的、私的部分の仕事を自力でこなしていた。反対に、大多数の夫人たちは夫の手助けを借りていた。特に、乳幼児期の子どもを持つ夫人たちの夫の手助けを必要としている割合は際立っていた。子どもを抱えているために、自分の時間もなく、英語を習いに行く時間の余裕もない彼女たちは、ややこしいことや複雑なことが起こると夫に問題に対処してくれるように頼むと打ち明けてくれた。こうした夫への強い依存性が、強い性別分業体制を作り出しているともいえる。

4. 夫、父親役割

夫として、父親としての役割は日本にいたときよりも強力であるように見受けられた。前述したように、現地校の教師とのコミュニケーション、学校での会議への出席、大家との交渉、難しい宿題の手助け等は夫が面倒をみるべき公的領域として位置付けられている。それゆえ、夫は

日本にいたときよりも、家族の問題に密接にかかわる機会が多くなり、また子どもとの接触も密になる[10]。多くの夫人が述べていたように、夫たちは積極的に子どもの教育問題や学校の問題にかかわっている。多くの夫人たちは夫の父親としての役割の遂行を高く評価し、そしてまた期待もしていた。

5. アメリカ社会との接触

　年齢の壁なく多くの夫人たちにみられた第2の共通点は、アメリカ社会との触れ合いの薄さであった。たしかに幾人かの夫人はアメリカ人のパーティに招待されたり、アメリカ人を招待したりする機会を持っていたが、そこでの付き合いは表面的な浅いものであった。夫人たちの付き合いは多くの場合日本人同士に限られていた。社交、趣味の会合、スポーツなどの付き合いは日本人同士の間で実施されていた。ある夫人は、日本人同士の付き合いを頻繁にすることで社会からの疎外感を感じなくて済むという効果について説明してくれた。多かれ少なかれ、他の夫人たちも個人主義的なアメリカ社会では孤独感、疎外感を感じるという。なかには、アメリカ社会の本質を理解するようになる夫人もいるのだが、大多数の人たちはアメリカ社会の本質を理解するまでには至らず、むしろ自分の価値システムにアメリカ社会の浅薄な部分、あるいは誤解した部分を内在化してしまうパターンが多い。例えば、現象として現れている簡単な離婚、ばらばらの家族、そしてアメリカ人女性の自己中心的な自己実現などを強調し、その背後にある社会とのかかわり、歴史のなかで勝ち取ってきた女性の権利等については注意を払わないことがしばしばある。

　パークがかつて提示した「マージナルマン」[11]という概念が夫人たちにも適用できるように思われた。異なる文化境界で生きたり、異なる人種、民族と接触する個人は、多くの場合そうした異なる文化境界に生きるす

べを修得し適応するが、なかには異なる文化を内面化することができないまま葛藤し疎外感を強く感じたり、その異なる文化、民族、人種に対して敵対観を抱く人々もいるという。その結果として、同じ人種、民族が強く連帯しコミュニティを形成することになる。こうした人々をパークは「マージナルマン」と形容したのであった。アメリカ社会での物質的な適応が極めてスムーズになされるが、文化的および社会的適応はしばしば日本人夫人の間に内的混乱をもたらすこともある。それゆえ、同胞で集まる、同胞同士で群れるという習性は、言い換えるならば「マージナルマン」としての日本人夫人の自己防衛とも受け止められよう。こうした現象は必ずしも夫人たちだけに限られるわけではなく、例えば、日本人同士の週末のゴルフコンペなどに代表されるように、夫である日本人駐在員にも強くみられる。時間的要因もアメリカ社会と文化へのとぼしい触れ合いにも関連していると推察できる。駐在員は長期間滞在するといっても基本的には一時的滞在者であり、いつかは帰国する人々である。したがって、駐在員夫人は多かれ少なかれアメリカでの生活は一時的な滞在として認識している。こうした一時的滞在生活という感覚は、アメリカ社会や文化に深くかかわることを限定することが起こりうる。一時的滞在者は2つのタイプに分類できるであろう。第1のタイプの人々は、限られた滞在期間にできるだけたくさんの現地の人たちと知り合いになり、アメリカ社会や文化と触れ合おうとする。第2のタイプは、日本人コミュニティという小さなサークルの範囲内のみで行動する人々である。駐在員夫人も基本的にはこの2つのタイプに分類することができるだろう。しかし、多くの夫人たちが滞在期間にアメリカの文化と触れ合い、アメリカ社会を理解したいと望みながらも、現実には限られた期間や言語的な問題、学齢期、乳幼児期の子どもを抱えて自由な時間がないといった様々な要因のために、限られた社会のなかでしか行動できないことになってしまうのであろうか。

6. まとめと結論

　第7章と本章では仮説検証を目的として、滞米駐在員夫人への質問紙調査、日米の比較質問紙調査、そして量的データでは測り知れない部分を埋め合わせる目的で、面接調査を実施した結果を検討した。

　その際、平等主義的ジェンダー役割観を保持し、行動を実践している女性が一般化していると指摘されているアメリカ社会における日本人女性、とりわけ、駐在員として赴任する一時滞在者の妻たちのジェンダー役割観、行動はいかなるものであるかを検証することが第一調査の主な目的であり、第二調査では日本に住む日本人女性と比較した際のジェンダー役割観は平等主義的であるかあるいは伝統主義的であるかを比較検証することであった。さらに、面接調査では量的データからはうかがい知ることのできない、内面に肉薄することが目的であった。その結果、以下の点が知見として得られた。

　第1に平等主義的ジェンダー役割観の規定要因としては、「妻の学歴」、「職業の有無」、「就労経験」と「就労希望」が意味を持ち、「妻の年齢」が平等主義的性別役割志向にブレーキをかける結果となって現れた。第2に、日米の女性の比較結果から、日本にいる女性がより平等主義的ジェンダー役割観を保持し、滞米駐在員夫人はより伝統的ジェンダー役割観を保持していることが明らかになった。近年の日本における様々な環境変化が、日本人女性のジェンダー観に少なからぬ影響をもたらしたことがこの起因であろうが、それではなぜ滞米駐在員夫人のジェンダー観は平等主義というよりはむしろ伝統的であるのだろうか。アメリカでの生活に何か抑制する要因があるのだろうか。欧米のパラダイムが適合しにくい何かが存在しているのだろうか。このような問題意識からおこなった面接調査を通じて明確になったことは、駐在員世界という特殊な環境要因が、多層的な構造を作り出し、それが滞米駐在員夫人のジェンダー役

割観の表象に複雑に絡み合っているということであった。

　例として、日本に住む女性、滞米駐在員夫人にとっての高等教育の意味を分析してみる。

　教育は既に第3章でも論じてきたように、伝統的価値観から近代的価値観へと変容させることもある。高等教育は教養を人々に身につけさせるという意味だけでなく、高等教育を通じての職業訓練、社会人になるまでの様々な社会化過程としての意味を持っている。本章で示してきたように、日本に在住する女性の平等主義的ジェンダー観には、高等教育の影響がかなり顕著にみられることが明らかである。高等教育は伝統的なジェンダー観を保持させるように構造化していないともいえるであろう。しかし、滞米駐在員夫人の場合には、日本在住女性ほど高等教育が平等主義的ジェンダー観を持つ上で、決定的な規定力を持っているというわけではない。環境、年齢、年収等の他の要素と絡み合って、伝統的ジェンダー観を保持させるように機能しているともみられないことはない。

　なぜだろうか。ここで夫と妻の教育背景の相関、および結婚との相関をいま一度分析してみることにしたい。滞米駐在員と駐在員夫人の間には強い教育同類婚の傾向がみられた。さらに、通説とは異なり、高等教育背景を持つ滞米駐在員夫人は職業を持った経験がより少ないことが判明したのである。面接調査を通じても、滞米駐在員夫人の間にある価値システムが保持されていることが明確になった。

　例えば、1992年の大統領選挙の際の共和党の政治スローガンは、「伝統的家族観の復権」であり、そのスローガンが強調した点は、夫、妻、父、母の役割分担の再評価であった。バーバラ・ブッシュ夫人[12]に代表されるように、「よき妻、母」のイメージが役割モデルとして前面に押し出されていた。この伝統的妻、母親観は、実はアメリカでも上層階層の女性の間では一般的なモデルとして受け止められている。郊外に住む上層階層に属する女性たちには、一部は高学歴で医者や弁護士等の専門的な仕

事に従事しているが、大多数の高学歴女性は現在は専業主婦として、育児に専念し、ボランティア活動にいそしんでいる。

　多くの面接調査に参加した高等教育背景を持つ教養も十分な滞米駐在員夫人も、こうしたアメリカの上層階層の女性たちのジェンダー役割観を強調し、実際に果たしていた。これらのパターンはパーソンズが1950年代に提唱した夫が道具的役割を果たし、妻が表出的役割を果たしているという、アメリカの伝統的核家族モデルを保持していると見受けられる。いうなれば、対米駐在員夫人にとっての高等教育は、現在でも旧来同様「よき妻、よき母」になるための準備機関として機能しており、著名な企業で働き、かつ海外勤務に選抜されるようなエリートとの結婚へとつながるようなシンボルとしての意味がより強いのかもしれない。これは、主婦の地位借用モデルとして捉えることは可能であろう。男性にとっては地位達成、上昇移動するための手段としての高等教育背景が、女性にとっては男性との結婚を通じて地位を達成する、あるいは上昇移動するという機能があるとするならば、滞米駐在員夫人にとっての高等教育は、夫を通じて地位を達成するという間接的効果を持っているのではないだろうか。

　次に伝統的ジェンダー役割観保持の理由として経済的要因も見逃せない。滞米駐在員家庭の大多数は夫のみが就業している単身給与所得世帯であるが、彼らの給与水準は高く、アメリカの水準でみれば上層中産階層に属する。調査結果にも反映されているように、夫人たちも経済的に働く必要性がないことを認識している。こうした経済的豊かさ、あるいは夫が家庭外で働き、妻が家庭内役割を果たすという明確な性別役割分業体制が、伝統的なジェンダー観保持の要因となっている。さらに、日本企業の駐在員夫人としての公的イメージ、公的役割も少なくない。日本に在住している女性と比較した際に、駐在員夫人の妻としての役割、特に地位の高い駐在員夫人の公的な役割は大きい。個として自己の実現を優先できないような、公的役割の存在が結果として得られたのである。

妻としての役割の重さは、夫の企業内での地位とも関連しているが、子どもを持っている母親としての役割の重要性は、乳幼児期から大学に入るまでの年齢の子どもを持っている母親には共通にみられた。ほぼ全員の母親たちがアメリカで育児をしていく上での、教育上の問題、しつけ、言語の習得、異文化への適応、さらには安全面での問題等、子どもを取り巻く環境の複雑性と困難性を指摘した。母親は異文化で育つ子どもを全面的に支える存在として欠かせない。なぜなら異文化に適応する過程で多大なストレスを抱える子どもを精神的に支えるのみならず、学習面でも現地校の学習や日本語補習校の宿題の手助けにも母親がかかわったり、あるいは日本のように子どもだけでどこにでも行くという環境ではないため、車での送り迎えをするのも母親の仕事となる。アメリカから帰国した母親が次のように語っていたのが印象的であった。

　　アメリカに住んでいた頃の方が、今よりも妻としての役割、母としての役割には大きなものがありました。日本では夫の会社の人たちとの付き合いはほとんどありません。子どもたちも自分で勉強しますし、塾に任せることもできます。遊びにもクラブ活動でどこかに行くのも子どもだけでどこにでも出かけています。ですから時間的には今の方がずっと余裕があるので、仕事につくことさえ可能になりました。

この夫人の説明にみられるように、滞米駐在員夫人は、自分のことや自分自身の自己実現よりも母親としての役割を果たすことを最優先する傾向があるといえよう。そしてこのような妻、母としての役割をしっかりと果たしていること自体が、さらに夫からの妻、母としての役割への強い期待が彼女たちの伝統的なジェンダー役割観を内面化し、固定化する方向にも作用するのである。今回、残念ながら少数の夫への面接調査しかできなかったが、その限られた調査からみる限り、多くの滞米駐在

員のジェンダー役割観は「保守的」、「伝統的」であるように思われた。事実、面接調査に応じてくれた駐在員は自らを「保守派」であるとし、アメリカの家族と比較した場合、家庭内での性別役割分業に基づいた日本の伝統的な家族の形態が、日本社会でのモラルの維持や社会の安定性の根源となっていると語った。実際に駐在員の家族への関与度はかなり高かった。日本で働いていた頃に比べて比較的時間に余裕があるということからも、父親として子どもの面倒をみること、家族とともに休日を過ごすこと、子どものスポーツにも積極的に参加すること、また英語のコミュニケーションが苦手である妻に代わって教師とのコミュニケーションを図るなど、積極的に父親として、あるいは公的な役割を果たしていた。

公的な役割は父親、私的な役割は母親という構図は、前述した経済的な要因に加えて、多くの夫人たちが述べた英語のコミュニケーション能力の欠如から生ずる夫への依存度の高さも原因となっている。

本研究に着手した時点では、フェミニズムの先進国であるアメリカ社会で生活していることの影響、換言すればアメリカの文化的影響が夫人たちのジェンダー観とどうかかわっているのかということが問題意識としてあったのだが、面接調査の結果、夫人たちのアメリカ社会との接触度、もしくは理解度は想像以上に浅薄であるということが判明した。アメリカの物質文化との接触は多々あるのだが、アメリカ社会の本質に触れる機会はそれほど多くない。その背景のひとつとして、日本人集住地域での日本人集団との付き合いが一般的であることがある。言語的、文化的違いがある異文化社会で生活している夫人たちは、自分の居場所が定まらない「マージナルマン」的心理状態におちいりがちであるという。そうした心理的不安定を支える場として、あるいは手段として、日本人同士の集団の形成、あるいは集団としての連帯が存在するのではないだろうか。しかし、こうした日本人同士の密接な付き合い、連帯は逆に異文化集団との接触機会を減少させることにもつながると同時に、異文化

社会の本質を深く理解しようとする動機を軽減させることにもなりかねない。

アメリカ人女性の平等主義的なジェンダー観や自己実現に向けての姿勢を、「家族を犠牲にしてまで……」「大変自己中心的な人たちだと思う……」等、ネガティブに評価する夫人たちも少なくなかった。アメリカ人女性たちのジェンダー観の背後には、長いフェミニズムの歴史およびマイノリティとしての女性たちの権利を獲得せんがための地道な努力があるのだが、そうした事実には目を向けないままに現在の現象だけを捉えがちな夫人たちの認識も、実は浅薄なアメリカ社会との文化接触の裏返しにすぎないといえる。

第4部までの結論

本研究は欧米での先行研究をもとに、アメリカ在住の駐在員夫人のジェンダー役割観を調査することを目的として実施された。欧米での先行研究同様に、職業および教育関連変数が、滞米駐在員夫人の平等主義的性別役割志向に統計的に有意な水準で関連していることが確認された。本調査の対象者は地域的にも属する階層的にも極めて限られた特殊なグループであることから、本調査において部分的にではあるが確認された欧米のパラダイムが、日本人主婦全体に当てはまるという想定は成り立たない。しかし、教育や職業経験が性別役割に関する規範的な考え、価値体系、そして態度を変容させるという効果を持つものと主張してきた欧米のパラダイムの正当性が本調査においては確認された。

一方で、平等主義的ジェンダー観は日本に住む日本人女性の方が高く、滞米駐在員夫人はより伝統的ジェンダー観を保持していることが判明した。こうした現象をもたらしている要因を調べるべく、面接調査を実施した結果、海外在住という特殊な環境下でさらに複合的な要素が絡み合っていることが明らかになった。例えば、子どもの存在あるいは子ど

もの教育問題がかかわってくる場合においては、上記の変数の平等主義的性別役割志向への影響が激減してしまうことが判明した。つまり、子どもを持ち、その子どもの教育問題が、現実的に対処すべき出来事として母親である夫人に密接にかかわってきた場合には、彼女たちの性別役割意識はむしろ伝統的なものに変容してしまう。換言すれば、アメリカ滞在日本人夫人は、伝統的な母親役割を最優先し、彼女たちの性別役割観は、この母親役割に大きく規定される。しかし、この点に関しては比較可能な欧米の先行研究がないため、日本人夫人特有の現象なのか、あるいは人種、民族を超えて低年齢子女を持つ母親全てに相当する現象であるのかを判断することは現時点では困難である。また、海外という特殊な状況において、子女たちの海外適応を円滑に進めるためには、母親が日本で暮らしていた時以上に母親役割を優先することが必然的であるかもしれない。この点については、日本にいる母親集団と海外にいる母親集団との比較調査を実施するなど、今後さらに検討する必要があろう。

　伝統的妻役割の大きさもこのグループにみられる特徴でもあった。伝統的妻役割は極めて複合的な要因からもたらされている。日本企業という組織を背後に持つ公的な役割としての妻役割、そしてほとんどの駐在員家族において、夫のみがシングルの働き手であるというパターンから生ずる伝統的な家族の形態の維持のなかでの性別分業体制の顕著化などが、伝統的妻役割の保持に寄与している。さらに教育と職業関連変数の平等主義的ジェンダー役割観への規定要因が確認されたものの、このグループには、日本の女性たちには観察されなかった特殊な意味が教育と職業関連変数にみられたのも事実であった。すなわち、教育的背景の高い女性ほど職業経験が少なく、教育背景の高いエリート層と結婚しているという事実は、学歴が女性にとって象徴的意味を持ち、結婚を通じて社会的地位を達成するというパターンが存在していると見受けられたのである。アメリカ社会の上層階層にみられる伝統的家族のパターンと同じ構図が観察されたといえようか。

限定的な期間での滞在、文化的、言語的制約という条件下にある女性たちのアメリカ社会、文化との本質的な理解度、接触度の予想に反するほどの低さも、アメリカ社会では普遍化している平等主義的ジェンダー観が滞米駐在員夫人に浸透しない要因であるかもしれない。

本調査結果は、部分的にではあるが世論調査結果の再確認と欧米パラダイムの妥当性を確認することができたが、本調査結果をより一般化するために、より多様性のある一次データの集積と、駐在員家庭という特殊なグループと環境要因を表面化するためにも、ロサンゼルス以外の地域[13]での面接調査が不可欠であろう。

注
1 駐在員夫人および帰国夫人への面接調査は1年間にわたって実施した。
2 駐在員夫人を対象とする質問紙調査で、母親が実質的な調査対象者となったのも、海外子女の教育や適応問題という特殊な背景が与える影響力を鑑みた結果だったのだが、逆に多様性に欠けてしまう結果となったことは否定できない。
3 Fallows, D. (1990). "Japanese Women", *National Geographic,* April, pp.52-83.
4 日本型企業社会と性別分業家族との関連については、木本喜美子 (1996).『家族・ジェンダー・企業社会』ミネルヴァ書房；鎌田とし子編著(1987).『転機に立つ女性労働―男性との関係を問う―』学文社に詳しい。
5 現地の日本企業の夫人たちが作っているネットワークは、現地の老人ホームへの慰問やバザーを開いて現地の福祉に貢献するなど、ボランティア活動にも積極的にかかわっている。
6 直井優・川端亮・平田周一 (1990).「社会的地位の構造―家の力―」岡本英雄・直井道子編『現代日本の階層構造④　女性と社会階層』東京：東京大学出版会、13～37頁。
7 直井道子(1990).「階層意識―女性の地位借用モデルは有効か―」岡本英雄・直井道子編『現代日本の階層構造④　女性と社会階層』東京：東京大学出版会、147～164頁。
8 フリンジベネフィットには医療保険、車両保険、子女の教育費の援助、あるいは何年毎の帰国費用なども含まれる。
9 もともとは高級住宅地の多くが白人コミュニティであったが、近年は中国系、韓国系、イラン系の豊かな層がこぞって白人コミュニティに移り住むようになっている。
10 父親たちに話を聞く機会もあったが、日本にいたときと比較して仕事が比較的時間どおりに終了し早く帰宅できること、車社会のため会社の帰りに同僚と飲み

に行く機会が日本時代と比べると格段に減少したことなどが、家族とのコミュニケーションが増加する原因であると多くの父親たちは語っていた。

11 Park, R.E. (1950). *Race and Culture.* New York：Free Press.

12 バーバラ・ブッシュは大学時代にブッシュと結婚し、有名女子大を退学しているが、そのことについてフェミニズムの立場から批判している女性も実際には少なくない。

13 現地校に子女を通わせている欧米圏と、日本人学校が主体となっているアジア、中近東圏などとの比較が、本来は必要な作業であると考えられる。

第5部

10年後のアメリカ駐在員夫人

第9章　駐在員夫人のジェンダー役割観の変容
　　　――トランスナショナリズムとグローバル化
　　　の進行のなかで――

はじめに

　21世紀を迎えた現在、異文化間教育の研究対象としての在留民、海外での一時的滞在者移民、日本在住外国人およびその子どもへの研究枠組みに新たな視点を持つことが必要とされているように思われる。研究対象としての在留民、海外での一時的滞在者、移民、日本在住外国人等に共通な前提は、「移動」である。この場合の移動は国境を越えて国から国への移動を意味する国際移動であるが、従来この国際移動は「国民国家」という枠組みのなかで取り扱われてきた。しかし、近年、グローバル化が進行するなかで、国民国家という枠組み以外に、新たに「トランスナショナル」な視点から移動する人々の文化やアイデンティティを捉えることが求められつつある。

　「トランスナショナリズム」とは、祖国と移住先とを頻繁に往復し、国境を越えて複数の生活拠点とネットワークを構築することにより、異文化に同化するのではなく自文化・母語を保持する傾向であるとされている。「トランスナショナリズム」は、グローバル化と呼ばれる情報の迅速な移動や国際経済システムの標準化にともなって、地球規模で進行している物や考え等の「均一化」とは異なるベクトルであるとも捉えられ、日本という「国民国家」の存在を絶対的な前提としたアプローチで「トラン

スナショナリズム」を把握することには限界性があると思われる。

　筆者は1991年から93年にかけてロサンゼルスに在住する一時的滞在者夫人(駐在員夫人)のジェンダー役割観および子どもへの教育観を調査し、まとめた[1]が、当時の筆者のアメリカの一時的滞在者(駐在員)の妻および子どもたちへのまなざしも、実は「国民国家」という前提の上に成り立っていた。その頃から10年が経た今日、日本社会は国内的にも国際的にも多くの変化に直面している。

　国内的には、バブル崩壊後の不良債権処理問題の積み残しを発端とする長引く不況と、それにともなう企業のリストラクチャリングと雇用の不安定、国際的には、中国、韓国など近隣諸国の経済的地位の向上にともなう日本企業の国際競争力の低下や会計基準をはじめとする国際標準化採択へのプレッシャー等がそうした変化の代表例だろう。この10年間の変化はそれ以前の10年間とは同レベルで比較できないほどの急激な変化であるといっても過言ではない。当然、こうした社会環境の変容は、日本という国民国家を前提として海外に在住する一時的滞在者、その妻、そして子どもにも大きな影響を及ぼしていることは否めない。

　本章は、こうした社会変容との関係から、現在ロサンゼルスに在住する日本人駐在員夫人の日本人女性のジェンダー役割観、海外生活への適応、アメリカ社会観、子どもへの教育観を面接調査をもとに明らかにする試みである。

1. グローバル化とトランスナショナリズム

　グローバル化の進行が1990年代以降加速化しているが、ではグローバル化という用語は一体どのような意味を持っているのだろうか。そしてトランスナショナリズムとの関連はいかなる側面にみられるのだろうか。さらに、なぜ一時的滞在者である駐在員およびその妻たちを、グローバル化とトランスナショナリズムという枠組みで、現在捉え直す必要性が

あるのだろうか。

　10年前なら世界のニュースや出来事を知るため丸1日を費やしていたことが、情報技術の進展によって、瞬時のうちにコンピュータ上で世界いずれの場にいても情報を共有することができる。多国籍企業は世界中にネットワークを構築し、生産および販売をおこなう。多国籍企業のみならず、国民国家に根ざしていたローカルな企業も安価な労働力を求めて、国境を越えてあらゆる場所に移動する。資本市場ももはやローカルな市場ではなく、利益を求めて、国際資本が参入するようになっている。多国籍企業は、国家を超えた存在として世界規模での市場の動向にも影響を及ぼすような意思決定さえもおこなうようになってきている。価値の共有化、世界標準の普遍化がいずれの国の政策[2]にも反映されるようになってきていることも、1990年代より加速化したグローバル化の展開に過ぎない。

　文化という側面についてみれば、若者文化は音楽の志向性、エンターテイメントとしての映画、ゲームにおいても世界共通ともいえる様相を呈している。

　かつて、ウオーラーステインが世界システム論を通して、16世紀以降の近代は経済という側面からグローバルであったと主張した[3]ように、グローバル化を経済活動のみの領域で捉える論者がいる一方で、今日のグローバル化は経済活動のみならず、全ての領域で起こっている事象として捉える論者もおり、今日では後者のグローバル化の見方を支持する論者が増加している。

　この立場の代表的論者であるロバートソンは、国民国家、個々の自我、諸社会のシステムおよび人間という枠組みにおいて、全世界はますます縮小されてきていると主張している[4]。ロバートソンの主張の論点は、近代が国民国家を単位として他と明確な領域を築いてきたとする前提が、グローバル化によって、その領域や境界が解体されているという点にある。それでは、こうしたグローバル化の進行という枠組みにおいては、

人の移動や移民労働はどのようにみなされるのだろうか。

かつて、移民は国内においては農村部から都市部への労働力の国内移動、発展途上国から先進国への移動といった国際移動の一環として捉えられ、そこには送り出し国と受け入れ国の経済的格差の存在が前提として存在していた。そして、また19世紀をピークとした移民の移動は国民国家形成にも深くかかわってきた。言い換えれば、移民が本国への帰国という希望を持っていたとしても、むしろ、ホスト社会に永住し、ホスト国の経済構造、社会構造に組み入れられていくということが、移民労働の考え方の主流であったといえよう。他方、移民の一形態として出稼ぎ型移民が存在しているが、彼らも国民国家を単位としていることにおいては、永住型移民と同様である。この両タイプの移民は、どちらかといえば非熟練労働型の移民に多くみられる形態である。

一方、ある国に一時的に滞在する多国籍企業の駐在員などはエリート的ホワイトカラーから形成されている集団であるが、彼らも国境を越える人々の一類型である。このようなソージョーナーと呼称される一時的滞在者は、エクスパートリエイトとも言い換えられることができる。コーエンは、彼らはほとんどが裕福な国の出身者で暫定的な移住者であるとみなし、ビジネス、海外派遣団、教育や調査、余暇・引退後の生活といった明確な目的を持つ一団であると定義している。なお、留学生や移民労働者はこのカテゴリーから除外されている[5]。

一時的滞在者である駐在員も一定の期間を過ぎると母国に帰国するという点で、かつ母国を代表しての経済活動に携わるという意味で、母国の経済構造に組み入れられている存在であることは疑いがなく、またホスト社会とは別に駐在員コミュニティを形成しているといった点で、国民国家を代表している存在であることには違いがない。

一方、トランスナショナルな移民や移動者は、どちらかといえば国境を含め、様々な境界を越境する人々を意味する。彼らはしばしばホスト社会での文化、自国の文化の2文化(もしくはそれ以上)、2言語使用を巧み

に使い分ける能力、しばしばそれにコンピュータ関連能力も加わり、こうした「トランスカルチュラル」な能力を身につけて、国境を越えて複数の生活拠点を持ち、ネットワークを張り巡らせている。例えば、香港出身の移民やインド出身のアメリカやイギリスに移住した高学歴者、専門職者などが「トランスカルチュラル」な事例として挙げられる[6,7]。

　トランスナショナルな移民や移動者は、また新しい意味での「ディアスポラ」とも受け止められよう。「ディアスポラ」とはもともとは排斥や迫害などにより、各地に離散している民族集団の構成員を指しているタームであり、そこには全てのディアスポラが生まれ故郷に戻りたいと願っていることが前提となっている。しかし、近年になって、地球規模で移動する様々な人々の経験を形容する言葉として使用されるようになってきた[8]。この新しく概念化された「ディアスポラ」は、越境というダイナミックに移動することで多様な経験をし、新たな生を始めることを意味している。こうしたディアスポラという枠組みでトランスナショナルな移動を捉えることにより、かつての国民国家という枠組みから人の移動を分析したこととは、異なる意味の諸相が見つけられる可能性がある。

2. 問題の所在と調査の枠組み、調査方法、調査対象者

　筆者が10年前に研究対象として焦点化した駐在員の妻たちへの調査は「国民国家」という枠組みをベースに実施している。当時と比較すると駐在員の母国である日本社会のグローバル化の進行にともなう変化は著しい。そうであるとするならば、グローバル化の影響はロサンゼルスに在住する駐在員とその妻、およびその子どもに何らかの影響を及ぼしていると仮定できる。本章では、こうしたグローバル化という現象の下に、駐在員の妻たちのジェンダー意識およびホスト国への見方、そして子どもへの教育観がどのようなものであるか、10年前とは変化があるのだろ

うか、同時にトランスカルチュラルな意識が彼女たちの意識下にみられるのだろうかという問題意識をもとに、2001年の夏および2002年の夏にかけてロサンゼルスを中心に夫人たちへの面接を実施した。調査の枠組みとしては、この10年間に起こった様々な国際的事象の変容や、駐在員社会を巡る環境の変容が前提となっていることから、10年前に実施した面接調査の際に使用した質問項目を基本に調査を実施した。前回の調査では量的調査と同時に面接調査を実施したが、駐在員夫人ということを共通項としたために、駐在員夫人のなかにも永住権を取得したグループもいたのだが、そうした側面にはそれほど焦点を当てなかった。今回は、永住権を持つ夫人の特徴にも焦点を当てることが前回の調査との主な差異であるといえる。

　今回の面接調査に際して、面接対象者はロサンゼルスで日本から赴任してきたばかり、あるいは比較的赴任した期間が短い駐在員夫人を対象に、子女たちのスムーズな適応を目的として、母親たちへの相談をおこないながら、母親のアメリカ社会への理解を深めるための学習教室を開催している元駐在員夫人の紹介から、そのネットワークを通じて面接対象者を紹介してもらうことになった。

　おおよそ18人への面接調査を実施した。その内訳は、教室に現在も通っている比較的滞在年数が短い3年から5年ぐらいのグループ、あるいはかつてその教室に通ったものの現在は終了している滞在年数が5年以上のグループ、そして長期的に滞在しており子女たちが既に大学に入学してしまっているグループなどに分かれる。年齢は30代後半から40代半ばまでのグループにおおよそ分類することができた。配偶者である夫の職業は駐在員がほとんどであるが、なかには駐在員から自分で会社を起こして現在に至っている者やアメリカでのビザ上のステータスを現地採用者カテゴリーに変換して長期的に現地に滞在している者もいた。

　面接調査を実施するに当たって、前述した10年間の日本の環境変化を前提に、アメリカに駐在している海外駐在員夫人を主な対象者として、

子ども、自分、夫、自己実現、ジェンダー観、アメリカ社会と自分といった枠組みをもとに、質問を組み立てた。なお、同時にあらかじめ作成したジェンダーに関する質問紙に、目の前で15分ぐらいかけて回答してもらい、その後以下の質問項目に基づいた面接調査を大体1人に2時間から2時間半かけて実施した[9]。面接調査における質問内容は以下のとおりである。

(1)一般的情報
・アメリカ滞在年数
・アメリカに来た時期　1980年代、90年代等
・日本のホームグラウンド　例、東京, 大阪
・夫と妻の学歴
・滞在上のステータス（駐在員夫人、永住、自営業、研究者同行夫人）
・子女の有無、子女の年齢等
・日本滞在時の職業、（フルタイム、パートタイム、専業主婦）、職種
・英語力と使用状況について

(2)子育て観と教育観
・アメリカという場所で果たす親の役割
・子どもの異文化適応への母親の関与
・子どもの学習適応への母親の関与
・学校選択（日本もしくはアメリカ）への母親の意見
・子どもの進学選択への意見
・アメリカの教育への意見
・日本の教育への意見

(3)ジェンダー観と自己実現
・家庭内性別役割について
・一般的社会での性別役割観について
・夫のジェンダー観

・子どもと自分の自己実現との関連性、齟齬等
・駐在員夫人と自分の自己実現との関連性、齟齬等
・余暇の過ごし方
(4) アメリカ社会について、およびアメリカ文化との接触度
・アメリカ社会観、アメリカ人女性との接触度
・アメリカ人女性の社会進出について
・アメリカ人女性のボランティア活動への参加について
・アメリカにおける女性の役割について
・日本人女性とアメリカ人女性との比較
(5) 帰国後の自分の人生設計、あるいはアメリカに残る場合の自分の人生設計について
・経済的、社会的自立について

　次節ではこの10年間の駐在員社会にみられる環境変化について考察し、ホスト社会にある駐在員コミュニティの意味について検討したい。

3. 駐在員社会の環境変化とトランスナショナルという視点からみた駐在員社会

　筆者が駐在員夫人を対象とした研究に取り組んでいた1990年代前半は、日本はバブルに浮かれていた時代でもあった。日本企業にも勢いがみられ、アメリカ型経営はそれほど効果があるとはみなされておらず、日本型経営が優れているといった評価が世界で下されていた時代でもあった。当時のアメリカでの文献や論調を振り返ってみると、「日本型経営の秘密」「日本の教訓」といったキーワードが至るところ散りばめられている。それゆえ、ロサンゼルスやその他の地域、国へ赴任している駐在員から形成されている社会も日本社会の勢い、日本企業の優越性を反映して非常に明るい状況であったことは間違いない。

　しかし、その後のバブルの崩壊とともに、日本の経済成長はマイナス

成長へと姿を変え、終身雇用、年功序列をベースにした日本型経営は批判の対象ともなり、1990年代後半からは企業にリストラクチャリングの嵐が吹き荒れた。このことは、中高年を中心とする給与所得者のリストラという形となって現れ、現在、非自発的退職者数が急激に増加してきている。

その上、従来の年功序列制、平等主義はもはや絶対ではなくなりつつある。成果によって評価する成果主義、能力主義的人事制度への移行が、既に始まっている。従来は、企業が長期にわたる人材育成を一手に担っていたが、長引く不況、激しい価格、新製品開発での国際競争などの環境のなかで、企業自身が、自らのリストラクチュアリング、リエンジニアリングで必死である。新たに人材開発を引き受けていくだけの余裕はない。その結果、人材の流動化が急速に中高年や若年層を中心に広がりつつある。ある意味で、非常に不安定な基盤に立って、生活圏を築いているのが現在の日本人全体でもあるといえるかもしれない。

日本社会を巡る環境要因の変化は、他国に在住している駐在員にも影響をもたらすことは必至であり、駐在員たちの価値観のみならずその妻たちの価値観の変容にも影響を及ぼす可能性があると考えられるが、価値観の変容がみられると仮定すれば、どのように「トランスナショナル」というイシューにかかわっているのだろうか。

ここで、平成12年の海外在留邦人数調査統計から、海外に住む日本国籍を有する3ヶ月以上の長期滞在者および在留国より永住権を認められている永住者の動向をみてみよう[10]。

外務省の調査によれば、平成12年10月1日現在で海外在留邦人は811,712人に達し、前年の795,852より2％増加し、過去最高の人数となった。そのなかで最も在留邦人の多い国はアメリカの297,968人、第2位にブラジルの75,318人、第3位にイギリスの53,114人となっている。在留邦人の最も多い都市はニューヨーク57,780人、ロサンゼルス35,898人、ロンドン23,560人となっている。**表9-1**に示しているように、最も

表9-1 地域別在留邦人数の推移[11]

	平成8年	9年	10年	11年	12年	全体比
アジア	153,386	161,784	161,176	159,114	163,108	20.1%
大洋州	36,684	38,528	39,568	45,137	51,909	6.4%
北米	300,331	311,614	317,966	324,295	332,042	40.9%
中米・カリブ	7,721	8,171	7,591	6,950	7,025	0.9%
南米	114,446	112,189	108,724	103,796	99,496	12.3%
西欧	134,618	132,625	137,023	139,667	142,202	17.5%
中・東欧	3,467	3,665	4,193	4,413	4,572	0.6%
旧ソ連						
中東	5,358	5,567	5,760	6,054	5,326	0.7%
アフリカ	7,926	8,385	7,494	6,386	5,992	0.7%
南極	40	40	39	40	40	0.0%
全世界	763,977	782,568	789,534	795,852	811,712	100%

出典:外務省、海外在留邦人数統計、ホームページより作成

在留邦人の多い地域は北米で、在留邦人数は332,042人(前年比2.4%増)で全体の40.9%を占めている。

第5章でも述べたように、カリフォルニア州のロサンゼルスは日本人ー日系人コミュニティとしては規模の大きな地域である。とりわけリトル・トウキョウを中心とした地域は旧日系コミュニティとして隆盛していた。

しかし、現在では、こうした日系人コミュニティには日系企業の事務所があるものの、駐在員の生活コミュニティではもはやなくなりつつある。駐在員の生活コミュニティは、サウスベイと呼ばれるもっと南西のトーランス地域や、サンマリノ、もしくはオレンジ群に属するアーバイン地域に移動している。こうしたコミュニティには、日本食料品店、補習校、日本への進学を目指す子どもを対象とした塾などが存在し、基本的にコミュニティ内で生活することが可能となっている。いわば、町村の言葉を借りれば、「遠隔地日本」[12]が形成されているといってもよい状態であるが、ではホスト社会のなかにあるエスニック・コミュニティはどのような存在であり、かついかに把握すれば適切だろうか。

一時的滞在者である駐在員は、日本という国民国家に属しているということから、基本的にはホスト社会とは別なコミュニティを海外のいずれの地域においても形成しているのが通常である。筆者が実施した10年前の駐在員夫人の調査も、駐在員コミュニティへの帰属意識を前提にしていた理由もここにある。いつか帰国する、あるいは一時的滞在に過ぎないという事実が、彼ら家族がホスト社会の成員としてみなされない理由でもあり、ホスト社会からはある種の異質性を持っていると認知されている。しかし、移民とは異なり、一時的滞在者は水上によればホスト社会の人口構成上の少数派であったとしても、必ずしも従属的な地位にあるというわけではなく、平等な地位層を獲得するケースがあるとされている[13]。一時的滞在者独自のコミュニティが築かれている場合に、成員たちがそのコミュニティ内にとどまり、コミュニティ外の社会との接触を持たないということさえもありうる。

　例えば、10年前の調査結果として、年齢の壁を超えて、多くの夫人たちにみられた共通点はアメリカ社会との触れ合いの希薄さであった。たしかに幾人かの夫人はアメリカ人のパーティに招待されたり、アメリカ人を招待したりする機会を持っていたが、そこでの付き合いは表面的なごく浅いものに限られており、社交、趣味の会合、スポーツなどの日常的な夫人たちの付き合いのほとんどは、日本人同士の間に限定されていた。

　ある夫人は日本人同士の密接な付き合いについて、社会からの疎外感を薄めてくれるという効果があると説明してくれた。彼女の説明によると、多かれ少なかれ、駐在員夫人たちの多くは、それまで暮らしてきた日本社会と個人の価値観、付き合う程度の違い、そして言語上の違いが存在するアメリカ社会では孤独感、疎外感を感じるという。なかには、日本とはやはり異文化という側面を持つアメリカ社会の深い部分までを理解するようになる夫人もいるのだが、大多数の人たちは、限定された期間と日本人コミュニティ内を中心とした生活ということから、アメリ

カ社会の深淵を覗くまでには至らず、むしろ自分の価値観を判断基準として、アメリカ社会の浅薄な部分、あるいは誤解した部分を内在化してしまうパターンが多い。例えば、以前の調査の際にも、夫人たちはアメリカ人女性について語る際に、「簡単に離婚をする」、「ばらばらな家族」、「アメリカ人女性が自己中心的であり自分の自己実現を最優先する」という点を強調し、その背後に隠れて表立って見えてこない社会とのかかわりや歴史のなかで勝ち取ってきた女性の権利等については注意を払わないことがしばしば観察され、パークがかつて提示した「マージナルマン」[14]という概念が夫人たちにも適用できるように思われた。

　駐在員およびその家族は長期間滞在するといっても基本的には一時的滞在者であり、いつかは帰国する人々である。したがって、いずれの駐在員夫人もアメリカでの生活は一時的な滞在として認識しており、彼女たちが保持している一時的滞在生活という感覚は、アメリカ社会の文化に深くかかわることを限定化してしまう可能性が高いと思われた。ではこのような「マージナルマン」としてのアメリカ社会や文化へのかかわりは、現時点でも同様なのだろうか。次節からは「マージナルマン」としての異文化社会への接触と「トランスナショナル」な意識をキーワードとして、夫人たちのアメリカ社会との接触度、ジェンダー観、そして子どもへの教育観を分析していくことにしたい。

4. 面接調査結果

　今回、質問紙に答えてくれた30人の女性のなかから、面接調査に応じてくれた夫人は18人、内訳は駐在員夫人が10人、かつて駐在員夫人であったが現在は自らが職業を持っているか、あるいは夫が帰国後単身で残っている夫人が5人、家族ともどもロサンゼルスに永住し、自らも仕事を持っている夫人が3人であった。年齢層は30代が6人、40代が10人、50代が1人、60代が1人となっており、全員が中学生から大学生あるい

は卒業した成人学生を持っている母親であった。前回の調査と比較した際の調査に応じてくれた夫人たちとの最も大きな差異は、前回が少なからぬ女性たちが幼児を抱えていたのに対し、今回の女性たちの多くは既に大学に入学もしくは卒業している年齢層の高い子どもを持っていること、学齢期の子どもを持っていたとしても高校生以上であるという点にある。そしてこの条件が前回の調査結果との大きな差異を生み出していることにもつながっている。

それでは、アメリカ社会との接触度について、何らかの共通点、特徴がみられるのだろうか。上述した「遠隔地日本」的コミュニティとのかかわりはどうかという点からみてみよう。

回答してくれた女性たちの移住地、例えばサンディエゴ、ロサンゼルス、トーランス、アーバインという地域には駐在員およびその家族から構成されている「遠隔地日本」的コミュニティがたしかに存在する。そしてそのなかで暮らしているせいか、アメリカ社会との深い接触を持たないままの夫人もたしかに存在している。例えば次のAさんのようなケースである[15]。

Aさんの事例

　Aさん　42歳　滞米生活4年、子ども　中学生と高校生の男女2人

高校生の長女は小学校6年を修了し、中学生の長男は小学校3年を修了してアメリカに来た。Aさんは日本の有名大学を卒業してから企業に勤めていたが、結婚によりその後退職し、子どもが生まれるまでは、技術翻訳（英語と日本語）を家でフリーとして主におこなってきた。

自己の人生設計

「自分自身は、先ほどいったように現在は子どもと主人を優先させたいと考えているので、まず学校のボランティア活動を通して教育制度を理解している。また日系人の老人ホームでのボランティア活動を通じて

アメリカ社会を理解しようとがんばっている。趣味はテニスでこれに打ち込んでいるといえる。したがって、人生設計は現在模索中といえようか。」

「アメリカでは日本よりずっと教育面や生涯学習制度が整のっているから、いつでも勉強しようと思えばチャンスがあると思う。女性の自立はやはり経済的自立であると考えているので、現在経済的に収入がないことを少し残念に感じる。将来は仕事の満足感とうまくいけばそれに収入を得られるということがつながればよい」と願っている。

子どもへの教育観

子どもの教育については、「アメリカ社会に適応するまで本当に気を使ったし、そのために様々なサポートをおこなってきた。英語ができないころは、ESLクラスに通っていたが、このときには子どもが学校に楽しく通うことが大切であると考えて、そのようにするように心がけていた。当然、宿題ができるように家庭教師をつけて、みてもらったが今は2人とも自分でできるようになった。また、スポーツ活動などにも取り組ませ、むしろこうしたスポーツを通じて子どもが積極的にアメリカ社会に溶け込めるようになったような気がする。主人も子どものスポーツ活動には積極的に全面的に協力しており、休日の試合や練習には主人が付き添ってくれている。」

「アメリカ社会では、英語になれれば何とか学校の学習内容にもついていけると思っている。そうすればHonorsコースやAPなどのコース[16]をとることも可能だと思う。やはり英語がどれだけできるようになるかが最も大切な鍵ではないか。」

Aさんの場合には、富裕層が集中している地域に在住しており、そこの在住しているアメリカ人も高学歴者、高所得者に限られている。そのため、一般的に夫婦共働きで生計を立てている家庭とは異なり、周辺のアメリカ人女性も専業主婦が多い。そうしたアメリカ人主婦にはかつて、

弁護士や医者などの専門職についていた女性が多いのだが、現在は退職し専業主婦として育児に専念している人たちが多い。したがって、「学校などのボランティア活動に非常に積極的にかかわっており、教育熱心な母親が多い」と感じている。そのためか、「働く夫人が当たり前」というアメリカ人の考えは、この地域に居る限り感じられず、「子育てを丁寧にすることが当たり前であるという雰囲気がまわりをつつんでいるように思う」と述べている。

　Aさんのアメリカ人女性観もこのコミュニティ内のアメリカ人女性から受ける印象に基づいており、そのため、働く女性はほとんどいないという発言にも、彼女のアメリカ人女性観が収斂されているように見受けられた。しかし、このコミュニティは一方で、駐在員層でも会社内でかなり高い位置についている層が住む地域でもあり、日本人の数は多く、彼女の日常での付き合いはほとんど日本人同士に限られている。ジェンダー観については、現時点ではあくまでも子どものことを優先したいとしているものの、女性の自立は経済的自立であると位置付けており、いずれはパートタイムでも働き、経済的に自立することを望んでいる。そのため、2〜3年後には生涯学習の制度基盤が整っているアメリカ社会で何らかの学習をし、将来につなげたいと計画しているとのことであった。

　しかし、多くの夫人たちのなかで、滞在が長期になる夫人たちのなかには以前とは異なるパターンを示す例が多数観察された。彼女たちのケースは、「遠隔地日本」社会の一員ではあるが、一方でアメリカ社会にも足を踏み入れて生活基盤を整えているケースであると推察される。当然、彼女たち以上にトランスカルチュラルな能力を身につけ、日本語も決して不十分でない子どもの存在も、トランスナショナルな意識あるいは生活に影響を及ぼしているだろうが、典型的な駐在員夫人であった夫人がいまや、駐在員コミュニティにも米国社会にも同じような比重を置いている「二重生活者」という側面が浮かび上がってきているようだ。以

下はそれらの事例を提示したい。

Bさんの事例

Bさん　47歳　大手メーカの駐在員夫人、子ども　大学生と高校生の女子2人、海外経験　アメリカでの駐在生活は2度目、合計10年、職歴　出産を機に中断したことはあるが、現在パートタイムで就労

Bさんは、駐在員夫人といっても、夫が日本に逆単身赴任し、アメリカで留守宅を守りながら、同居している高校生の娘を世話している逆単身赴任世帯主である。

なぜこのようなことになっているのだろうか？その鍵は子どもの教育とBさん自身の決定にあるのだが、ここではまずBさん自身の過去の生き方を再現してみよう。

Bさん自身は短期大学を卒業後、企業に就職、職場結婚後、出産まで同じ職場で働き続けた。彼女と同年代の女性の多くは結婚を機に退職する場合が多かったのであるが、Bさんは「子どもができるまでは家にいても時間があると考えて働き続けよう」と考えていたということであった。ただ、Bさんの育った環境では母親が専業主婦であり、子どもを置いて外に働きに出ることは普通とは考えていなかったという。Bさんは「子どもの世話をし、食事を作るということが非常に家庭生活を営む上で主婦の大切な役目であるという価値観を持っていたため、仕事をずっと続けることを選択する気はなかった」という。Bさんより少し年上の夫も「当然ながら妻は家に居るべきだという考え方であったし、自分自身もその考え方に疑問を持つことはなかった」と述べている。

現在でも母親は職業よりも子育てを優先すべきであるという考え方は変わっていない。一方で、「父親である夫も職業と同様に子育てにかかわるべきであるという考え方を持っているし、3歳以下の子どもでも社会性が身につくから、保育園にいれてもよいとも思っている。忙しけれ

ば離乳食やお弁当は市販のものでもよい」という考え方で、必ずしも手作りにこだわる考え方を支持しているわけではない。

自己実現

　女性の自立をどう考えているかという質問については、「経済的に収入を自分で得ること」だと答えている。10年前の調査において、多くの駐在員夫人が高速道路の運転や、アメリカ人との付き合い、そして交渉ごとなどを自分の力でおこなうのではなく、夫に頼っている人も多かったことが判明したが、Bさんは逆単身赴任という状況もあり、一軒家の維持についての諸問題への対処、子どもの学校、進学先の決定等においても自分で処理し、さらにはアメリカ人の仲の良い友人もおり普通に付き合っている。しかし、こうした諸事を全部一人でこなせることについて、彼女は女性の自立とはみなしていない。なぜなら、「日本にいれば誰もがしている当たり前のことに過ぎないから」であるという。彼女が考える女性の自立とは、経済的に自分で収入を得ることである。こうした考え方は、先ほど述べたように当初の彼女の持っていたジェンダー観とは変容しているのだが、その背景として彼女はこう分析している。

　「第1に、子どもがある程度育つと子どもに関与する時間が減少する。子どもへのかかわりはやはり一応大学に入るまでではないか。子どもが大学に入学すること、つまり、アメリカでは自宅から近い大学に入ったとしても、寮に入るなど家から出ていくのが通常なので、この時点で子どもは巣立ったものと考えられる。そうなると考える時間がたくさんあり、今まで子どもにかけてきた自分の持つエネルギーが外に向かっていくのではないか。

　次に、アメリカ人女性を見ていると、小さい子どもがいても働くのが当然であるという文化があり、それを周辺が精神的にも支えている。自分が日本に住んでいた頃には、働く主婦に子どもがいるとその子どもはかわいそうだと思っていたが、子どもがいても働く女性が子どもとのかかわりを一生懸命保つべく努力しているアメリカ人女性の姿を目にして、

母親が働いていることは子どもにとって決してかわいそうなことではないと思うようになってきた」と語っている。

「自分自身も働くこと自体が好きであること、そして駐在生活が長くなるなかで、気楽な楽しむだけの生活ではなく、もっと生産的なことがしたいと思うようになってきた。その一環として、アメリカで勉強して保険アドバイザーや金融アドバイザーの資格を取得したこともある。」

10年間の日本を巡る環境変化を前述したが、こうした環境要因が、やはり駐在員の生活にも少なからぬ影響を及ぼしていることが、Bさん自身の言葉からもうかがえる。かつて調査した際には、多くの駐在員夫人は、定年まで夫がその会社に勤務するものだと信じて疑いも持っていなかったように思われた。なかには、独立して会社を起こした人もいたが、そうしたケースには、非常に長い駐在生活を送り日本にもう帰る部署はないとか、子どもが日本にもう帰りたくないというような場合に代表されるように、その背後には特殊な事情が存在していた。しかし、今回の調査では多くの女性たちから「主人が定年まで同じ会社で勤められるかはわからない。転職するかもしれないし、独立するかもしれない」という言葉を聞いた。

Bさんの場合も同様で、夫もゆくゆくは独立してアメリカで何らかの商売をしたいという希望を持っているという。そのために、Bさんは資格をとって備え、夫が日本に帰国することが決まった後もアメリカに残り、生活基盤を整えているとのことだ。Bさんの夫が勤務している会社は女性の駐在員もいるぐらいで、非常に実力主義を前面に出しているという企業カルチャーを持っているとのことである。Bさんによれば、「多くの駐在員夫人も夫の帰国後、子どもの教育といった要因から残ったケースも多くあったためか、それほど夫なしで異国で生活することにも不安はなく、何とかやっていけるのではないかという気持ちがあった」と語っている。

他の要因としては、やはり子どもの教育という問題が、アメリカに

残った大きな原因であったと説明してくれた。夫に帰国命令が下ったとき、長女は現地高校の最終学年であり、進学という問題に直面していた。2回目の赴任でアメリカにきたとき、長女は中学生になったばかりであった。小学校時代と比較するとアメリカの中学以上での学習内容は極端に難しくなる。学習言語である英語の読書量、書く量、全てが高度になり、子どもたちもそのレベルに追いつくため、あるいはついてくために必死で勉強しなければならない。言い換えれば、この時期は日本の勉強とアメリカでの勉強のどちらかを選択する、もしくはどちらかに比重をかけることを決定しなければならなくなる時期でもあるといえよう。また思春期の子ども特有の難しさも抱え、そうした時期を異文化の土地で迎えることも一層のプレッシャーがかかることにもなる。そうした難しい時期をBさんは子どもと一緒に乗り切ってきた。当時、夫も現地の責任者としての責任は重く、家のことにまで手を出す余裕はなかったため、Bさんが子どもの現地への適応、そして勉強の手助けをおこなってきたのであった。そのかいあって、長女は現地の学習にも追いつき、ようやく一人立ちができるようになった頃に夫への帰国辞令が下ったのである。そうすると長女は、「ここまで頑張ってきたし、とても苦労してきた。日本に帰ってもう一度こんな苦労をしたくない。むしろこっちで頑張りたい」としみじみと心の内を打ち明けたという。そのことを聞いて、Aさんも夫も子どもの意思を尊重しようと決意したのであった。

それにしても「子どもと3人で異国に残り生活していくことに不安はなかったのか」という質問については、「たしかに不安はあったけれども、主人の会社の妻たちで逆単身赴任をしている人たちもいたし、しっかりした現地の日本人女性社員もいた。そうしたしっかりとした女性を見ていたから、私もやらなければいけないと思ったし、またできるとも思った。」そして「主人が現地の責任者ということで忙しく、家の管理も含めて全て自分でやっていたことがよかったかもしれない」と語ってくれた。

「最初駐在したころと比較して、最近の駐在員社会、駐在員夫人には

変化があるか」という質問に対しては、第1の変化として「英語を話せる人が増加したこと、新しく駐在員夫人として来米する女性たちのなかに周りからのヘルプを必要としない人が増加したこと、言い換えれば、自分で異文化の土地にきてもやっていけるような人が多くなったこと」が目立つと答えた。上下関係が薄くなってきたという変化も顕著になっているらしいが、これには長所も短所もあるそうだ。つまり、「短所としてはある意味ではけじめがない側面もあるのではないか」とBさんはみなしている。

　夫婦の関係も、以前のように夫が外で、妻は内といった関係をほとんどの駐在員社会が継承していたことと比べると、現在では対等であり、その関係も多様になってきているようにみえる。必ずしも専門職についている妻が夫の赴任にともなって来米するというわけではなく、日本に残りそのまま職業を続けている場合もあるそうだ。

人生設計
　最後に、Bさん自身は「フルタイムで経済的に自分でやっていけるような収入を得るような仕事をしたい」と考えている。アメリカで長く暮らし、趣味、スポーツ等何でもひととおりこなしてきたし、資格も取得したが、何となく達成感がないと感じている現在、何か、「本当に何かした」と思えるようななことをしたいと考え、現在模索中であると打ち明けてくれた。そして、それを探すには、制約も少なく個人にやる気さえあればそのような環境を与えてくれるアメリカでは何とかできるのではないかと考えているという。Bさんの力強い生活はしっかりとアメリカに根をおろしながら着実に進んでいる印象であった。

Cさんの事例
　Cさんは44歳　駐在員夫人、滞在年数は米国では7年、それ以前にイギリスに5年暮らしたことがある。子ども　高校生である15歳の長女と中学生である12歳の長男の2人

Cさんは、日本にいたころはフルタイムで保母の職業に従事していた。しかし、アメリカで暮らすようになると、こちらではビザの関係で働けないため、主にボランティア活動や子どもの宿題の手助けなどに従事した。家で専業主婦としているため、家事や育児などに十分時間をかけることができるが、一方で家事にかかりすぎになってしまった。

　「何か生産的なことをしたい」と悶々としていたときに、アメリカに長く滞在している日本人女性が開いている駐在員夫人のための勉強会に参加することで、アメリカについての歴史を学び、子どもにも親の立場でアドバイスできるようになるなど、有意義な経験をした。自分のポリシーとしては、子どもにも過剰な期待はしないようにして、なるべく自立できるようにと手をかけないように最近は心がけている。勉強については、自分自身がそれほど教えることができないと思ったので、手伝わないことにしている。そのためか、自分で何事もやるようになり、現在は英語についてもほとんど問題はない。

　日本と比べてのアメリカでの家族の違いについては、「一般のアメリカ人たちは親子関係が薄いように感じるが、一方で駐在員家族である自分たちをみてみると、家族の絆が深くなったように思う。コミュニケーションも緊密になったし、何より父と娘の会話があることに価値があると思う。日本ではほとんど父娘のコミュニケーションが少ないと聞くが、アメリカにいると家族が助け合って生きていかねばならないという状況もあり、家族のコミュニケーションは保たれていると思う」と答えている。

職業観、ジェンダー観

　職業観、ジェンダー観については、「日本にいたときは、フルタイムでの仕事を持っていたのだが、こちらでは働いていないし、働けない。海外生活になれるまではそれでよかったが、子育てが一段落しつつある現在、無性に働きたいと感じる。自分で自分のお金を稼いで自由に使い

たいし、経済的に自立するということが大事だと思う。そこで、滞米期間を有意義に使うようにしている」と語ってくれた。なぜならBさんは趣味をそのまま仕事に生かしたいと考えており、そうすれば自宅で教室を開けることで家庭にかける時間も持てるからである。そのため、ステンドグラスを3年間、シャドウボックス[17]をずっと習ってきており、自分は趣味以上の技術を習得すべく現在まで努力してきた。その結果、最近作品が徐々に良い値で売れるようになってきた。帰国後は、これらの技術をベースに自宅で教室を開講することを考えている。

　Cさんは、「アメリカ人女性はまず自立していること、仕事も片手間でなく専門職についている女性も多く、上司が女性ということも決して少なくない」とみている。「一方、日本では男女平等が推進されてきたといわれているが、やはり昔の日本の様式をそのままひきずっているように見えるし、女性の社会進出についても、進出していくことで家庭にしわ寄せがあると考えている人が多いのではないか。女性の自立とはやはり経済力を得ることと生きていく上での知恵を身につけることだと思う」と語っている。

　夫との関係については、「アメリカに暮らすようになってからやはり変わったと思う。まず、夫は日本では絶対にキッチンに立たなかったが、今では立つようになった。子育てについても、夫婦が同じようにしつけ、子育てにおいてはお互いが責任を持っていると自覚している。したがって、主人はアメリカでは仕事を抜けてでも子どもの授業の見学や、オープンクラスに出席する。しかし、こうした父親の子どもの教育への参加を実践することは日本では難しいと思う。会社や社会全体が、もっと父親にも配慮をしない限り、責任を持って父親が子育て、教育にもかかわれないのではないか」と感じている。

Dさんの事例

　Dさんは47歳、滞米生活は18年　留学時代を含めると外国生活が21年、

夫は大学卒業後すぐアメリカに渡り現在30年の滞米生活、子ども　大学生の長女1人

Dさんはグリーンカード[18]を保持し、ロサンゼルスで日本人の駐在員妻たちを主に対象にした健康食品や洗剤等のビジネスに携わっている。日本に滞在時の職業は出版社に勤務していた。サンフランシスコでは旅行会社に勤めていたこともあり、その後出版社でフルタイムの仕事を続けてきた。

フルタイムで出版社に勤めていた頃には、子どもを6時まで保育園に預けて働いていたが、とても仕事がきつく子育てと両立することは難しいと思ったので、自由業に変わった。

「アメリカ社会は自由で良い面もあるが、女性に関してみると自由すぎてむしろつらいのではないかと感じる。なぜなら、自由には自己責任が必ずともなっているし、一体どうしたらよいのか迷ったときに、わからなくても自己責任で何事も決めなければならないため、かえって厳しいのではないだろうか。あくまでも決断するのは自分であるということは、誰にも責任をかぶせられないため、つらいときもあるのではないかと長く暮らせば暮らすほどそう感じることもある」と語ってくれた。

子どもへの教育観

「大学生の娘が小さいときにはいろいろお稽古事を習わせた。高校生のときにもいろいろプッシュしたこともあった。しかし、やはり最終的に決断するのは自分であること、そしてアメリカ社会では決定するまでの時間も長く、長い時間をかけて決めていけばよいと思っているので、今では子どもに任せている。それこそ、大学に入ってから専攻を変えるのも自由だし、職業も変えるのも自由である。つまり長い人生のなかで自分を探していけばよいというのがアメリカ社会の基本的な考え方であると考える。子どもが小さいときには、日本語も学習させたし、公文教室、そのほかいろいろな稽古事を習わせたが、やはりある時期になると

アメリカの現地学校の勉強も大変であるし、どちらかに専念しなければいけないというのがはっきりと見えてくる。長女はアメリカで育っており、日本で勉強することはあり得ないと考えて、アメリカの学校に行くのが普通であると判断して、アメリカでの進学を選択した。この選択は自然な選択であった」と評価している。

「長女の小学校、中学校、高校の進学に当たっては、いろいろと模索した結果、私立の学校を選択して通わせた。アメリカでは地域によってシステムが異なるだけでなく、地域によっても学校の良し悪しがあるため、どの学校を選択するかが重要になる。子どもが小さければ小さいほど、当然選択するのは親であり、親がどれぐらいしっかりとした見識を持って学校を選べるかが重要であると思う。長女の進学に当たっても、学校を慎重に検討してＣさん自身が選択した。しかし、大学進学に当たっては、もちろん親がどれぐらい学校選びに関与できるかは大事ではあるが、学校側が、進学するための科目履修へのアドバイスをおこなうなど教育上組織的な制度が整っている。例えばカウンセラーの役割などがまさしくそうで、大学進学に当たっての、必修科目の選択の相談など全部おこなってくれるし、同時に子どもの意思が重要になってくると思う。そういう意味でも、親よりも子どもの意思が高校生以上ではより重要な要素ではないかと考える」と述べている。

ジェンダー観

ジェンダー観については、「伝統的な女性役割もそれはそれでよいのではないかと考えている。夫は非常に合理的な考え方をしており、決して伝統的な性別役割を押し付けるわけではないが、自分自身が家事は女性の方が上手だと思っているので、主に家事には自分が携わっている。また、夫は自分で会社を起こして経営しており、ある意味で生活がかかっているともいえるので、それほど家事に時間を割くことができないと考えている。自分自身は女性の自立は経済的に独立することだと考えており、だからこそ自分も常に仕事を持って働いてきた。家計管理はそ

れぞれの持ち寄りであり、主人がどれぐらい稼いでいるか、また私がどれくらい稼いでいるかはお互いにあまりよく知らない。

　日本人の場合、母親は自分に自信がないから、子どもに自分の夢を託し、子どもにかけるのではないだろうか。つまり、母親の希望、思いを実現するために、子育てにかけているのではないかとみなしている。子どもの育て方については、いくらアメリカに長く住み、アメリカの学校にずっと通っているといっても、娘は日本人であるし、日本人としてのアイデンティティを保持して欲しいから、ずっと日本語を家では使用し、日本語で彼女とコミュニケーションをとってきた。そのおかげで、日本に行っても、とても古きよきタイプの日本人として通用するようなマナーや、年齢の上の人への接し方、そして敬語さえも使える」と語ってくれた。

自己実現

　「自分自身の自己実現については常に実現するように行動してきたと思う。例えば、仕事を持ち続けたこともそのひとつで、どんなに子どもが小さいときでもフルタイムで働いてきたし、その仕事を通じて自己実現を図ってきたと思う。現在のビジネスも、自分にとっては自己実現の過程であると位置付けている」とDさんは述べている。

Eさんの事例

　Eさん　44歳の駐在員夫人、子ども　高校生の長男と小学生の長女、彼女の駐在夫人としての生活はドイツで6年、その後日本に戻り3年ほど暮らし、アメリカに駐在員夫人として来米した。アメリカの生活歴はおおよそ4年

　Eさんのアメリカ生活についての印象は、「ドイツでは子どもが小さかったこともあるが、子どもを通じての駐在員同士の連帯があったが、アメリカでは核家族的で子どもは子ども、それも子どもも同じ年齢だけ

で付き合うというような横だけのつながりで、家族的なたてのつながりがないように思う」と語る。「ヨーロッパでは良いか悪いかはわからないが、駐在員全体が家族のような感じで深い付き合いがあったがアメリカではそれがない。」

　Eさんの悩みは深い。その悩みは自分自身のことと、子どもの教育問題に大きく分かれるが、そうした諸事が結びついて「全てに自信を失って将来への希望がない」と語る。

子どもの教育問題

　子どもの教育という問題については、アメリカに来た年齢とタイミングから不運ともいえる側面が浮かび上がった。「アメリカに家族が着任したとき、長男は日本の小学校6年生であったが、それまで英語に触れたことはほとんどなかった」と語る。「夫の赴任が決定してから、アルファベットだけを教え込んできたのだが、現地では中学生として扱われ、いきなり中学生レベルのESLと呼ばれる英語が第2言語のクラスに入れられた。従来このクラスは、英語力がつき普通クラスで十分にやっていけると判断されるまで、残ることができたのだが、最近は移民の数が増加し、財政が厳しいため、1年でESLのクラスから自動的に出されるようになっている」長男の場合、母親であるEさんがみても「英語力は十分でないにかかわらず、ESLから出され、ELD (English Language Development) と呼ばれるレベル別のクラスに振り分けられた。しかし、このクラスのレベルにはついていけなかったことで、1年学年を下げられたことが、彼の自尊感情（セルフエスティーム）に悪影響を及ぼし、その後スムーズに学習生活がいかなくなった」という。「こうした中学生でのつまずきが響き、現在高校2年生だが、現地校のレベルにはなかなか追いつかないまま現在に至っている」と母親であるEさんは述べ、「逆に日本に帰国させ、日本の高校に通わせるには、日本の高校の学習内容が高度になっているため、それも難しい」と心配している。

　Eさん自身は、日本で暮らしていたときには工業系の専門職について

おり、「毎日生き生きとやりがいと持って働いていた」という。「国家資格をとって、別に結婚しなくても独りで十分にやっていけるとも考えていた。ドイツから帰国後、こうした資格を生かして、在宅勤務をしたが、再度の駐在でアメリカにきたものの、こうした資格を生かして働ける場所はない。もし、本当にアメリカでも働くつもりなら、現地のコミュニティカレッジにでも通って、資格をとることが必要だと感じるが、何ぶん英語がそれほど好きではないという問題がある。したがって、年齢とともに自信を失い、自己実現は無理だとあきらめるようになってしまった。様々な趣味や習い事にも大体手を出したりしたが、それほど好きではなく自然に足が遠のいてしまった」という。

夫の女性観

夫の女性観は、彼女いわく非常に保守的であると同時に、「Ｅさんが何もできない」と批判するため、その言葉がＥさんの自尊感情を引き下げてしまっているとＥさんは感じている。生活面においても、日本の不況を反映して、現地の駐在員の待遇も給与が減少するなど悪化している。夫もリストラされるのではないかという不安も抱えており、Ｅさん自身も将来のために何かしなければとあせるのだが、先は暗いと考えてもんもんとしていると語っている。「何かしなければというあせりを抱えながらも、何もできない自分のような人がたくさんいるし、アメリカ社会ではビザの関係で仕事ができないということは大変大きい」とＥさんは語っている。

「若い世代の駐在員についてみれば、駐在員である夫も勤務後に学校に通うなど前向きな人も多いが、40代半ばになると子どもの教育費、日本の持ち家のローンなどもあり、将来のために何か学習活動に携わるということは経済的に難しくなってきた」と述べている。日本の中高年の悲哀そのものが現地の駐在員の中高年層にも反映しているように、Ｅさんの事例は示しているようだ。

第9章 駐在員夫人のジェンダー役割観の変容

Fさんの事例

Fさん　43歳、滞米生活歴16年　永住者、子ども　中学生の長男と小学生の長女

　Fさんの夫は日本の大学を卒業してすぐアメリカに渡り、その後アメリカの大学院に進みMBA[19]を取得した。日本の現地法人である不動産会社に、現地採用待遇で長く勤務していたが、公認会計士[20]の資格をとり、近く独立して自分で会社を起こすと計画している。その際、管理の仕事を妻であるFさんがおこなう予定になっている。現在、Fさんは通訳の仕事をフリーランスでおこなっている。通訳の仕事をするに当たっては、トーランスにある日本人を対象とした通訳学校に通いながらスキルを身に付けた。

キャリア歴とキャリア観

　Fさん自身のキャリアをみてみると、日本の有名大学のスペイン語学科を卒業し、1年間メキシコへ留学した後、日本で大手の銀行に勤務した。この銀行は当時女性を積極的に雇用し、積極的に働かせていたことで有名であった。海外への女性の派遣制度も持っており、勤務して3年たつとこの制度に応募できることになっていた。ただし、3年間は海外で勤務すること、独身であること、休職制度が使えない、昇給はこの間ストップであるなどいくつかの制限も課せられていた。Fさんはこの制度を利用しようかとも考えたこともあったが、このまま同じ銀行でキャリアを積むことの意義に疑問を持ち、応募することは止めた。夫とは日本からメキシコに留学していた際に偶然アメリカで知り合い、85年に結婚した。

　Fさんが携わっている通訳の仕事は「1時間当たりの時間給が良く、人と人の仲介をする、そしてそのビジネス契約などの仕事がうまくいったときは、自分としてもとてもうれしく感じる」という。自分の通訳を通じて、現地と日本の企業とのビジネスが成功するということはやりが

いのある仕事だと評価し、現在の仕事に満足している。Fさんの母親が保健婦、看護婦、薬剤師として働いていたから、仕事をすることが当然であると思っていたし、そのせいか仕事をすることが好きである、と語ってくれた。

子ども観

子どもについては、「子どもと自分の人生は別である」と思う。「子どもに献身的に自分の自己実現を捨ててまで尽くすと、かえってプレッシャーを与えてしまうのではないか」と考えている。「自分自身も子どもの教育に関与し、子どもが小さいときには様々な塾通いをさせたし、その運転手をするなどいろいろかかわってきた。しかし、現在はそうすることがかえって子どもへのプレッシャーになると思っているのでそうしない。むしろ自分が一生懸命生きていること、生き生きと仕事をしている姿を見せることが子どもの人生への指針になる」と考えている。

駐在員夫人観

駐在員夫人については、「結局日本に帰る人たちだと思う。いつも日本に目が向いており、教育問題についても常に日本にばかり向いて考えている。アメリカと日本では教育の目的、目標も違うと思うが、そうしたギャップを真剣に考えているとは思えない。いうなれば、日本に帰ることが目標であって、アメリカにいる今を生きているとは思わない」と感じている。

アメリカ社会観

アメリカ社会は「敗者復活が可能な社会である」とみており、「それぞれが自分をよく知って生きていると思う。人のことを気にしないのはこういう社会風土から来ているのではないか」と考えている。「だからこそ、多くの人たちは自分の力量に合ったことをして、自分を楽しくさせることを知っているからこそ、学歴をそれほど重視しているとは思わない。自分にはこうしたアメリカ社会、アメリカ人の考え方が大きく影響した。アメリカ社会はよくモラルが低下しているというが、まだキリスト教社

会の伝統と精神がある。だからこそ、神という存在があり、そこに感謝していこうとする人たちが多い。自分もこうした影響を受けて、教会に通っている。ボランティアに携わる人が多いのも、キリスト教精神からきているとみている。例えば、頭が良くて、才能があるのは神から与えられた才能であるとみなしている。それゆえ、社会で活躍して、その才能を社会に還していくという考え方、行動の規範があるように思う。」

「海外で暮らすには、好奇心を持っていることが大事だと思う。好奇心があれば海外で生活することは可能だと思う。しかし、内向きだと先に進まないので、日本人駐在員夫人は、内向きから外へ関心を持つというようにフイルムを入れ替える必要があるのではないかと考えている。もっと、子どものことと日本のことだけに目を向けるだけでなく、自分が今生きているアメリカ社会への関心を持って関心をより膨らませて、今のアメリカを生きていくことが大事なのではないだろうか」とFさんは語ってくれた。

Gさんの事例

　Gさん　元駐在員夫人、子ども　大学院生の長女と大学生の次女、現在フルタイムで就労中、滞米生活14年

　なぜ、Gさんに元が付くかというと、夫が辞令をもらって日本に帰国後もアメリカに残り、Hビザという労働許可のあるビザを取得し現在フルタイムで働いているからだ。最初は、大手の自動車会社の駐在員夫人として来米した。来米時には、長女が11歳、次女が8歳であったが、それ以来一貫してアメリカの教育を選択してきた。したがって、長女はアメリカの大学を卒業後日本で短期間働き、現在はアメリカの大学院に進学している。次女はアメリカの大学に通っている。

キャリア歴とキャリア観

　実は会社にスポンサーになってもらい、永住権を取得することを当初

は望んだのだが、それは難しかったので、留学生枠でアメリカの大学に通った。現在はピアノの教師という専門職資格でHビザを取得し、この地にいる日本人子女へのピアノ教師と教育相談を仕事として、フルタイムで働いているという。

Gさんはアメリカでは、最初は主に子どもの教育を通してアメリカ社会にかかわってきた。日本貿易懇話会（JBA）のサウスベイ支部であるJERC[21]が立ち上げられた。この支部の主な目的は、日本人が駐在員として赴任してきた際に、子女の入国教育をおこなったり、現地学校を積極的にサポートしたり、さらには子女たちの教育についての教育相談をおこなうなど、教育面での活動が主となっている。Fさんはそこの理事会のメンバーである。Fさんはアメリカ人の教師は日本人のために様々な配慮をしてくれているし、当然そうしたアメリカ社会の教育をサポートしていくのは使命であると感じている。

Fさん自身の職業歴については、日本にいたときには、自宅でずっとピアノの教師をしていたが、それ以外には子育てが主な仕事であったと思う。こちらに駐在員夫人として赴任してきたときには、自分が現地に適応するまでにおおよそ2年かかったと思う。最初に、多くの人たちがたどるコースとして、アダルトスクールに通い、英語を勉強しその次のステップとしてコミュニティカレッジに通った。

そうしたなかで、現地の日本人対象の補習校であるあさひ学園の父母の会の会長になってしまった。この仕事は主にダウンタウンにある本部でしており、高速道路を使って行かねばならないのだが、多くの夫人たちが高速道路の運転をできないため、2年間続けて会長職に携わった。さらには、JBAの教育相談室の相談員として2年間かかわった。こうした活動には滞米4年目で従事した。その後1996年にJERCが設立されて以来現在までその仕事にかかわっている。

自分の性格は、主婦として家にいて家事、育児だけに携わるのではなく、常に何か別のこともしていなければならないと思っている。例えば、

結婚しても仕事、すなわちピアノ教師を止めるつもりはなかったので、その仕事を続けてきた。自分の両親は比較的早く亡くなり、また兄が両親の面倒をみてくれたこと、夫の方も彼の兄弟が面倒をみてくれているなど、そういう面での家族の世話ということがあまりなかったこともラッキーであったと感じている。したがって、現在の仕事を通じて、生きていく場所を与えてもらったと生きがいを感じている。

駐在員社会と自分

夫の勤務する会社は大手の自動車会社であり、常に大体50人以上の駐在員がおり、そのほとんどはサウスベイに集中して居住している。妻たち同士で気を使うことが大変であり、会社の名を汚してはいけないというプレッシャーがいつもあった。大事なことは、「どこの会社のだれだれさんの妻」であるということであり、そうしたなかで夫人たちは動いている。アメリカ人と付き合うようになって、アメリカ人は自分をそれまでの駐在員夫人の社会である、……の母、……の妻という見方でなく、自分自身の個でみてくれることに気づき、駐在員社会には個がないと認識した。といってもやはり駐在員の社会で生きているわけであるから、アメリカ人と付き合うとき、日本人と付き合うときそれぞれを使い分けるようになった。

夫のジェンダー観と子ども

夫のジェンダー観については、夫は50歳を超えており、日本の古い考えがどこかにあって、自分のために何かして欲しいという考えを当然持っていると思う。だから、Gさんが夫の帰国後も残りここで生活していくことがおもしろくないと思っているとは思う。

娘たちは、日本への憧れも持っているから、2人とも女性への海外駐在制度のある日本企業で働きたいと思っていると思う。自分自身の子育てのポリシーは、男の子であっても女の子であっても仕事を持って一人で生きていける人間を育てることにあった。したがって、結婚していようがいまいが、一人で生きていけることを最も大切な目標として自分は

子どもたちを育て、言い換えれば仕事のできる女性になるように育てたつもりである。

子どもの成長については、母親の生き方、がんばりが子どもに影響を与えたと思う。母親がアメリカ社会でがんばって生きていることにより、子どももアメリカ社会で生きていこうと思うようになり、居場所を見つけたのではないかと考える。

駐在員夫人観

駐在員夫人への見方は、子どものケアが大切であるとは思うが、アメリカにいても日本しか見ていないのが気にかかる。ロサンゼルスには2つの日本人全日制の学校（小学校）と3つの塾がある。そうしたところから日本の情報が絶えず入ってくるから、そうした情報に振り回されすぎではないか。駐在員夫人たちが「どうせ日本に帰るから、4～5年しかいないから今を楽しまなければいけない」と考えて、旅行すること、趣味だけに生きるのは贅沢な生活であると感じる。そうした生活に多くの日系人は反感を持っていると思うし、もっと堅実な生き方をしてはどうだろうかと思っている。

特に、30代の母親たちを見ていると保守的であるように感じる。つまり、学歴のある良い会社に勤めている主人と結婚することが幸せであるという結婚観を保持しているように思えるし、日本の男性も子どもの面倒を母親がみるべきであるという考え方を持っているようだが、最近、アメリカにいる30代、40代の日本人の父親が、母親任せではなく、子どもの教育やボランティア活動に積極的にかかわるなど、大きな変化がみられるようになってきたと思う。駐在員社会においても、やはり日本の不況は大きく影響を与えている。重要なポストはかつては日本人のみに任せていたが、今では駐在員の数を減らしながら、現地人が重要なポストにも就くようになってきたし、日本人の駐在期間も長期化するようになってきている。そうなると腰掛け的な考えを持っていては通用しない。アメリカに腰を落ち着けて、アメリカ人と信頼関係を築きながら仕事を

することが重要になってくると思う。そうした意味では、アメリカ社会を本当に理解することが大切ではないだろうか。

アメリカ人女性観

アメリカ人女性をみると、基本的にたくましいといえるだろう。自分の考えを持って意見をいえるし、頑固かもしれないが他人の動向や意見に左右されない強さがある。一方、日本の女性たちは精神的に未熟というか、自立していないように感じられる。家庭、学校、社会でもある意味では甘やかされて育っており、その自立していないことが良いことであるとしばしば考えているのではないかとも思う。

Hさんの事例

駐在員夫人、2度目の駐在生活　滞米生活は2年　1度目はイギリス3年、子どもは小学生中学年の長男と低学年の次男

Hさんは、日本では1986年の男女雇用均等法が法制化されたときに、大学卒業後第1期生の総合職として銀行に就職し、為替関係の専門職として勤務した。やりがいもあり、一生懸命働いたと思う。社内結婚をしたが、やはり銀行関係は古い体質が残っており、どちらかが退職することが慣行として残っていた。その際、夫よりも自分が退職する方が自然だと考えて退職した。その後、出版関係の仕事をパートタイムでおこなったが、出産を機にこの仕事も辞めた。その後駐在員夫人として外国で暮らす。

自己実現

アメリカではとにかく英語力を伸ばしたいと考えて、TOEFLの試験を受け、かなりの高得点を取得したが、さらに伸ばしたいと考えて試験対策コースをとりさらなる得点を取得した。その結果、UCLAのエクステンションプログラムで提供されている、TEFL (Teaching English as Foreign Language)[22] コースを現在受講している。夏休みに集中コースに参加して

以来そのまま受講している。このコースのレベルは高く大変だがやりがいがある。このコースを修了して日本に帰国した際には、ぜひ仕事につながるようにしたいと考えている。それが自分の生活設計である。

　主人はもともと、できれば家にいて欲しいというタイプで保守的なところもあるが、現在の日本の状況をみていると、どのように会社がなるかはっきりとわからないし、いつ統合やら何かがあるかわからないのが日本の多くの会社であると考えているようだ。したがって、妻も次につながるようなことをどんどんしてもよいと考えるようになってきたと思う。

　子どもは将来日本に帰国することを考えて、全日制の日本の学校に通わせているが、やはりきっちりと勉強するのは大変で、上の子の勉強をみるのに時間もかかるし、それが自分自身の TEFL の勉強と重なって労力は大変であるが、何とか両立させたいと思っている。

　アメリカにいる日本人駐在員夫人は、夫の収入で生活をできるのがすばらしいことだとみなしている傾向があり、働かなければいけないのはかわいそうなことだとみているようだ。専業主婦でいることがどこか一段上であると考えているような気がする。特に、この地域はアメリカでも富裕層の人たちが多く住む地域であるせいか、ここに住む日本人駐在員夫人もどこか誤解して、働くことを一段低くみなす傾向があるのではないか。

5. 結論と研究からの示唆

　今回面接調査をした夫人たちのなかには、アメリカに来たばかりの夫人はいなかった。短い人で約2年から4年、長い人で10年から15年ぐらいのグループの大きく分かれた。それゆえ、必ずしも駐在員夫人の全体像をあらわしているわけではない。したがって、なかには、前回調査したときのように、あくまでも駐在員生活が一時的なものだと考え、でき

るだけ生活を楽しみ、そして子どもの教育についても日本に常に目を向けている人たちがいることも事実であり、もしかするとこうした夫人たちが大半を占めているのかもしれない。今回たまたま面接調査に応じてくれた人たちは、アメリカでの生活設計、あるいは帰国後の生活設計をしっかりと立てて行動している人が多かったのは事実である。それはもしかすると、子どもの入国教育教室から、母親たちのエンパワーメントを目的とした、アメリカ社会を真から理解するための学習教室に通ったことのある人が多かったからかもしれない。しかし、前回と比較した際に、否定できない大きな変化がいくつかある。

第1点として、90年代初めのように日本の経済に勢いがなく、駐在員ももはやかつてのような恵まれた待遇であり、エリートとしてうらやまれる存在であるということではないことだ。多くの夫人たちが指摘したように、現地の駐在員にも日本の本社のリストラは無縁ではない。いつどうなるかわからないと多くの夫人たちが指摘するのも、こうした背景があるからであろう。

そこで、かつて面接調査したときには多くの夫たちが、「妻は自分の収入で十分であり、子どもの異文化適応や教育面での適応を手助けし、アメリカでの生活を円滑化させることに従事して欲しい」と考えていたのに対し、現在多くの夫たちは、妻にも将来につながるようなスキルを身につけることを積極的に奨励したり、あるいは積極的に奨励するとはいわないが反対しないという態度が一般的となっている。また、例えば自分が、日本の企業を退職し、アメリカで会社を興したり仕事をする際にも、妻にもその手助けをしてもらい、2人で協力していきたいと考えている人たちも増加してきている。このことはこの10年間に起こった大きな変化であると思う。

9年～10年前に調査した際には、日本人駐在員社会は、ほかのアジアからの移民層と比較した際に、非常に伝統的な性別役割を保持していることが目立っていた。その背景には経済的な豊かさがあり、夫婦がとも

に働き生活を維持しようとする、あるいはよりよき生活を目指して夫婦がともに働いていた移民たちと異なって、その必要がなかったから、伝統的な性別役割が保持されていたともいえる。しかし、現在の駐在員層をじっくりとみてみると、そういう伝統的性別役割はいまだに保持されていることはされているが、一方でそうではない夫婦で新しい経済生活を切り開いていこうとする動きもみられる。夫たちが妻の自己実現にサポートを示すようになってきたのも、そういう背景があるからだろう。

　妻たちの姿勢もかなり異なった側面がみられるようになったと感じる。以前には駐在員生活を一時的なものだと考え、(面接調査をした限りでは)できるだけ楽しみたいと考えている人たちが大半であったのだが、現在は、より地に足をつけた考え方をする人たちが増加している。当然これは、先ほどの日本の経済状況の深刻さが、妻たちにも影響を与え、できるだけ家計の手助けになるような仕事につけるように学習につながっているかもしれないが、アメリカ社会のなかで自分の力でとにかく何とかしようとする姿勢がみられた。例えば、夫が帰国後もアメリカに残り、子どもとともに生活するという選択はかなり厳しい選択であるといえよう。当然、生活費は日本の夫から送られることが前提ではあるが、それ以外に異国で家を維持するということはかなりの労力を要する。家の修理の交渉、大家との交渉、持ち家ならば税金の申告、そして子どもの教育となれば簡単なことではない。こうしたことに夫なしで対処する女性が増加していることも、大きな驚きであった。たくましい日本人女性という表現がぴったりである。

　もう1点として、子どもの教育観についても以前と比較した場合、大きな差異が見出された。当然、以前よりも日本からの塾も増加し、日本からの進学情報も豊富である。したがって、日本へ目を向けて生活している層もかなりあり、もしかすると以前と同様に、こうした日本への進学を最大目的にしている層が大半を占めているのかもしれない。しかし、一方では子どもが高校生になり、さらには高校の上級学年になると、ア

メリカの高等教育を選択する層が増加していることが明白であった。以前においては、多くの夫人たち、夫たちが帰国生枠を使って、子どもを何としてでも日本の大学に進学させたいと願い、事実そうした層がほとんどであったのだが、現在では必ずしもそうしない親、子ども自身が増加している。そこには、グローバルな社会で生きていくためには、アメリカの大学の方が有利であるという考え方や、どこで生きていくにもアメリカの大学で勉強することは重要である、日本の大学にはそれほど魅力を感じないという見方が普及しているようだ。かつては、日本企業も日本の大学卒を優先的に雇用したこともあったのだが、現在では実力さえしっかりあれば、アメリカの大学卒でも十分にやっていけるという考え方が、企業、社会に広がってきたという背景も関係している。

　さらには、アメリカの高校での子どもたちの努力を無駄にしたくないという見方も存在している。海外子女たちは、アメリカの中学高学年から高校になると、それまでとは比較にならないほどの高度な学習に直面する。その学習レベルについていくための彼ら（彼女たち）の努力はすさまじいものがある。そうした努力が報われて、アメリカの大学に進学するとなるとそれは評価すべき価値となる。親たちもそうした子どもの努力と選択を、前述した日本の大学の相対的な地位の低下という背景もあって、無駄にしたくないと考えているように思われる。子どもたちが現地に適応し、さらなるステップを目指した場合には、現在の駐在員の親たちはそうした子どもの意思を積極的に生かしてやりたいと願っているのであろうし、またそうした意思を生かすことが可能になってきた状況も大きいといえよう。

　質問紙にあらかじめ回答してもらい、その項目をさらに詳しく聞くという形式をとったなかで、ほとんどの女性たちが高い点を与えていたのが、「経済的に自立している」「生き方を自分で選択できる」「アメリカ生活に適応し何でも自分でこなせる」「育児ができること」「車でどこへでも行けること」「夫の助けなく英語を使って交渉できること」「現地校の先生

と自由にコミュニケートできること」「アメリカ人の友人と不自由なく付き合えること」「異文化を理解し、現地社会に溶け込めること」等であり、「家事ができること」はこれらの項目と比較するとそれほど高くは評価されていない。「経済的に自立している」ことは、現時点では法規上不可能であるとしても、多くの女性たちの将来生活設計のなかでは重要な目標となっている。それ以外の項目については、「家事ができる」「育児ができる」を除くと以前調査した際に、多くの夫人たちが「自分のできないこと」として語る一方で、これらの項目をこなすことを女性の自立としてはみなしてはおらず、むしろそうでない自分が望ましい伝統的女性役割を果たしていると評価しているような傾向が感じられたのだが、今回は夫人たちのいずれからもこうした雰囲気は感じられなかった。実際には、夫と子どもを支え、自分の自己実現は後回しとしている夫人もいたのだが、その場合でも「現在の自分の行動はあくまでも一時的であり、将来は自分でしっかりとした生活設計を実現したい。そのために生涯学習が整っているアメリカ社会を利用したい」という意思を明確にあらわしていた。

　アメリカ社会との接触度、あるいは理解度においても、アメリカでの女性たちの立場、男性たちとの関係を相対的によく理解している人がほとんどであった。例えば、「男性と女性が競争している社会である」という見解は、アメリカは女性が社会的に暮らしやすい社会であるという一般的な見方を超えて、より社会の本質を深く捉えていなければ見えてこない。このような見解を多くの夫人たちは強く支持しているところからも、表面的な接触だけではないのだということが感じられた。

　さらに、娘を持っている夫人もほぼ全員が、娘にも息子と同じようなジェンダー観で接していることが見受けられた。「女の子だから」とか「結婚した場合には……」という伝統的なジェンダー役割を母親たちは娘たちに期待せず、むしろ「しっかりと働けるような知識、技能を身に付けて欲しい」「頑張って職業人として生きて欲しい」というような期待観

を抱いている。

　あくまでも限られた調査であるかもしれないが、日本の相対的な経済力の低下と反比例する形での夫人たちの強さ、およびしっかりとした生活設計が今回の調査から得られた知見であったと思う。そして、以前よりも親たち、子ども自身がグローバル化した社会での自分といった視点をベースに教育を選択するようになったことも重要であると思う。おそらくこうした選択は今後ますます一般化していくであろうし、そうであるとするならば、「国を超えて越境する子どもたち」あるいは「越境する日本人」という視点から、日本という国、社会を冷静に見据える必要があるのではないだろうか。

注

1　Yamada R. (1993). *Gender Role Assessment for Japanese Housewives Living in Los Angeles.* Ph.D. dissertation University of California, Los Angeles.
2　例えば、高等教育機関の管理組織化、アカウンタビリティ、そして私学化といった現象は大学という組織に企業および市場の価値が導入されたことなどの政策は、高等教育政策におけるグローバル化として捉えられている。
3　伊豫谷登士翁(2001).『グローバリゼーションと移民』有信堂高文社.
4　ロバートソン, R., 阿部美哉訳(2001).『グロバリゼーション―地球文化の社会理論―』東京大学出版会.
5　Cohen, E. (1977). *Expatriate Communities.* London : Sage.
6　二言語使用や出身国の文化とホスト社会の文化を使い分けることを、ここではトランスカルチュラルな能力として定義したい。
7　Boland, B., Cullinan, J., and Hitchcock, J. (Eds.) (1992). *Towards a Transnational Perspective on Migration.* New York : The New York Academy of Sciences.
8　戴エイカ(1999).『多文化主義とディアスポラ』明石書店.
9　質問紙は面接調査の補助として使用し、面接調査の場面において質問紙を参考に再度詳しく質問して答えてもらった場合も多々あった。
10　平成12年の海外在留邦人調査統計、外務省ホームページより。http://www.mofa.go.jp/mofaj/toko/tokei/hojin/01/1_1.html
11　海外駐在員夫人に面接を実施した際には、後述するように、近年海外駐在員数が減少しているということをロサンゼルスにやアーバイン地域に在留する多くの夫人たちから聞いたのだが、統計上からは年々在留人数は増加しており、そのなかでも北米地域は最も在留邦人の多い地域となっている。しかし、外務省の同統計のなかにある長期滞在者の職業別の地域構成数をみてみると、平成12年にお

ける北米地域の民間企業関係者は112,334人となっており、アジア地域の106,016人とほぼ同様の数字が掲載されている。このことからも、実態としては全体としての在留邦人は増加しているものの、民間企業関係者はそれほど増加していないのかもしれないともみなすことができる。
12 町村敬志 (2003).「ロスアンジェルスにおける駐在員コミュニティの歴史的経験—「遠隔地日本」の形成と変容—」岩崎信彦／グリ・ピーチ／宮島喬／ロジャー・グッドマン／油井清光編『海外における日本人、日本のなかの外国人—グローバルな移民流動とエスノスケープ—』東京：昭和堂.
13 水上徹男 (1996).『異文化社会適応の理論—グローバル・マイグレーション時代に向けて』ハーベスト社.
14 Park, R.E. (1950). *Race and Culture.* New York: Free Press.
15 面接調査に応じてくれた夫人たちの生の声をまとめることによって、そのなかから全体的な傾向をつかみ出したいと考え、事例としてなるべくそのまま面接結果をまとめることにした。
16 Honors コース（優等生コース）、や AP（Advance Placement）と呼ばれる高度なコースをどれだけ履修しているかが、大学進学に当たって、大変重要な入学審査基準となる。通常こうした科目を履修するには、成績（GPA）やその科目の成績が学校によって基準は異なるが、高い平均点以上をおさめていなければ履修できない。
17 工芸の一種。
18 グリーンカードとはアメリカ永住権の俗称である。
19 Master of Business Administration のことで経営学修士号を意味する。アメリカのビジネス社会で生きていく場合には、この学歴資格を持つことがかなり重要な意味を持つ。
20 Certified Public Accountant のことで、日本の公認会計士というよりは税理士に近い性格を持つ専門職のことである。
21 JERC とは Japanese Educational Resource Center の略称で、理事長ほか11人の理事、役員および4委員会からなり、個人会員200人、企業会員30社を要している。主な活動は、①日本人と現地コミュニティを親を通じて結ぶボランティア活動、②日本人子女と親の教育サポートとなっている。こうした活動をおこなうボランティア団体で、JBA の子女教育委員会が廃止されたことにともない1996年に発足した。
22 かつては TESL (Teaching English as Second Language)、第2外国語としての英語コースという呼び名が通常であったが、最近は TEFL がより一般的な名称となっている。

結章　21世紀を迎えての女性たちの新たな生き方

　ジェンダーを巡る問題は、各個人の生き方や社会生活のみならず、今後の社会のあり方にまでかかわる問題でもある。それゆえ、個人の信念やイデオロギーに深くかかわっているその人自身の生き方をもあらわしている。一方で、これからの少子高齢化社会を迎えるに際して、本当に男女の共生を単なる理想論として語るのではなく、男性、女性がともに真に自立した社会となる土台を築くことは次世代にもつなげていかねばならない重要な責務だろう。その際、男性、女性にとって真の自立とは何であろうか。経済的自立、精神的自立、生活者としての自立など様々な意味が包含されよう。こうした自立を阻む構造的要因も様々であり、そうした要因を把握した上で、促進策につなげていくことが求められている。

　近年、日本女性のジェンダー役割観が著しく変容したとする論調が新聞・雑誌等のメディアに紙面に登場し、総理府が実施する世論調査も、多くの女性の意識が結婚後も仕事を継続し、家事、育児も夫婦で分担することを望むという欧米型に移行してきていると報告している。今や高学歴背景を持つ若年女性が伝統的なジェンダー役割規範に懐疑を抱いているというまなざしは、既成事実として日本社会に定着しているように見受けられる。しかし、こうしたジェンダー役割観に関する実証研究の数は極めて限られており、本当に世論調査結果にみられるように、日本人女性のジェンダー役割観が、欧米での先行研究に示されているような

伝統的役割観から平等主義的役割観に変容しているのかについての実証研究の蓄積は十分ではない。まして、ジェンダーの問題がフェミニズム運動から始まって社会的にも早期から関心を持たれているアメリカ社会に暮らしている日本人女性のジェンダー観についての研究を実施することは、グローバル化が進展するにつれて、今後ますます海外に暮らす一時滞在者とその家族が増加すると予測される状況のなかで、異文化の影響といった点からも不可欠な作業である。

　本書では、平等主義的ジェンダー役割観を保持し、行動を実践している女性が一般化していると指摘されているアメリカ社会における日本人女性、とりわけ、駐在員として赴任する一時的滞在者の妻たちのジェンダー役割観、行動はいかなるものであるかを検証してきた。従来、駐在員数が増加するにつれて、駐在員の子女の教育問題や異文化適応の過程に焦点を当てた研究の蓄積がみられ、これら多くの先行研究により、海外子女の母親がかなりの時間を育児だけでなく、教育に費やしているという事実が知見として得られてきた。しかし、先行研究では海外子女の教育、および異文化適応が主体となり、その母親達は副次的にしか扱われてこなかったと同時に、母親たちの人間としての自己実現についてもジェンダーという視点からアプローチした研究は皆無である。ではなぜ、駐在員夫人を扱うことが必要だったのだろうか。

　筆者自身の8年に及びアメリカ生活を通じて、多くの日本人駐在員夫人との知遇を得、夫人たち多くが自由時間に恵まれ、生活を楽しみながらも、その行動は妻および母としての役割から大きく乖離することはない状況を見てきた。家事への関わり、家族の世話、子どものしつけ、子どもの現地校および日本人学校の宿題の手伝いなど、極めて伝統的な役割に従事することが強く望まれているように思われた。アメリカというジェンダーの問題に早期から社会全体で取り組んできた国にいながら、なぜ彼女たちはこうした伝統的な役割を果たすのであろうか。その伝統的な役割観保持の要因は何であろうか。たしかに、駐在員夫人という特

殊な集団ではあるが、もしかすると一般的な日本人女性の意識や思いを代表している人たちではないのだろうか。彼女たちと接するなかでそのような思いを感じたのである。

　多くの駐在員夫人たちは、「自分の最も大きな役割は母親役割である」と口にした。異文化のなかで日々言語上のストレスや異なる環境に直面して生活していかなければならない子どもたちを支えていかねばならないという母親としての使命感は、海外に暮らしてみたことのある人たちにはおそらく理解しやすいことだろう。最近はしばしば安全性が問題になってきてはいるが、日本のように子どもがどこに行くにも子どもだけで行動でき、塾に行くにも電車に乗って子どもが一人で通えるような環境とは異なり、アメリカやおそらく他の諸国においても、子どもが車の免許を取得して自由に動けるようになるまでは、基本的には親が全て送り迎えなどをしなければならない。そして、当然父親は会社などで時間を過ごしていることから、その役割は会社に時間を拘束されていない母親が担うことになる。米国人や中国や韓国、フィリピンなどの移民の多くは夫婦が働いている共働き家庭が多いことから、母親同士のネットワークを築き、送り迎えの順番を決めて助け合っていることが多く見られる。また日本以外のアジア系の移民の場合には夫婦と子どもからなる核家族というよりは、両親や兄弟、親戚などの一族で移民している場合も多いことから、家族同士の助け合いが一般的には見られる傾向がある。そうした集団と比較すると、専業主婦が当たり前だとされている駐在員夫人が、例えば自己実現を優先するために、あるいは経済的活動のためにという理由で、子どもの送り迎えなどの母親役割を全面的に他人に委ねるといった選択をすることは、企業の対面、日本人駐在員社会の対面上好ましくないことと受け止められがちである。それゆえ、夫人たちは自己実現への大いなる願望を持ちながらも、母親としての役割を自己に与えられた役割として主張せざるを得ないという側面もあったと思う。ここには日本社会で「子どもが3歳になるまでは母親が直接子育てをし

なければならない」という「母親神話」が多くの女性たちを出産後に家庭に戻すことに貢献してきた実態との共通点があるように思われる。

　夫である男性の意識もこうした「母親神話」や「専業主婦願望」とは無縁ではない。おそらく現在でも日本社会にはこうした神話性が継続しているだろう。当時、アメリカの多くの男性駐在員にもインタビューしたのだが、「妻を働かせることはよほどの専門職でない限り、望ましいことではない」という意見を持つ者が多かった。そこには、中産階層として、妻を専業主婦として家庭に置くことが当たり前であるという、右肩上がりの経済成長を維持してきた高度経済成長期のモデルから生まれた「専業主婦神話」があったように思う。それは、当時の日本の給与所得者よりは待遇面で恵まれていた駐在員の間では、それ以上に根強い神話として受け止められていたのではないだろうか。こうした観点から眺めてみると、日本社会に根強く存在していた豊かな中産階層の夢であった「片働き家庭」や「専業主婦願望」を最も具現化しやすい環境に置かれていた駐在員家庭は、日本社会の潜在的願望をあらわす縮図であったといえるかもしれない。

　こうした構図の前では、男女の平等を目指す学校教育や高等教育の意味は、残念ながらそれほどの意味を持たないのも当然であろう。なぜなら、競争の結果として平等に高等教育まで進んできた女性たちにとって、当時の企業社会で望まれていたことは男性と同等に競争することではなかったこと、男性同様に働いたとしても昇進、給与、研修の機会には同等に恵まれていないといった事実に直面し、職場での自分の限界を悟った女性たちが多かったのである。当時の状況では、1986年から施行された男女雇用均等法の効果がそれほどあらわれていなかったというタイムラグを考慮しなければならないが、女性たちは高等教育の理念と結果との矛盾点を認識したからこそ、母性という男性が果たせない母親役割を自分たちの役割として果たしていこうとしたのかもしれない。この点は長らく男性中心の社会であった日本社会の制度的、構造的問題から生じ

結章　21世紀を迎えての女性たちの新たな生き方　233

た問題ではないだろうか。

　では、アメリカ社会をこの点から眺めてみるとどうだろうか。フェミニズム運動の先駆者としてのアメリカでは女性たちがその運動を通じて獲得した権利や責任は、日本とは比べようのないぐらい大きい。現在ではどこの米企業でもトップマネージメントのポジションに女性が就いている場合も多く、医者、弁護士、研究者、大学教員などの専門職に携わっている女性の比率も高い。医学部などでは女子学生の比率が男子学生よりも高くなっているところも出現しているほどだ。一世代前のアメリカ人女性たちが独身でこうした地位を獲得してきた頃と比べると、現在では家庭と仕事の両方を夫婦で助け合いながら両立している女性たちも多くなっている。このような社会を目指して、先駆者として道を切り開いてきたフェミニスト女性たちの努力や、施政者であった男性たちが女性たちの要望を実現すべく政策を軌道に乗せてきたことも、こうした結果の平等が見える社会へと導いてきたことを忘れてはならない。

　例えば、アファーマティブ・アクションの実施により、男性しか進出できなかった法曹界などの領域に女性たちが進出したこと、専門職の女性や幹部の女性を一定の比率雇用するという主旨を持つこの法律の効力によって、大学での女性教員の比率が上昇したり、企業の幹部女性比率が上昇してきたこともそうしたポジティブな具体例である。しかし、一方で、男女の平等を促進する結果として生じてきた男女間の競争には焦点が当てられていないのも事実である。雇用や、給与、昇進を巡っての男女間の厳しい競争が日々おこなわれていることや、場合によっては家庭内での男女の競争にまでつながることもある。最近、アメリカの雑誌やテレビ番組などで、「子どもが生まれて保育所やベビーシッターが見つからなくて、どうしても夫婦のどちらかが家にいて子育てをしなければならないというときに、夫婦のどちらが家庭にとどまるか」という話題が取り上げられることが多くなってきた。その場合、良い職に就いていて、給与が高い方が仕事を続けるということが有力な決定要因である

のだが、最近ではそれがしばしば妻であることが多くなっているという。そのとき夫はどう考えるか、どうするかというのが論点であるのだが、筆者が以前見たある番組では、弁護士である妻の方が働き続け、大学で非常勤をしていた研究者の卵である夫が仕事を辞めて家に入ったケースがあった。その際、夫は「日中、公園に子どもを連れて行っても回りはほとんどが母親であるし、将来大学で常勤の職を見つけるために論文を書いたりする上で、子どもの相手をしてまったく論文がはかどらないときには、以前の同僚と自分の境遇を比較して惨めな気分になったときもあった。しかし、現実に子どもの面倒をどちらかがみなければならない状況では、十分な収入と安定した職に就いていない自分が家庭に残るのは当然だった」と答えていた。妻である弁護士も「子どもの面倒をみたいとは思ったが、自分は弁護士事務所でパートナーという重要なポジションに就いていて、また抱えている案件も多く、仕事を辞めるという選択は責任上でもあり得なかった」と語っていた。このような例はアメリカ社会でもまだ限られた事例かもしれないが、男女平等とはまた男女が共生する社会とは一体何かということを考えさせる事例であるように思う。

　私たちも男女が共生する社会を理想郷として語るだけでなく、もっと現実と現実からもたらされる問題をしっかりと見据えて、男女が経済的にも、精神的にも、そして生活上でも自立していく社会の構築を考えていかなければならない。筆者は本書のなかで10年前の調査をもとに、「日本人女性が伝統的役割観を持っていることが、日本社会が平等主義にならない最大の原因」と書いた。この言葉は女性だけでなく男性にもより大きな意味を示唆している。つまり、この言葉は女性にとってはより大きな経済的、社会的責任から退避できるエクスキューズでもあり、男性にとっては女性との競争を避けて男性の優位性を保てる社会を維持できることにもつながっている。

　21世紀の少子高齢化社会ではこうした伝統的役割を全面的に肯定する言葉はもはや説得力はないだろう。アメリカで賃金が伸び悩んだ1980年

代に世帯の大半が共働き社会に移行して、現在では片働き世帯は、本書の第9章で紹介した一部の富裕層だけになっているという先例のように、日本でも今後は共働き社会がより主流になっていくと予想される。このような予兆は、9章で示したように、現在の駐在員社会においても、グローバル化した社会と日本の経済的環境の悪化といった状況下において、駐在員夫人の意識の変化にも顕著に現れている。経済環境の悪化と日本社会の相対的な地位の低下が、男女のジェンダー観の平等化を促進する一因となっていることは皮肉ではあるが、これからの成熟化した日本社会のあり方を見直す良い機会ではないだろうか。

　それでは、具体的に男女共生社会を実現するための鍵となるのはどのような側面であるのかを考えてみたい。筆者は第3章で、教育という制度が、理念的には親の職業、階層、そして性別という属性にかかわらず、能力と努力の結果である「業績」を基準に評価されるというメリトクラシー（業績主義）が機能する装置としての意味がある一方で、男性役割／女性役割という固定的な伝統的性別役割観、いわゆる伝統的ジェンダー観を児童・生徒・学生に内面化するような「隠れたカリキュラム」という機能を内包している矛盾を指摘した。

　しかし、今後の社会で男女が真の自立をしていくために必要な考え方、人権への意識、生き方の基本を学ぶ装置としての学校や高等教育機関の役割はやはり大きいと期待できる。筆者は現在勤務する男女共学の総合大学で担当している「ジェンダーと教育」の授業を通じて、あるいは男子学生の考え方を日々聞くに及んで、若い世代にある手ごたえを感じている。学校教育の現場では、男女混合名簿の導入や家庭科や技術の授業の男女ともに必修化などの取り組みが導入されてきたが、女子大学を除く高等教育機関においては、それぞれの細分化した専門分野から成り立っているカリキュラムという構造上からも、ジェンダーという学際的要素を持つ授業が豊富に提供されてきたわけではなかった。しかし、近年では多くの総合大学においても、「ジェンダー」関連の授業が様々な切

り口から、あるいは教員の専門分野に基づき提供されるようになってきた。筆者も、教育というディシプリンに基づいてジェンダー関連の授業を2年生以上の学生を対象に実施している。そのなかで、はじめはまったく社会に構造的に組み込まれてきた男女の不均衡や不平等性、イデオロギーに基づくジェンダー観、家庭内での性別役割意識や行動などに対して何の疑問も持たずに、親の伝統的性別役割を当然のこととして内面化し、将来は自分も伝統的性別役割を再生産するものと考えていた男子学生が、少しずつ変容して保守的ジェンダー観から平等主義的ジェンダー観を実践していこうとする意思を目にするようになってきた。保守的なジェンダー観を持ち、子育ては女性の仕事、母親のように家にいて子どもにたっぷり愛情をそそぎたいと考えている女子学生が、就職活動の過程のなかで働くことの重要性と責任を真剣に考え始め、結婚後には男女ともに何らかの形で分担し、経済的にも分担しながらやっていきたいという意思をみせるようになる場面にも出会うことも多々あった。

　また、前述したように、最近の若い学生には、小学校の頃から男女の差なく家庭科を学習してきたこともあり、男女の伝統的性役割を固定的なものとして受け止めずに、柔軟に対処しようと考えている学生たちも多い。われわれの世代やそれ以前の世代が持っていた固定的なジェンダー観とは異なった、柔軟な平等主義的ジェンダー観を持つ若い世代を目にして、こうした効果が浸透するにはまだまだ時間がかかるであろうが、教育が果たしている役割は決して小さくはないと実感している。

　ここでそのような学生の意織の変容の実際について、2001年に筆者のゼミの学生とともにおこなった「男女大学生の進路選択意識」調査の一部を紹介してみよう[1]。

　本調査は、「男女という性別や性差について関連すると思われる」項目を9項目作成し、それに対してどう評価するかを「そう思う」「どちらともいえない」「そう思わない」という選択肢から選択してもらう質問から成り立っており、この質問項目をジェンダー役割観とした。**表結-1**には

表結-1　各項目の男女別平均得点[2]

平均値

性別	夫外妻内	火事育児	社会進出	仕事辞め	学歴	学校不利	社会不利	男理女文	男勇女優
男	2.22	1.65	1.59	2.14	2.14	2.41	1.51	2.57	2.00
女	2.56	1.88	1.32	2.63	2.20	2.43	1.35	2.39	2.12
合計	2.47	1.82	1.40	2.50	2.18	2.42	1.40	2.44	2.09

①夫は外で働き、妻は家庭を守るべきである　　P＜0.01水準で有意
②家事や育児は女性の方が向いていると思う
③女性ももっと社会進出をしていくべきだ
④女性は子どもが生まれたら仕事を辞めるべきだ　　P＜.000水準で有意
⑤女性は男性ほど学歴が重要ではない
⑥学校において、女子は男子よりも不利なことが多い
⑦社会において、女子は男子よりも不利なことが多い
⑧男性は理科系、女性は文科系科目が向いている
⑨男性はたくましく、女性は優しくあるべきだ

　男女学生の各項目に対する平均得点を比較している。この表で統計的に有意な差がみられた項目は、「夫は外で働き、妻は家庭を守るべきである」、「女性は子どもが生まれたら仕事を辞めるべきだ」の2項目であり、全般的に女子学生の方がジェンダー役割観の得点が高い傾向がみられるが、それほど差が生じているわけではなく、「男性は理科系、女性は文科系科目が向いている」の項目においては男子学生の平均得点が女子学生を上回っている。

　特に、学校に関する項目についてみてみると興味ある特徴が浮かび上がっていることに気づく。ジェンダーの再生産という視点からは、学校は基本的に男女平等であるという原則が理念としても生きている場であるのは前述したとおりであるが、男女学生にもこの意識は浸透している。例えば、「女性は男性ほど学歴が重要ではない」、「学校において、女子は男子よりも不利なことが多い」の両項目をみてみると、平均得点もそれほど差がないと同時に、男子の方が「そう思う」と答えた割合が若干高い傾向があるものの、全体的にはそれほどの幅がみられない。学校という現場でのジェンダーによる不利益性については男女学生ともにそれほど深刻に捉えていないと同時に、その結果ともいうべき「学歴」という価値

の評価においても、男女の差が生ずると痛切に感じていない現役大学生の意識がうかがえる。また「男性は理科系、女性は文科系科目が向いている」という項目では、女子学生の方が「そう思う」と答えている比率がかなり男子学生を上回っており、男子学生の方が女子学生の教科への適性においては寛容な見方を提示している。むしろ、この傾向からは、女子学生が自ら自分たちの教科への適性を枠にはめて固定化している部分もあるといえよう。

　これらの調査結果からは、確かに女子学生の方が伝統的性別役割観には厳しい評価を下す傾向が若干みられるものの男子学生も固定的な伝統的性別役割観に捉われているわけではないことが明らかになった。とりわけ、教育の効果としての平等性については男女ともに評価しており、ジェンダーという問題への認織は学校教育や高等教育を通じて広がっていくものと期待できる。

　本書で研究の対象としてきたアメリカの駐在員夫人は限られた集団ではあるかもしれないが、その一方で日本社会の様々な問題や矛盾点を映し出している集団でもあるだろう。そうした集団がジェンダーという視点からみたときに、この10年間の間に社会の変化や、グローバル化した世界のなかで新たに生まれつつある価値観の影響によって、彼女たち（その夫たちも含めて）の考え方や生き方が大きく揺らぎ、変容している事実は今の日本社会のあり方をも投影している合わせ鏡であるともいえるだろう。そうしてみると、男女の不均衡、不平等という問題だけでなく、男女の生き方、考え方をもグローバル化した社会のなかで再考して、男女共生社会の実現を男女がともに考えることが現在求められているのではないだろうか。

注
1　本調査の質問内容は、主に男女の進路意識について、ジェンダー役割観、就職意織および属性から成り立っているが、ここではジェンダー役割意織に焦点を当てることにする。調査回答者は関西圏の大学および専門学校に在籍する3・4年生

を中心とする男女学生139人である。男女の内訳は、男子が27.2％、女子が72.8％となっており、女子の比率が高い理由は、対象校の1つである専門学校の回答者がほぼ女子から構成されていたためである。
2 そう思う・どちらともいえない・そう思わないの順位に1・2・3を与えた平均点。

参考文献(邦文)

合場敬子 (1996). 「アメリカ社会学における性別領域分離研究の理論的枠組みと今後の研究方向」『日米女性ジャーナル』20, 100〜115頁.

赤松良子 (1985). 『詳説 男女雇用機会均等法及び改正労働基準法』東京：日本労働協会.

赤松良子・花見忠 (1986). 『わかりやすい男女雇用機会均等法―赤松良子・花見忠先生に聞く』東京：有斐閣リブレ.

天野郁夫(1988). 『大学―試練の時代』東京：東京大学出版会.

天野正子(1983). 『転換期の女性と職業―共生社会への展望』東京：学文社.

天野正子(1985). 「学歴の社会的機能についての一考察」『大学論集』14集, 21〜40頁.

天野正子(1986). 『女子高等教育の座標』東京：垣内出版.

天野正子(1987). 「婚姻における女性の学歴と社会階層」日本教育社会学会編『教育社会学研究』第42集, 70〜91頁.

青井和夫編 (1988). 『高学歴女性のライフコース―津田塾大学出身者の世代間比較』東京：勁草書房.

青井和夫・増田光吉(1973). 『家族変動の社会学』東京：培風館.

青井和夫・森岡清美編(1985). 『ライフコースと世代―現代家族論再考』東京：垣内出版.

有賀夏紀(2002). 『アメリカ・フェミニズムの社会史』東京：勁草書房.

有本章(1981). 『大学人の社会学』東京：学文社.

あさひ学園(1991). 『あさひ学園レポート 1月』ロサンゼルス：あさひ学園.

あさひ学園ノース・トーランス校，サウス・トーランス校父母の会 (1994). 『帰国生アンケート調査報告』ロサンゼルス：あさひ学園父母の会.

陳天璽(2001). 『華人ディアスポラ―華商のネットワークとアイデンティティ―』東京：明石書店.

江淵一公(1994). 『異文化間教育序説』九州：九州大学出版会.

江原由美子・長谷川公一・山田昌弘・天木志保美・安川一・伊藤るり (1989).

『ジェンダーの社会学—女たち男たちの世界』東京：新曜社.
江原由美子(2001).『ジェンダー秩序』東京：勁草書房.
江原由美子(1999).「男子高校生の性差意識—男女平等教育の「空白域」?」藤田英典・黒崎勲・片桐芳雄・佐藤学編『教育学年報7，ジェンダーと教育』東京：世識書房.
江原由美子・山田昌弘(2003).『ジェンダーの社会学 改訂新版—女と男の視点からみる21世紀日本社会』東京：放送大学教育振興会.
藤井治枝他(1973).『日本の女性教育』東京：ドメス出版.
藤井治枝(1996).『日本型企業社会と女性労働』京都：ミネルヴァ書房.
藤井治枝・渡辺峻(1998).『日本企業の働く女性たち』京都：ミネルヴァ書房.
婦人教育研究会編(1987〜2000).『統計にみる女性の現状』東京：垣内出版.
福島正夫(1967).『日本資本主義と「家」制度』東京：東京大学出版会.
福富護・斉藤恵美(1984).「小学校教科書における性役割分析」『東京学芸大学紀要一部門』.
布施晶子・玉水俊哲・庄司洋子(1994).『現代家族のルネサンス』東京：青木書店.
外務省 (1995). 外務大臣官房領事移住部編『海外在留法人数調査統計』東京：外務省.
外務省 (2002).「平成12年の海外在留邦人調査統計」，外務省ホームページより.
http://www.mofa.go.jp/mofaj/toko/tokei/hojin/01/1_1.html
グッドマン，ロジャー(1992).『帰国子女：新しい特権層の出現』岩波書店：東京.
グッドマン，ロジャー(2003).「「帰国子女」論争—過去40年間の概観」岩崎信彦／グリ・ピーチ／宮島喬／ロジャー・グッドマン／油井清光編『海外における日本人，日本のなかの外国人—グローバルな移民流動とエスノスケープ—』東京：昭和堂.
濱名篤(1990).「女性における学校利用層の分析」菊池城司編『現代日本の階層構造③ 教育と社会移動』東京：東京大学出版会.
ハリーレイ／高橋史郎(1991).『欧米から見た日本の教育—教育の国際化とは—』東京：協同出版.
原純輔・肥和野佳子(1990).「性別役割意識と主婦の地位評価」岡本英雄・直井道子編『現代日本の階層構造④ 女性と社会階層』東京：東京大学出版会.
橋本健二(1990).「階級社会としての日本社会」直井優・盛山和夫編『現代日本の階層構造① 社会階層の構造と過程』東京：東京大学出版会.
橋本健二(1995).「現代日本における教育の女性差別的構造」国民教育文化総合研

究所編『教育総研年報'95』, 96〜109頁.
樋口美雄・岩田正美編 (1999).『パネルデータから見た現代女性—結婚・出産・就業・消費・貯蓄』東京：東洋経済出版社.
穂積八束(1891).「民法出テ, 忠孝云フ」『法学新報』五号, 8頁.
一番ケ瀬康子・奥山えみ子編(1975).『婦人解放と女子教育』東京：勁草書房.
市川昭午・菊池城司・矢野眞和編(1982).『教育の経済学』東京：第一法規.
今田幸子 (1985).「女性の職業経歴と教育達成—ライフヒストリー・アプローチから—」日本教育社会学会編『教育社会学研究』第40集, 50〜64頁.
今田幸子(1990).「地位達成過程—閉ざされた階層空間—」岡本英雄・直井道子編『現代日本の階層構造④ 女性と社会階層』東京：東京大学出版会.
稲山和夫・直井優他(1990).「現代日本の階層構造とその趨勢」直井優・盛山和夫編『現代日本の階層構造① 社会階層の構造と過程』東京：東京大学出版会.
井上清(1962).『現代日本女性史』東京：三一書房.
井上輝子・上野千鶴子・江原由美子編(1994).『日本のフェミニズム2 フェミニズム理論』東京：岩波書店.
井上俊・上野千鶴子・大澤真幸・見田宗介・吉見俊哉編(2000).『岩波講座 現代社会学11 ジェンダーの社会学』東京：岩波書店.
井上俊・上野千鶴子・大澤真幸・見田宗介・吉見俊哉編(2000).『岩波講座 現代社会学19 家族の社会学』東京：岩波書店.
伊佐雅子 (2000).『女性の帰国適応問題の研究—異文化需要と帰国適応問題の実証的研究—』東京：多賀出版.
石原邦雄・望月嵩・目黒依子編(1987).『現代家族』東京：東京大学出版会.
石原邦雄編 (2002).『家族と職業—競合と調整 シリーズ家族はいま—』京都：ミネルヴァ書房.
石川栄吉他編(1989).『家と女性—役割—』東京：三省堂.
磯野有秀(1990).『女性と家族：婚姻・婦人・教育論』福岡：創言社.
磯野有秀(1994).『新・女性と家族：自立と共生の指標』福岡：創言社.
伊藤裕子(1995).「性役割と発達」柏木恵子・高橋恵子編『発達心理学とフェミニズム』京都：ミネルヴァ書房.
伊藤良徳・大脇雅子・紙子達子・吉岡陸子(1991).『教科書のなかの男女差別』東京：明石書店.
岩井八郎(1990).「女性のライフコースと学歴」菊池城司編『現代日本の階層構造③ 教育と社会移動』東京：東京大学出版会.

岩間浩 (1992). 『小さな大使の異文化体験―アメリカの学校・日本語補習校の実際』東京：学苑社.
岩永雅也(1990). 「アスピレーションとその実現―母が娘に伝えるもの―」岡本英雄・直井道子編『現代日本の階層構造④ 女性と社会階層』東京：東京大学出版会.
岩内亮一・門脇厚司・安部悦生・陣内康彦 (1992). 『海外日系企業と人的資源―現地経営と駐在員の生活』東京：同文館.
伊豫谷登士翁編 (2001). 『第5巻 経済のグローバリゼーションとジェンダー』東京：明石書店.
伊豫谷登士翁(2001). 『グローバリゼーションと移民』東京：有信堂高文社.
JERC (Japanese Educational Resource Center) (1999). 『教育ハンドブック』ロサンゼルス：JERC.
時事通信(1989). 『内外教育』10/27日号, 4～9頁.
ジャーナル・インターワールド社 (1987～1991). 『月刊 海外駐在』東京：ジャーナル・インターワールド社.
女性学研究会編(1990). 『ジェンダーと性差別』東京：勁草書房.
女性社会学研究会編(1981). 『女性社会学を目指して』東京：垣内出版.
女性史総合研究会(1990). 『日本女性生活史5 現代』東京：東京大学出版会.
海外子女教育財団(1987～1993). 『海外子女教育』東京：海外子女教育財団.
梶田孝道編(2001). 『国際化とアイデンティティ』京都：ミネルヴァ書房.
鎌田としこ編(1987). 『転機に立つ女性労働―男性との関係を問う―』東京：学文社.
鎌田とし子(1995). 『男女共生社会のワークシェアリング』東京：サイエンス社.
亀田温子・舘かおる編(2000). 『学校をジェンダーフリーに』東京：明石書店.
上子武次(1979). 『家族役割の研究』京都：ミネルヴァ書房.
上子武次(1980). 「性差別と性役割」『人文研究』第32号, 28～45頁.
上子武次・増田光吉編(1981). 『日本人の家族関係―異文化と比較して《新しい家庭像》をさぐる―』東京：有斐閣.
金森トシエ・北村節子(1986). 『専業主婦の消える日―男女共生の時代―』東京：有斐閣.
神原文子 (1980). 「生活構造から見た主婦モデル―都市家族における検証」『社会学評論』第31巻第1号, 31～59頁.
神原文子(1991). 『現代の結婚と夫婦関係』東京：培風館.

神田道子・女子教育問題研究会編(2000).『女子学生の職業意識』東京：勁草書房.
金子元久編 (1992).「短期大学教育と現代女性のキャリア―卒業生追跡調査の結果から―」『高等教育研究叢書18』広島：広島大学大学教育センター.
金城清子(1983).『法女性学のすすめ―女性からの法律への問いかけ―』東京：有斐閣選書.
刈谷剛彦(1995).『大衆教育社会のゆくえ』東京：中公新書.
河田嗣郎(1989).『家族制度と婦人問題』(大正13年の復刻版)東京：クレス出版.
川東英子(1983).「日本資本主義と女性労働」『女性平等論―機会の平等から結果の平等へ』東京：有斐閣選書.
経済企画庁編(1975).『生活時間の構造分析』大蔵省印刷局.
木本喜美子(1999).「女の仕事と男の仕事―性別職務分離のメカニズム」鎌田とし子・矢澤澄子・木本喜美子編『講座社会学14 ジェンダー』東京：東京大学出版会.
木本貴美子 (2001).『家族・ジェンダー企業社会―ジェンダー・アプローチの模索―』京都：ミネルヴァ書房.
木村涼子(1999).『学校文化とジェンダー』東京：勁草書房.
小林淳一・鹿又伸夫・山本務・塚原修一(1990).「社会階層と通婚圏」直井優・盛山和夫編『現代日本の階層構造① 社会階層の構造と過程』東京：東京大学出版会.
コバヤシ・オードリー (2003).「ジェンダー問題(切り抜け)としての生き方―日本人女性のカナダ新移住―」岩崎信彦／グリ・ピーチ／宮島喬／ロジャー・グッドマン／油井清光編『海外における日本人，日本のなかの外国人―グローバルな移民流動とエスノスケープ―』東京：昭和堂.
小林哲也編 (1979).『在外日本人児童の適応と学習―マニラ，シンガポールにおける在外日本人コミュニティとその子弟の教育に関する調査報告』京都：京都大学教育学部.
小林哲也(1981).『海外子女教育』東京：有斐閣.
小林哲也編(1983).『異文化に育つ子どもたち』東京：有斐閣.
国際交流研究会編 (1995).『海外子女をとりまく教育環境の多様化と変容に関する比較研究：マレーシア調査報告』京都：国際交流研究会編.
近藤裕 (1981).『カルチュア・ショックの心理―異文化とつきあうために―』大阪：創元社.
金野美奈子(2001).『OLの創造―意味世界としてのジェンダー―』東京：勁草書

房.
小山静子(1991).『良妻賢母という規範』東京:勁草書房.
小山静子(1999).『家庭の生成と女性の国民化』東京:勁草書房.
小山隆編(1967).『現代家族の役割構造—夫婦・親子の期待と現実—』東京:倍風館.
雇用職業総合研究所編(1987).『女性労働の新時代』東京:東京大学出版会.
国弘陽子(2001).『主婦とジェンダー—現代的主婦像の解明と展望—』東京:尚学社.
熊谷開作(1987).『日本の近代化と「家」制度』京都:法律文化社.
A. クーン／A. ウォフプ編, 上野千鶴子他訳(1986).『マルクス主義フェミニズムの挑戦』東京:勁草書房.
馬渕仁(2002).『「異文化理解」のディスコース—文化本質主義の落とし穴—』京都:京都大学学術出版会.
町村敬志(2003).「ロスアンジェルスにおける駐在員コミュニティの歴史的経験—『遠隔地日本』の形成と変容—」岩崎信彦／グリ・ピーチ／, 宮島喬／ロジャー・グッドマン／油井清光編『海外における日本人, 日本のなかの外国人—グローバルな移民流動とエスノスケープ—』東京:昭和堂.
正岡寛司・望月嵩編(1988).『現代家族論:社会学からのアプローチ』東京:有斐閣.
松原治郎編(1980).『社会構造の変動』東京:朝倉書店.
松井真知子(1997).『短大はどこへ行く』東京:勁草書房.
松村晴路(1987).『家族と婚姻—日本の家族関係』東京:杉山書店.
松村晴路(1987).『家族と婚姻—日本の家族関係』東京:杉山書店.
目黒依子(1980).『女役割—性支配の分析—』東京:垣内出版.
目黒依子(1990).『個人化する家族』東京:勁草書房. 第3刷.
目黒依子(1980).「女性と家族」『家族と地域の社会学』東京:垣内出版.
目黒依子(1993).「ジェンダーと家族変動」森岡清美監修『家族社会学の展開』東京:培風館.
目黒依子(1994).『ジェンダーの社会学』東京:放送大学教育振興会.
目黒依子・望月崇・石原邦雄編(1987).『現代家族』東京:東京大学出版会.
目黒依子・渡辺秀樹編(1999).『講座社会学〈2〉家族』東京:東京大学出版会.
目黒依子・柴田弘捷(1999).「企業主義と家族」目黒依子・渡辺秀樹編『講座社会学〈2〉家族』.

目黒依子・矢沢澄子編(2000).『少子化時代のジェンダーと母親意識』東京：新曜社，東京：東京大学出版会.

南保輔 (2000).『海外帰国子女のアイデンティティ―生活経験と通文化的人間形成―』東京：東信堂.

箕浦康子 (1995).「文化間移動にともなう教育学的諸問題の研究法―人を中心に据えた研究をどう進めるか―」『比較教育学研究』第21号，15～22頁.

民主教育協会 (1992).『IDE 現代の高等教育―女性と高等教育―』東京：民主教育協会.

三井為友編(1977).『教育―日本婦人問題資料集成 第4巻―』東京：ドメス出版.

光吉利之(1979).『家族社会学入門』東京：有斐閣新書.

三宅義子編(2001).『日本社会とジェンダー』東京：明石書店.

宮崎あゆみ (1991).「学校における『性役割の社会化』再考」日本教育社会学会編『教育社会学研究』第48集，105～123頁.

水上徹男 (1996).『異文化社会適応の理論―グローバル・マイグレーション時代に向けて』東京：ハーベスト社.

望月嵩(1996).『家族社会学入門―結婚と家族』東京：培風館.

文部省(1987).『わが国の文教施策』東京：大蔵省出版局.

文部省(1989).『わが国の文教施策』東京：大蔵省印刷局.

文部省 (1991).『文部統計要覧 平成3年版』東京：文部省大臣官房調査統計企画課.

文部省(1994).『わが国の文教施策』東京：大蔵省印刷局.

文部省 (1999).『文部統計要覧 平成11年版』東京：文部省大臣官房調査統計企画課.

文部省 (2000).『文部統計要覧 平成12年版』東京：文部省大臣官房調査統計企画課.

森本豊富(2003).「越境する民と教育―類型化の試み」(仮)骨子.

森岡清美(1977).「家族の変動―家族―」東京：有斐閣.

森岡清美(1993).『現代家族変動論』京都：ミネルヴァ書房.

森繁男 (1985).「学校における性別役割研究と解釈的アプローチ」『京都大学教育学部紀要』31号，218～228頁.

盛山和夫編(2000).『日本の階層システム4 ジェンダー・市場・家族』東京：東京大学出版会.

牟田和恵(1996).『戦略としての家族』東京：新曜社.

村上信彦(1978).『日本の婦人問題』東京：岩波新書.
村田鈴子(1990).『教育女性学入門』東京：信山社.
内閣府男女共同参画局編(2001).『男女共同参画白書(平成13年版)』財務省印刷局.
内閣総理大臣官房広報室編.『世論調査年鑑―全国世論調査の現況(1986, 87, 88, 90, 91年版)』東京：大蔵省印刷局.
内閣総理大臣官房広報室編(1990).『女性の就業に関する世論調査(世論調査報告書)』東京：内閣総理大臣官房広報室.
内閣総理大臣官房広報室編(1991～1992).『月刊世論調査』(1991年3月号).『月刊世論調査』(1992年7月号)東京：内閣総理大臣官房広報室.
中西祐子(1995).「女子大学生における職業選択のメカニズム―女性内文化の要因としての女性性―」日本教育社会学会編『教育社会学研究』第57集, 107～124頁.
中西祐子(1998).「異なる競争を生み出す入試システム―高校から大学への接続にみるジェンダー分化―」日本教育社会学会編『教育社会学研究』第62集, 43～66頁.
中西祐子(1998).『ジェンダートラック―青年期女性の進路形成と教育組織の社会学―』東京：東洋館出版社.
中西祐子・堀健志(1997).「『ジェンダーと教育』研究の動向と課題―教育社会学・ジェンダーフェミニズム―」『教育社会学研究』第61集, 77～99頁.
直井道子(1990).「階層意識―女性の地位借用モデルは有効か―」岡本英雄・直井道子編『現代日本の階層構造④ 女性と社会階層』東京：東京大学出版会.
直井優編(1986).『社会階層・社会移動 リーディングス日本の社会学』東京：東京大学出版会.
直井優・川端亮・平田周一(1990).「社会的地位の構造―家の力―」岡本英雄・直井道子編『現代日本の階層構造④ 女性と社会階層』東京：東京大学出版会.
NHK世論調査部編(1982).『日本人とアメリカ人』東京：日本放送出版協会.
NHK世論調査部編(1991).『現代日本人の意識構造 第3版』東京：日本放送出版協会.
NHK世論調査部編(2000).『現代日本人の意識構造 第5版』東京：日本放送出版協会.
日本貿易振興会編(1981).『在米日系進出企業の経営の実態 その1』東京：日本貿易振興会.
日本貿易振興会編(1983).『在米日系進出企業の経営の実態 その2』東京：日本

貿易振興会.
日本貿易振興会編(1985).『日米企業間における協力』東京：日本貿易振興会.
日本婦人団体連合会編(1990).『婦人白書 1990』東京：ほるぷ出版.
日本経済新聞(1990).『働く女性への調査報告書』Tokyo：日経リサーチ.
日本教育社会学会編(1989).『教育社会学研究 特集：高等教育の新段階』第45集，東京：日本教育社会学会.
日本教育社会学会編 (1997).『教育社会学研究 特集：教育におけるジェンダー』第61集，東京：東洋館出版社.
日本在外企業協会編(1985).『米国における日系企業の事業活動実態調査報告書』東京：日本在外企業協会.
オークリー, A., 岡島芽花訳(1986).『主婦の誕生』東京：三省堂.
落合恵美子(1989).『近代家族とフェミニズム』東京：勁草書房.
落合恵美子 (1997).『21世紀家族へ―家族の戦後体制の見方超え方― (新版)』東京：有斐閣選書.
織田元子(1990).『システム論とフェミニズム』東京：勁草書房.
小方直幸・金子元久 (1997). 「女子事務職の形成と融解―短大卒を中心に―」『日本労働研究雑誌』445, 2〜12頁.
岡本英雄(1990).「序論―女性と社会階層研究の展開―」, 岡本英雄・直井道子編『現代日本の階層構造④ 女性と社会階層』東京：東京大学出版会.
岡本英雄・直井優・岩井八郎(1990).「ライフコースとキャリア」岡本英雄・直井道子編『現代日本の階層構造④ 女性と社会階層』東京：東京大学出版会.
大澤秀男(2000).『ジェンダー関係の日本的構造』東京：高文堂出版社.
パーソンズ, T./ベールズ, R.F., 橋爪貞雄他訳(2001).『家族―核家族と子供の社会化―』名古屋：黎明書房.
労働省婦人局編(1980).『婦人の雇用変動と家庭生活の関連に関する調査研究』東京：大蔵省印刷局.
労働省婦人局編(1990).『婦人労働の実情』東京：大蔵省印刷局.
労働省婦人局編(1994).『働く女性の実情』東京：大蔵省印刷局.
ロバートソン，ローランド，安部美哉訳 (2001).『グローバリゼーション―地球文化の社会理論(第3刷)―』東京：東京大学出版会.
坂東眞理子編 (1998).『図でみる日本の女性データバンク 三訂版』東京：大蔵省印刷局.
坂東眞理子編 (2001).『図でみる日本の女性データバンク 四訂版』東京：財務省

印刷局.
酒井千恵 (2003).「香港における日本人女性の自発的な長期滞在―長期滞在者からみた『香港就職ブーム』」岩崎信彦／グリ・ピーチ／宮島喬／ロジャー・グッドマン／油井清光編『海外における日本人，日本のなかの外国人―グローバルな移民流動とエスノスケープ―』東京：昭和堂.
坂本福子(1987).『改訂版 解説雇用機会均等法』東京：学習の友社.
坂本辰朗(1987).『アメリカ大学史とジェンダー』東京：東信堂.
真田是・小山陽一編(1986).『現代日本の生活構造』東京：有斐閣.
佐々木建(1986).『日本型多国籍企業―貿易摩擦から投資摩擦へ―』東京：有斐閣.
佐藤郡衛(1992).「海外に置ける教育摩擦とその対応」『異文化間教育』6, 11～26頁.
佐藤建(1991).「明治国家と家庭イデオロギー」上野千鶴子他編『家族の社会史』東京：岩波書店.
生活科学調査会(1969).『改訂増補 主婦とは何か』東京：ドメス出版.
関口裕子他編(1989).『日本家族史―古代から現代へ―』千葉：梓出版社.
関根政美(1992).「エスニシティの社会学」梶田孝道編『国際社会学―国家を超える現象をどうとらえるか―』名古屋：名古屋大学出版会.
関谷嵐子・魚住麗子・高島道枝編(1985).『家庭生活論―現代家庭の構造分析―』東京：勁草書房.
柴野昌山・麻生誠・池田秀男編 (1985).『教育（リーディングス 日本の社会学16)』東京：東京大学出版会.
志水宏吉(1990).「学歴，結婚，階層再生産」菊池城司編『現代日本の階層構造③ 教育と社会移動』東京：東京大学出版会.
篠塚英子(1995).『女性と家族：近代化の実像』東京：読売新聞社.
袖井孝子・矢野眞和編(1987).『未婚型から中高年既婚型へ』東京：有斐閣.
袖井孝子・矢野眞和編(1987).『現代女性の地位』東京：勁草書房.
総務庁統計局編(1990).『日本女性の社会的地位―(昭和60年国勢調査モノグラフシリーズ：No.3)』東京：日本統計協会.
総理府婦人問題担当室編 (1984).『婦人の生活意識―国際比較調査報告書―』東京：ぎょうせい.
戴エイカ(1999).『多文化主義とディアスポラ』東京：明石書店.
高橋久子(1983).「変わりゆく婦人労働―若年短期未婚型から中高年既婚型へ―」『未婚型から中高年既婚型へ』東京：有斐閣.

高橋久子編(1989)．『新時代の女子労働―男女雇用機会均等法の軌跡―』東京：学陽書房．
宝光井顕雅・光信隆夫・清水民子・小野秀生編(1988)．『現代日本の婦人労働』京都：法律文化社．
竹中恵美子(1983)．『女子平等論―機会の平等から結果の平等へ』東京：有斐閣．
竹中恵美子(1995)．『女性論のフロンティア―平等から衡平へ』東京：創元社．
竹中恵美子編(2001)．『叢書・現代の経済社会とジェンダー〔第2巻〕労働とジェンダー』東京：明石書店．
竹内洋(1995)．「学校効果というトートロジー」竹内洋・徳岡秀雄編『教育現象の社会学』京都：世界思想社．
竹内敬子(1994)．「イギリス1847年工場法と女性」『成蹊大学文学部紀要』第29号．
戸田貞三(1944)．『家と家族制度』東京：羽田書店．
戸田貞三(1999)．『家と家族制度(新装版)』東京：クレス出版．
戸田貞三(1999)．『家族と婚姻(新装版)』東京：クレス出版．
東京学芸大学海外子女教育センター(1980)．『帰国子女教育に関する調査研究』東京：東京学芸大学海外子女教育センター．
東京学芸大学海外子女教育センター(1985)．『バイリンガル・バイカルチュラル教育の現状と課題―在外・帰国子女教育を中心として―』東京：東京学芸大学海外子女教育センター．
東京学芸大学海外子女教育センター(1985)．『海外子女教育を考える―教育の国際化と海外子女教育―』東京：東京学芸大学海外子女教育センター．
東京学芸大学海外子女教育センター(1986)．『国際化時代の教育―帰国子女教育の課題と展望―』東京：東京学芸大学海外子女教育センター．
東京銀行人事部編(1989)．『海外子女教育Q&A．』東京：日本経営者団体．
東京都生活文化局(1982)．『女性の地位指標に関する調査報告書』東京：東京都生活文化局．
東京都生活文化局(1981)．『婦人問題に関する世論調査』東京：東京都生活文化局．
通商産業省産業政策局編(1990)．『日本企業の海外における事業動向―第18回～第19回調査―』東京：通商産業省．
通商産業省産業政策局国際企業課編(1983)．『海外投資統計総覧：海外事業活動基本調査　第一回～第五回』東京：東洋法規出版．
トムリンソン，ジョン，片岡信訳(2000)．『グローバリゼーション』東京：青土社．
上野千鶴子編(1982)．『主婦論争を読む：全記録1，2』東京：勁草書房．

上野千鶴子 (1990). 『家父長制と資本制:マルクス主義フェミニズムの地平』東京:岩波書店.
上野千鶴子他編 (1991). 『シリーズ変貌する家族1 家族の社会史』東京:岩波書店.
氏原陽子(1996).「中学校における男女平等と性差別の錯綜」日本教育社会学会編『教育社会学研究』第58集, 29〜45頁.
牛島千尋(1995).『ジェンダーと社会階級』東京:恒星社, 厚生閣.
渡辺秀樹・近藤博之(1990).「結婚と階層結合」岡本英雄・直井道子編『現代日本の階層構造④ 女性と社会階層』東京:東京大学出版会.
山田文康・岩田弘三(1994).「国公立大学志願者増の変化—女子志願者の増加—」『大学入試フォーラム No.17』大学入試センター.
山田昌弘(1999).『ジェンダーの社会学』東京:放送大学教育振興会.
山田礼子 (1994).「学校教育の再考:大衆教育社会—日本の功罪」『研究本部ジャーナル』第16号, PHP研究本部編.
山田礼子 (1996).「アメリカの日本人コミュニティにおける教育環境の変容—異文化間教育の視点から—」『プール学院大学研究紀要』16号, 217〜242頁.
山田礼子 (1997).「日本人女性の性別役割観に関する一考察—北米滞在女性の調査をもとに—」『プール学院大学研究紀要』第37号, 201〜219頁.
山田礼子 (2002).「男女大学生にみられるジェンダー観の比較—家庭内でのジェンダー観形成過程に注目して—」『社会科学』69号, 同志社大学人文科学研究所, 1〜34頁.
山田礼子(2002).「ロサンゼルスの日本人集住地区の教育環境」小林哲也編『国際文化学』京都:アカデミア出版.
山中永之佑(1988).『日本近代国家の形成と「家」制度』東京:日本評論社.
横浜市女性協会フォーラムよこはま (1993). 『21世紀を生きる日米男女の暮らしと意識:日米大学生の性差意識と生活・人生設計についての比較調査』横浜:横浜市女性協会フォーラムよこはま.
横浜市市民局婦人行政推進室 (1988). 『横浜市民女性の生活実態と意識調査』横浜:横浜市市民局婦人行政推進室.
横浜市市民局婦人行政推進室(1988).『横浜女性の自己開発事例調査』横浜:横浜市市民局婦人行政推進室.
横浜市市民局婦人行政推進室(1989).『横浜の女性資料集—目でみる女性問題—』横浜:横浜市.

横山文野(2002).『戦後日本の女性政策』東京：勁草書房.
吉野耕作 (1999).『文化ナショナリズムの社会学―現代日本のアイデンティティの行方―』第3刷，名古屋：名古屋大学出版会.
湯沢雍彦編(1981).『家族問題の社会学』東京：サイエンス社.
湯沢雍彦・阪井敏郎共編(1982).『現代の性差と性役割―性別と家族の社会学―』東京：培風館.
湯沢雍彦編(1991).『「家族・婚姻」研究文献選集(戦後篇別冊)』東京：クレス出版.

参考文献(英文)

Abbott, P., and Sapsford, R. (1986). "Class Identification of Married Working Women: A Critical Replication of Ritter and Hargens", *British Journal of Sociology*, Vol.37, 535-549.

Abegglen, J.C., and Stalk, G. (1985). *Kaisha: The Japanese Corporation*. New York: Basic Books, Inc.

Acker, J. (1973) "Women and Social Stratification: A Case of Intellectual Sexism", *American Journal of Sociology*, Vol.78, 936-945.

Albrecht, S.L., Bahr, H.M., and Chadwick, B.A. (1979). "Changing Family and Sex Roles: An Assessment of Age Differences", *Journal of Marriage and the Family*, Vol.41, 41-50.

Allen, G.C. (1978). "Education, Science and Economic Development of Japan", *Oxford Review of Education*, Vol.4, 27-35.

Allen, K.R., Blieszner, R., and Roberto, K.A. (2000). "Families in the Middle and Later Years: A Review and Critique of Research in the 1990s", *Journal of Marriage and the Family*, Vol.62, 911-926.

Amano, M. (1981). "From Sex Roles to Symbiosis in Japanese Society", in *The Japanese Family*. Tokyo: Foreign Press Center.

Anyon, J. (1980). "Social Class and the Hidden Curriculum of Work", *Journal of Education*, Vol.162, 67-92.

Antill, J.K., and Cotton, S. (1988). "Factors Affecting the Division of Labor in Households", *Sex Roles*, Vol.18, 531-551.

Asahi International Symposium (1985). "Women in a Changing World", *Proceedings*, Tokyo: Symposium Secretariat.

Babbie, E. (1989). *The Practice of Social Research*. Calif.: Wadsworth Publishing Company.

Baber, K.M., and Monaghan, P. (1988). "College Women's Career and Motherhood Expectations: New Options, Old Dilemmas", *Sex Roles*, Vol.19, No.3/4, 189-203.

Basch, L., Schiller, N., Glick, B., and Szanton, C. (1993). *Nations Unbound: Transnational Project, Postcolonial Predicaments, and Deteritorialized Nation-States.* Amsterdam, Netherland : Gordon and Breach Publishers.

Bass, B.M., and Burger, P.C. (1979). *Assessment of Managers: An International Comparison.* New York: The Free Press.

Benin, M.H., and Agostinelli, J. (1988). "Husbands' and Wives' Satisfaction with the Division of Labor", *Journal of Marriage and the Family,* Vol.50, 349-361.

Bianchi, S. (1984). *American Women: Three Decades of Change.* Washington, D.C.: U.S. Dept. of Commerce, Bureau of the Census.

Bingham, M.W. (1987). *Women in Japan: From Ancient Times to the Present.* St. Louis Park, MN: Glenhurst Publications.

Blanchi, S.M. (1986). *American Women in Transition.* New York: Russell Sage Foundation.

Boland, B., Cullian, J., and Hitchcock, J. (Eds.) (1992). *Towards a Transnational Perspective on Migration.* New York : The New York Academy of Sciences.

Bose, C.E. (1980). "Social Status of the Homemaker", in *Women and Household Labor.* (Ed.) Berk, San Francisco: Sage Publications.

Bose, C.E., and Rossi, P.H. (1983). "Gender and Jobs. Prestige Standings of Occupations as Affected by Gender", *American Sociological Review,* Vol.48, 316-330.

Botkin, D.R., Weeks, M.O., and Morris, J.E. (2000). "Changing Marriage Role Expectations : 1961-1996", *Sex Roles,* Vol.42, Nos. 9/10, 933-942.

Boulding, E. (1977). *Women in the Twentieth Century World.* New York: Sage Publications.

Bowen, H.R. (1977). *The Effects of Going to College in Schools and Society: A Reader in Education and Sociology.* London: Mayfield Publishing Company.

Bowmen, M.J., and Osawa, M. (1986). "Developmental Perspectives on the Education and Economic Activities of Japanese Women", West Virginia: Eric #271400.

Brenner, J., and Ramas, M. (1984). "Rethinking Women's Oppression", *New Left Review,* No.144, 33-71.

Bridges, J.S. (1987). "College Females' Perceptions of Adult Roles and Occupation Fields for Women", *Sex Roles,* Vol.16, No.11/12, 591-603.

Brinton, M.C. (1988). "The Social-institutional Bases of Gender Stratification: Japan as an Illustrative Case", *American Journal of Sociology*, Vol.94, No.2, 300-334.

Brinton. M.C. (1989). "Gender Stratification in Contemporary Urban Japan", *American Sociological Review*, Vol.54, 549-564.

Clark, B.R. (1981). *The Higher Education System: Academic Organization in Cross-national System.* Los Angeles: University of California Press.

Cohen, E., (1977). *Expatriate Communities.* London : Sage.

Cole, R.E. (1971). *Japanese Blue Collar: The Changing Tradition.* Berkeley: University of California Press.

Collins, R. (1971). "A Conflict Theory of Sexual Stratification", *Social Problems*, Vol.19, 3-20.

Collins, R. (1985). *Sociology of Marriage and the Family: Gender, Love, and Property.* Chicago: Nelson-Hall.

Cook, A.H. (1980). *Working Women in Japan: Discrimination, Resistance, and Reform.* Ithaca, New York: New York State School of Industrial and Labor Relations.

Coulson, M. (1975). "The Housewife and Her Labour under Capitalism: A Critique", *New Left Review*, No.89, 59-71.

Cox, L.J. (1985). *Women, Work, Role Conflict, and Stress.* Ph.D. dissertation, Los Angeles: University of California, Los Angeles.

Cummings, W.K. (1980). *Education and Equality in Japan.* Princeton: Princeton University Press.

De Rham, D. (1965). *The Love Fraud: Why the Structure of the American Family is Changing and What Women Must Do to Make it Work.* New York: C.N. Potter.

Duke, B. (1986). *The Japanese School: Lessons for Industrial America.* New York: Praeger.

Dunn, M.S. (1960). "Marriage Role Expectations of Adolescents", *Journal of The National Council on Family Relations*, Vol.12, No.2, 99-111.

Durkheim, E. (1964). *The Division of Labor in Society.* New York: The Free Press.

Dworkin, R.J. (1981). "Prestige Ranking of the Housewife Occupation", *Sex Roles*, Vol.7, No.1, 59-63.

Engel. J.W. (1986). "*A Comparison of Japanese and American Housewives' Attitudes Toward Employment of Women*", Paper presented at the Annual conference of the National Council on Family Relations, Detroit.

Engel. J.W. (1987). "Generational Differences in Japanese Attitudes Toward Women's Employment", Paper presented at the Annual Conference of the National Council on Family Relations.

Engel. J.W. (1990). "Japanese Sex Differences in Preferred & Observed Divisions of Labor in the Home", Paper presented at the Annual Conference of the National Council on Family Relations.

England, E.M. (1988). "College Student Stereotypes of Female Behavior: Maternal Professional Women and Assertive Housewives", *Sex Roles*, Vol.19, No.5/6, 365-385.

Epstein, C.F. (1970). *Women's Place: Options and Limits in Professional Careers.* Berkeley: University of California Press.

Epstein, G.F., and Bronzaft, A.L. (1972). "Female Freshmen View: Their Roles as Women", *Journal of Marriage and the Family*, Vol.34, 671-672.

Ericksen, J.A., Yancey, W.L. and Ericksen, E.P. (1979). "The Division of Family Roles", *Journal of Marriage and the Family*, Vol.41, 301-311.

Erikson, R. (1984). "Social Class of Men, Women and Families", *Sociology*, Vol.18, No.4, 500-514.

Fagerline, I., and Saha, L.J. (1983). *Education and National Development: A Comparative Perspective.* New York: Pergamon Press.

Fallows, D. (1990). "Japanese Women", *National Geographic*, April, 52-83.

Fan, S.C. (1989). *Cultural Differences in Marital Role Expectations.* M.A. thesis, Los Angeles: University of California, Los Angeles.

Farkas, B.J., and Kono, M. (1987). *Japanese Overseas Children's American Schooling Experience: A study of Cross-cultural Transition.* Tokyo: Tokyo Shoseki.

Felson, M., and Knoke, B. (1974). "Social Status and the Married Women", *Journal of Marriage and the Family*, Vol.36, 516-521.

Ferber, M., and Huber, J. (1979). "Husbands, Wives, and Careers", *Journal of Marriage and the Family*, Vol.41, 315-321.

Ferree, M.M. (1976). "Working Class Jobs: Housework and Paid Work as Sources of Satisfaction", *Social Problems*, Vol.23, 431-41.

Fogarty, M.P. (1971). *Sex, Career and Family: Including an International Review of Women's Roles.* Beverly Hills, Calif.: Sage Publications.

Friedan, B. (1964). *The Feminine Mystique*. W.W. Norton.

Fujimura, K.F. (1985). "Women's Participation in Higher Education in Japan", *Comparative Education Review,* Vol.29, No.4, 471-487.

Fujita, K. (1987). *Industrial Policy and Women in Japan*. Dast Lansing, Mich.: Women in International Development, Michigan State University. Foreign Press Center.

Fukutake, T. (1981). "The Family and Character Formation", in *The Japanese Family*. Tokyo: Foreign Press Center.

Garson, K. (1985). *Hard Choices: How WOMEN DEcide about Work, Career, and Motherhood*. Berkeley: University of California Press.

Giele, J.Z., and Smock, A.C. (Eds.) (1977). *Women, Roles, and Status in Eight Countries*. New York: Wiley.

Glass, J. (Ed.) (1995). *Encountering the Glass Ceiling : Gender, Values, and the Structure of Work*. Los Angeles : Institute of Industrial Relations Publications Center, University of California.

Goldthorpe, J.H. (1983). "Women and Class Analysis: In Defense of the Conventional View", *Sociology,* Vol.17, No.3, 465-487.

Goldthorpe, J.H. (1980). *Social Mobility and Class Structure in Modern Britain*. London: Glarendon Press.

Goldthorpe, J.H. (1984). "Women and Class Analysis: A Reply to the Replies", *Sociology,* Vol.18, No.4, 491-499.

Gordon, K.K., (1964). *Assimilation in American Life*. New York : Oxford University Press.

Goode, W.J. (1971). *Social Systems and Family Patterns: A Propositional Inventory*. Indianapolis: Bobbs-Merrill Co.

Hadden, J.K. (1969). *Marriage and the Family: A Comprehensive Reader*. Itasca, Ill.: F.E. Peacock Publishers.

Haller, M. (1981). "Marriage, Women, and Social Stratification", *American Journal of Sociology,* Vol.86, No.4, 766-795.

Hayes, D.A.M. (1977). *Sex-roles, Demographic Variables, and Marital Satisfaction Along an Institutional-companionship Marriage Continuum*. Ph.D. dissertation, Michigan: U.M.I Dissertation Services.

Hayght, H. (1982). "Dual-earner Families: Their Economic and Demographic

Characteristics", in *Two Paychecks: Life in Dual Earner Families.* (Ed.) Aldous, J., Beverly Hills: Sage Publications.

Heath, A., and Britten, N. (1984). "Women's Jobs Do Make a Difference", *Sociology,* Vol.18, No.4, 475-489.

Higuchi, K. (1981). "Changing Family Relationships", in *The Japanese Family.* Tokyo: Foreign Press Center.

Hochschild, A. (1969). "The Role of the Ambassador's Wife: An Exploratory Study", *Journal of Marriage and the Family,* February Issue, 73-87.

Hoffman, L.W. (1972). "Early Childhood Experiences and Women's Achievement Motives", *Journal of Social Issues,* Vol.28, 129-55.

Hoffman, L.W., and Nye, F.I. (1974). *Working Mothers.* San Francisco: Jossey-Bass.

Hogan, D.P., and Mochizuki, T. (1988). "Demographic Transitions and the Life Course: Lessons from Japanese and American Comparisons", *Journal of Family History,* Vol.13, No.3, 291-305.

Holahan, C.K., and Gilbert, L.A. (1979). "Interrole Conflict for Working Women: Career vs. Jobs", *Journal of Applied Psychology,* Vol.64, 40-46.

Holland, B.M., and Agostinelli, J. (1988). "Husbands' and Wives' Satisfaction with the Division of Labor", *Journal of Marriage and the Family,* Vol.50, 349-361.

Inamura, A.E. (1987). *Urban Japanese housewives.* Honolulu: University of Hawaii Press.

Inkeles, A. (1974). *Becoming Modern.* London: Heinemann Education Books.

Ivener, M.A. (1991). *Doing Business in the U.S.A.: A Summary of the New Immigration Act of 1990.* Calif.: Immigration Viewpoint Press.

Japan Business Association of Southern California (1983). *Employment Contributions by Japan-based Corporations.* Los Angeles: Japan Business Association.

Japan Business Association of Southern California (1991). *JBA Membership Directory.* Los Angeles: Japan Business Association.

Japan Business Association of Southern California (1991). "Survey for Japanese Companies Located in Southern California", Unpublished Survey Data. Los Angeles: Japan Business Association.

Johnson, M.M. (1975). "Fathers, Mothers and Sex Typing", *Sociological Inquiry,* Vol.45, 15-26.

Johnson, M.M. (1981). "Heterosexuality, Male Dominance, and the Father Image",

Sociological Inquiry, Vol.51, 129-139.

Kandal, T.R. (1988). *The Woman Question in Classical Sociological Theory.* Miami : Florida International University Press.

Keifer, W.C. (1974). *Changing Cultures Changing Lives.* San Francisco : Jossey-Bass.

Kennedy, P. and Roudometof, V. (Eds.) (2002). *Communities Across Borders : New Immigrants and Transnational Cultures.* London and New York : Routledge.

Komarovsky, M. (1964). *Blue-collar Marriage.* New York : Random House.

Kumagai, F. (1984). "The Life Cycle of the Japanese Family", *Journal of Marriage and the Family,* Vol.46, No.1, 191-202.

Larsen, K.S., and Long, E. (1988). "Attitudes Toward Sex-roles : Traditional or Egalitarian?", *Sex Roles,* Vol.19, No.1/2, 1-11.

Lauer, R.H. (1973). *Perspectives on Social Change.* Boston, MA : Allyn and Bacon, Inc.

Laurie, D., and Gordon, L.K. (1979). *The Sociology of Gender.* Chicago : Rand McNally.

Lerner, D. (1964). *The Passing of Traditional Society : Modernizing the Middle East.* New York : The Free Press.

Leslie, G.R. (1967). *The Family in Social Context.* New York : Oxford University Press.

Levin, H.M. (1976). "Equal Educational Opportunity in Western Europe : A Contradictory Relation", Presented at the Annual Meetings of the American Political Science Association.

Lewin, M., and Tragos, L.M. (1987). "Has the Feminist Movement Influenced Adolescent Sex Role Attitudes? A Reassessment After a Quarter Century", *Sex Roles,* Vol.16, No.3/4, 125-135.

Lewis, S.N.C., and Cooper, C.L. (1987). "Stress in Two Earner Couples and Stage in the Life Cycle", *Journal of Occupational Psychology,* Vol.60, 289-303.

Long, S.O. (1987). *Family Change and the Life Course in Japan.* Ithaca, New York : China-Japan Program.

Lopata, H.Z. (1971). *Occupation : Housewife.* New York : Oxford University Press.

Mackey, W.C., and Coney, N.S. (2000). *Gender Roles, Traditions and Generations to Come : The Collision of Competiing Interests and the Feminist Paradox.* New York : Nova Science Publishers, Inc..

Margolis, M.L. (1984). *Mothers and Such : Views of American Women and Why They Changed.* Berkeley : University of California Press.

Matthews, G. (1987). *Just a Housewife*. New York: Oxford University Press.
McKinley, D.G. (1964). *Social Class and Family Life*. New York: The Free Press.
McLaughlin, S.D. (1988). *The Changing Lives of American Women*. Chapel Hill: University of North Carolina Press.
McNeil, J.D. (1977). *Curriculum: Comprehensive Introduction*. Boston: Little Brown.
Megro, Y. (1980). *A Feminist Analysis of the Relations Between Women and Men*. Tokyo: Kakiuchi Shuppan.
Metraus, D.A. (1987). "Frustration in a Chauvinist Society: Japanese Women Today", *Journal of NAWDAC*, Vol.50, No.2, 27-31.
Miller, J., and Howard, G. (1982). "The Division of Labor at Home and in the Workplace", *Annual Review of Sociology*, Vol.8, 237-262.
Minoura, Y. (1979). *Life-in Between*. Ph.D. dissertation. Los Angeles: University of California, Los Angeles.
Molyneux, M. (1979). "Beyond the Domestic Labor Debate", *New Left Review*, No.11, 3-27.
Morioka, K. (1990) "Demographic Family Changes in Contemporary Japan", *International Social Science Journal*, Vol.42, 511-522.
Mott, F. (1978). *Women, Work, and Family: Dimensions of Change in American Society*. Lexington, Mass: Lexington Books.
Narumiya, C. (1986). "Opportunities for Girls and Women in Japanese Education", *Comparative Education*, Vol.22, 47-52.
Nezu, T. (1986). *The Japanese Parents' Perceptions of Educational Objectives and Ideal Solutions for their Children in the United States*. Ph.D. dissertation, Los Angeles: University of California, Los Angeles.
Nilson, L. (1976). "The Social Standing of a Married Woman", *Social Problems*, Vol.23, 581-592.
Nilson, L. (1978). "The Social Standing of a Housewife", *Journal of Marriage and the Family*, Vol.40, 541-547.
Norusis, M.A. (1990). *The SPSS Guide to Data Analysis*. Chicago: SPSS inc.
Norusis, M.J. (1990). *SPSS Base System User's Guide*. Chicago: SPSS inc.
Oakley, A. (1975). *The Sociology of Housework*. New York: Pantheon Books.
Ogawa, T., and Wong, C.C. (1989). "*Toyota and Japanese Corporate Sojourners to Kentucky*". Unpublished paper, Yamaguchi, Japan.

Okamura, F. (1981). *Mother Tongue Maintenance and Development among the Japanese Children Living in the United States.* Ph.D. dissertation, Los Angeles: University of California, Los Angeles.

O'Neal, M.W., and Botkin, D.R. (1987). "A Longitudinal Study of the Marriage Role Expectations Of College Women: 1961-1984", *Sex Roles,* Vol.17, No.1/2, 49-58.

Okin, S.M. (1989). *Justice, Gender, and the Family.* New York: Basic Books.

Oppenheimer, V.K. (1970). *The Female Labor Force in the United States: Demographic and Economic Factors Governing its Growth and Changing Composition.* Berkeley: University of California Press.

Osmond, M.W., and Martin, P.Y (1975). "Sex, and Sexism: A Comparison of Male and Female Sex-role Attitudes". *Journal of Marriage and the Family,* Vol.37, 744-758.

Park, Robert, E. (1950). *Race and Culture.* New York: Free Press.

Parsons, T. (1954) Essays *in Sociological Theory*, London: The Free Press of Glencoe.

Parsons, T. (1955). *Family, Socialization and Interaction Process.* Glencoe, Ill.: Free Press.

Parsons, T., and G.M. Platt. (1973). *The American University.* Boston: Harvard University Press.

Passin, H. (1965). *Society and Education in Japan.* New York: Colombia University Press.

Pedhazur, E.J. (1973). *Multiple Regression in Behavioral Research.* New York: CBS College Publishing.

Plath, D.W. (1983). *Work and Life Course in Japan.* New York : State University of New York Press.

Plutzer, E. (1988). "Work Life, Family Life, and Women's Support of Feminism", *American Sociological Review,* Vol. 53, 640-649.

Rapoport, R. (1971). *Dual Career Families.* Baltimore : Penguin.

Robins-Mowry, D. (1983). *The Hidden Sun: Women of Modern Japan.* Boulder, Cololado : Westview Press.

Rohlen, T.P. (1983). *Japan's High Schools.* Berkeley : University of California Press.

Romer, N. (1981). *The Sex-role Cycle: Socialization from Infancy to Old Age.* New York : McGraw-Hill.

Roper, B.S., and Labeef, E. (1977). "Sex Roles and Feminism Revisited : An Intergenerational Attitude Comparison", *Journal of Marriage and the Family,* Vol.39, 113-119.

Rose, C (1974). *The Impact of College on Women's Attitudes Toward Their Role in Society.* Ph.D. dissertation, Los Angeles : University of California, Los Angeles.

Ross, C.E., Mirowsky, J., and Huber, J. (1983). "Dividing Work, Sharing Work, and In-between : Marriage Patterns and Depression", *American Sociological Review,* Vol.48, 809-823.

Scanzoni, J. (1964). *Sexual Bargaining: Power Politics in the American Marriage.* Chicago : The University of Chicago Press.

Scanzoni, J. (1975). *Sex Roles, Life Styles, and Childbearing: Changing Patterns in Marriage and the Family.* New York : The Free Press.

Scanzoni, J. (1976). *Men, Women, and Change: A Sociology of Marriage and Family.* New York : McGraw-Hill.

Scanzoni, J.H. (1978). *Sex Roles, Women's Work, and Marital Conflict: A Study of Family Change.* Lexington, Mass : Lexington Books.

Scanzoni, J. (1979). "Sex-role Influences on Married Women's Status Attainments", *Journal of Marriage and the Family,* Vol.41, 793-800.

Scanzoni, J. (1980). "Sex Roles, Family and Society : The Seventies and Beyond", *Journal of Marriage and the Family,* Vol.42, 743-756.

Scanzoni, J.H., and Szinovacz, M. (1980). *Family Decision-making: A Developmental Sex Role Model.* Beverly Hills, Calif. : Sage Publications.

Schneidor, M.D., and Raymond, T.S. (1973). *Class Differences and Sex Roles in American Kinship and Family Structure.* Englewood Cliffs, N.J. : Prentice-Holl.

Secombe, W. (1974). "The Housewife and Her Labour under Capitalism", *New Left Review,* No.83, 3-24.

Sexton, C.S. (1989). "Couples' Career Orientation, Gender Role Orientation, and Perceived Equity as Determinants of Marital Power", *Journal of Marriage and the Family,* Vol.51, 933-941.

Spector-Leech, A.L. (1986). *Perceptions of Cultural / Functional Difficulties by Japanese Executives in Southern California.* M.A. thesis. Los Angeles : University of California, Los Angeles.

Spitze, G.D., and Waite, L.J. (1981). "Wives' Employment : The Role of Husbands'

Perceived Attitudes", *Journal of Marriage and the Family*, Vol.43, 117-124.

Sugawara, M. (1986). *Japanese Women Yesterday and Today*. Tokyo : University of Tokyo Press.

Sydie, R.A. (1987). *Natural Women, Cultured Men : A Feminist Perspective on Sociological Theory*. New York : New York University Press.

Taeuber, K.E., and Sweet, J.A. (1976). "Family and Work : The Social Life Cycle of Women", in *Women and the American Economy*, (Eds.). Kreps, J.M., Englewood Cliffs, New Jersey : Prentice-Hall.

Tangri, S.S. (1972). "Determinants of Occupational Role Innovation among College Women", *Journal of Social Issues*, Vol.28, 177-199.

Trow, M. (1974). "Problems in the Transition from Elite to Mass Higher Education", *Policy for Higher Education*, OECD, 51-101.

Udry, R.J., and Hall, M. (1965). "Marital Role Segregation and Social Networks in Middle-class Middle-aged Couples", *Journal of Marriage and Family*, Vol.27, 392-395.

Ueno, C. (1987). "The Position of Japanese Women Reconsidered", *Current Anthropology*, Vol.28, 75-84.

U.S. Department of Education (2000). *Digest of Education Statistics*.

U.S. Department of Education (2000). *The Condition of Education*.

Vogel, E.F. (1963). *Japan's New Middle Class*. Berkeley : University of California Press.

Walby, S. (1990). *Theorizing Patriarchy*. England : Basil Blackwell.

Walter, G.R. (1972). "The Relation Between Sex Roles, Marital Status, and Mental Illness", *Social Forces*, Vol.51, 34-44.

Weber, M. (1968). Roth, Guenther, and Wittich, Claus (Eds.), *Max Weber : Essays in Sociology*. New York WittichBedminster Press.

Weeks, M.O., and Botkin, D.R. (1987). "A Longitudinal Study of Marriage Role Expectations of College Women : 1961-1984", *Sex Roles*, Vol.17, 49-58.

White, M. (1988). *The Japanese Overseas*. New York : The Free Press.

White, M.I. (1987). *The Japanese Educational Challenge : A Commitment to Children*. New York : The Free Press.

Wilkie, J.R. (1978). "Marriage, Family Life, and Women's Employment", in *Women Working* (Eds.) Stomberg, A.H., and Harkess, S., Mountain View, Calif. :

Mayfield Publishing Company.
Wimberley, H. (1973). "Conjugal-role Organization and Social Networks in Japan and England", *Journal of Marriage and Family,* Vol.35, 125-130.
Woodhall, I.M. (1973). "The Economic Returns to Investment in Women's Education", *Higher Education,* No.2, 15-28.
Wray, H., and Takahashi, S. (1989). *Education in Japan from American Point of View: Internationalization of Education.* Tokyo: Kyodo Shuppan.
Wrigley, J. (Ed.) (1995). *Education and Gender Equality.* Bristol, PA : The Falmer Press.
Yamada, R. (1993). *The Gender Roles of Japanese Women: An Assessment of Gender Roles of Japanese Housewives of Living in the United States.* Ph.D. dissertation present at University of California, Los Angeles.
Yamada, R. (1995). "Higher Education and Gender Roles in Japanese Society : An Assessment of Disparity", *Prospects,* Vol.XXV, No.4, December, 791-802.
Yogev, S. (1981). "Do Professional Women Have Egalitarian Marital Relationships?", *Journal of Marriage and the Family,* Vol.43, 865-871.
Yoshida, Y. (1987). *Life Satisfaction for Japanese People in the United States, Egypt and Japan.* M.A. thesis, Los Angeles: University California, Los Angeles.
Zaretsky, E. (1976). *Capitalism, the Family and Personal Life.* New York: Colophon Book.
Zuckerman, D.M. (1981). "Family Background, Sex-role Attitudes, and Life Goals of Technical College and University Students", *Sex Roles,* Vol.7, No.11. 1109-1125.

あとがき

　あとがきを書くに当たって、私は1994年に日本に帰国して以来ずっと手つかずであった仕事を「やっとまとめることができた」と感慨にふけっている。本書は私が1993年にカリフォルニア大学ロサンゼルス校、教育学大学院に提出した博士論文を大幅に加筆修正して、さらに本研究に着手した頃から10年後の再調査をした部分を新たに加えてまとめたものである。現在、私は主に日米の高等教育研究を研究領域としているが、本書の主題となっているジェンダーという視点は私の研究の原点でもある。

　1980年代後半からアメリカの大学院で学んでいた私はアメリカの高等教育機関の持つ多様な機能に圧倒された。研究大学であるUCLAにおいても、大学院には若い学生だけでなく仕事を経験してきた成人や、現職の職業人など多様な人材が在籍し学んでいた。大学が若者だけの機関だと思っていた私にとって、そうした高等教育機関の姿は目からうろこが落ちたような気がしたものだった。さらに、そうした成人学生には女性の姿が多かった。彼女たちは乳幼児を抱えながら、大学院に通い、そして仕事にも携わっていたのだった。そうした姿は実に生き生きとして魅力的だった。

　一方、当時のアメリカで出会った多くの日本人滞在者夫人たちは、「良妻賢母」というステレオタイプな言い方ではあるが、伝統的な性別役割を果たしているように見えたのだった。日本の当時の社会では男女雇用機会均等法が施行され、女性の社会進出が後押しされるなど、伝統的な性別役割観からの脱皮が進みつつあるころでもあった。アメリカにい

る日本人女性を対象にした先行研究が、アメリカ在住の日本人女性は高学歴者である割合が高いと指摘していたことを知り、なぜ伝統的な性別役割を彼女たちは果たしているのだろうか。アメリカというフェミニズム運動の歴史があり、女性たちの社会進出の進んでいる国にいて、どうして日本にいる女性たち以上に伝統的な性別役割を実施しているのだろうか。そうした要因を探り、彼女たちの意識を探ってみたいと思ったのが本研究のきっかけでもあった。

　そうした私の思いを後押ししてくれたのが、日本の教育だけでなく、日本におけるジェンダーの問題にも関心を持っていたジョン・ホーキンス教授、ドン・ナカニシ教授、バル・ラスト教授たち私のアドバイザーであった。とりわけ、ラスト教授は日本人駐在員が多く住む地域に住んでいることもあり、乳幼児を抱えて公園で過ごしている若い日本人主婦が大変孤独に見えると心配していた。そしてコミュニティでこうした若い日本人主婦たちに何かできることはないかと模索していた最中でもあったせいか異文化への適応といった点からもアプローチするようにとのアドバイスをしてくれた。

　駐在員の妻たちというと、エリートの妻であり非常に恵まれた人たちであるというイメージが一般的であったように思う。実際、彼らの子女である帰国生たちへの特別枠が大学に設けられるなどの背景もあり、政治力のある恵まれた人たちとして、多くのマスメディアも取り扱っていた。本研究に携わる過程のなかで、たしかに伝統的な性別役割意識を持ち、それを良しとしている駐在員夫人も多く、アメリカ社会との接触もあまり持たずに、異文化の本質的な理解もないままに帰国する人たちも存在していた。しかし、質問紙調査だけではなく、インタビューをしていく過程で抱えている胸の内を忌憚なく語ってくれる夫人たちも多かった。彼女たちは一様にエネルギッシュで教養に富み、何かをしたいという希望を持っている人たちでもあった。責任感も強く、企業で働いていた時代にはさぞかししっかりした仕事をしていただろうと思わせる女性

たちが多かった。では一体何が彼女たちを伝統的なジェンダー役割に向かわせていたのだろうか。それらは本書に書かれている、一時的滞在者であるということ、異文化、子どもの教育問題、経済的要因、法的規制、英語の壁など複合的な要因が重なっていることは明らかである。同じような高学歴背景を持って留学生としてアメリカに渡ってきた後に、仕事を見つけて永住したり、家族とともに移住したりするアジア諸国からの女性たちが、アメリカ社会でのソフトランディングを目指して、生活を築いていく行き方とはどこか異なっていたのである。

しかし、最初の調査から10年が過ぎた再調査の際に、私がインタビューをした夫人たちから受けた印象はずいぶん異なっていた。この10年に日本の経済状況が悪化したことに反比例して、夫人たちがずいぶん力強くなっていたのである。女性の自立＝経済力だと明言する夫人たちが大半であり、かつては家庭内をしっかりとまとめることが夫を支えることだと語っていた夫人が多かったのだが、今回は夫を経済的にも支えていきたいと語る夫人たちが多かった。きわめて平等主義的な性別役割観を持つ人たちが多かった。子どもへの期待においても、力を発揮できるところであればどこの国に住んでもよいと語る夫人たちが多かったのも印象的だった。

これはグローバル化の進行の影響だろうか。10年前には日本という「国民国家」という枠組みのなかで駐在員たちは生活しており、それゆえ、夫人たちの性別役割も縛られることになっていたのか。グローバル化が進んだ現在、生活の単位となるのはむしろ国家ではなく家族単位であるゆえか、女性たちのジェンダー観も変容してきているのだろうか。この新しい課題に取り組むためには、よりクロスナショナルな比較研究をしていかねばならないだろう。私にとってはこの問題はまだまだ奥が深く、今後もこの課題には取り組んでいきたい。

本研究をしていく上でそれこそ本当に多くの人たちにお世話になった。私の研究に有意義なアドバイスをしてくれたジョン・ホーキンス、ド

ン・ナカニシ、バル・ラスト、タミー・ブライアント教授たちと今は亡きハリー・キタノ教授をはじめ、多くのアメリカでの研究者仲間に感謝の意を表したい。忙しいにもかかわらず私のインタビューに時間を割いてくれた多くの夫人たち、あさひ学園のお母様たちにもこの場を借りて御礼を申し上げたい。彼女たちが率直に語ってくれたことがどれだけ私のひとりよがりな見方を修正することに役立ち、私を力づけてくれたことだろうか。そのような多くの夫人たちのなかに、最初の調査時だけでなく、10年後の調査のときにも、豊富なネットワークを駆使して私の研究を手助けしてくれた山田ますみさんがいる。彼女の力なくしては本研究を遂行することはできなかっただろう。心から御礼申し上げたい。そんな彼女が15年以上にもわたるアメリカ生活から帰国し、この春から日本の高等教育機関での教育に携わることになったのは私にとっても大変な喜びでもある。その豊富な異文化体験と知識で学生を導いていかれることと思う。

　本書の出版に当たっては、東信堂の下田勝司社長には大変お世話になった。出版事情の厳しいなか私の研究を理解してくださり、出版の機会を与えてくださったことに心から御礼を申し上げたい。それから、編集担当の二宮義隆氏の適切なアドバイスにも深く敬意を表したい。

　最後に家族への感謝も記したい。アメリカで0歳から8歳までを過ごして日本に帰国し、帰国生として苦労した長女もこの春から大学生になった。両国での経験や苦労を糧にして欲しいと考える。忙しい自らの仕事のかたわら、私のアメリカでの研究生活を支えてくれた夫、帰国後家事・育児を手助けしてくれた両親にもこの場を借りて感謝の意を表したい。

　　2004年5月

　　　　　　　　　　　　　　　　　　　　　　　　山田礼子

付　録

1991年度第一調査　質問用紙
　　　　第二調査　質問用紙
2001年度質問紙調査

1991年度第一調査

この調査は、アメリカに住む日本人駐在員夫人を対象として、UCLA International Studies and Overseas Programs が女性の意識調査を実施するものです。結果は日本人女性の生活、海外生活や子女教育のために役立てられる資料となります。書かれました内容はすべて極秘となります。名前はいりません。又この調査結果は学術上の目的にのみ使われ、その他の目的には一切使用されません。尚、答えたくない箇所、又は答えにくい箇所は無回答のままで結構です。

質問用紙
第1部

Q1 あなたは、結婚なさっていらっしゃいますか。
　　未婚　　　既婚　　　既婚（離死別）

Q2 あなたは、駐在員夫人ですか。
　　はい　　　いいえ

Q3 あなたは、子供の教育について、男の子の場合は、どの程度まで受けさせたらよいと思いますか。それでは女の子の場合はどうでしょうか。
　　男の子　(a)中学　(b)高校　(c)短大・高専　(d)大学　(e)大学院
　　　　　　(f)子供次第　(g)その他　(h)わからない
　　女の子　(a)中学　(b)高校　(c)短大・高専　(d)大学　(e)大学院
　　　　　　(f)子供次第　(g)その他　(h)わからない

Q4 あなたの家庭では、ご主人は家事、育児、子供の教育に関与されていますか。
　(a)　積極的に関わっている
　(b)　ある程度関わっている
　(c)　全く関わっていない
　(d)　どちらともいえない

Q5 あなたは、ご主人に家事、育児、子供の教育に関与して欲しいですか。
　(a)　関わって欲しい
　(b)　関わって欲しいとは思わない
　(c)　どちらともいえない

Q6 女性の結婚についてあなたはどうお考えになるでしょうか。
　(a)　女の幸福は結婚にあるのだから結婚したほうがよい。
　(b)　精神的にも経済的にも安定するから結婚したほうがよい。
　(c)　人間である以上当然のことだから結婚した方がよい。
　(d)　独り立ちできればあえて結婚しなくてもよい。
　(e)　結婚は女性の自由を束縛するから、一生結婚しないほうがよい。
　(f)　わからない。

Q7 あなたは現在職業をおもちですか。パートタイムや内職も職業に入ります。

　　　　(a)もっている　　(b)もっていない　　1)　主婦　　3)　その他
　　　　　　Q8へ　　　　　　Q9へ　　　　2)　学生

Q8　あなたが働いているのはどのような理由からでしょうか。いくつでも
　　けっこうですから選んでください。
　(a)　生計を維持するため
　(b)　家計費のたしにするため
　(c)　将来に備えて貯蓄するため
　(d)　自分で自由に使えるお金を得るため
　(e)　自分の能力、技能、資格を生かすため
　(f)　視野を広めたり、友人を得るため
　(g)　仕事をするのが好きだから
　(h)　時間的に余裕があるから
　(i)　家業であるから
　(j)　一旦退職すると今と同程度の条件での再就職が難しいから
　(k)　その他
　(l)　特に理由はない、わからない

Q9　Q7で無職と答えた方に、現在働いていないのは、どのような理由で
　　すか。いくつでもお答えください。
　(a)　経済的に働く必要がない
　(b)　ビザ上の規制のため
　(c)　夫の会社の規定のため
　(d)　経験等を生かせる場所がない
　(e)　文化や言語の違いのため
　(f)　海外生活に適応するため余裕がない
　(g)　仕事をみつけることが困難なため
　(h)　子供の教育や世話で時間がない
　(i)　女性は家庭にいて、夫、子供の世話をすべきだと思うため
　(j)　その他
　(k)　特に理由はない、わからない

Q10　Q7で無職と答えた方に、あなたは、今までに職業についたことがあ
　　りますか。
　　　(a)ある　（Q11へ）　　(b)ない　（Q12へ）

Q11 あなたが仕事をお辞めになったのはどのような理由からですか。いくつでも結構ですから上げてください。
 (a) 家事、育児への専念
 (b) 家事、育児との両立の困難
 (c) 結婚退職
 (d) 夫の駐在による転勤
 (e) 高齢者や病人の世話
 (f) 子供の教育
 (g) 家族の無理解や反対
 (h) 健康上の理由
 (i) 仕事に対する不満
 (j) 給料、収入が少ない
 (k) 職場の人間関係
 (l) 職場での結婚、出産退職の慣行
 (m) 昇進、教育訓練等に男女の差別的扱いがある
 (n) 経済的に働く必要がなくなった
 (o) その他
 (p) 特に理由はない、わからない

Q12 あなたは、今後、職業をもちたいと思いますか、もちたいとは思いませんか。
 (a) すぐにでも職業をもちたい　Q13へ
 (b) 帰国後又はいずれは職業をもちたい　Q13へ
 (c) 持ちたいとは思わない　Q14へ
 (d) わからない　Q14へ

Q13 それはどのような理由からでしょうか。
 (a) 生計を維持するため
 (b) 家計費の足しにするため
 (c) 将来に備えて貯蓄するため
 (d) 自分で自由に使えるお金を得るため
 (e) 自分の能力、技能、資格を生かすため
 (f) 視野を広げたり、友人を得るため
 (g) 生きがいを求めるため
 (h) 女性も社会に出るべきだと思うから
 (i) 時間的に余裕ができたため

(j) その他
(k) わからない

Q14 それはどのような理由からでしょうか。
(a) 経済的に困らないから
(b) 家事、育児が十分にできないから
(c) 子供の教育が十分にできないから
(d) 女性は家にいるべきだと思うから
(e) 高齢者や病人の世話をするため
(f) 他にやりたいことがあるから
(g) 家族の反対があるから
(h) 健康に自信が持てないから
(i) 希望する仕事や条件のよい仕事が見つかりそうにないから
(j) その他
(k) わからない

Q15 一般的に、女性の生涯にわたる生活の中で、就職の在り方としてもっとも望ましい形態はどれでしょうか。
(a) 就職し、長くはたらく
(b) 就職し、結婚や出産などで一時期家庭にはいるにしても、再び働く
(c) 就職し、結婚や出産などを契機として家庭にはいる
(d) 就職しない
(e) その他
(f) わからない

Q16 女性が長く働き続けるのを困難にしたり、障害になると考えられるのはどのようなことでしょうか。いくつでも選んでください。
(a) 育児
(b) 高齢者や病人の世話
(c) 家事との両立
(d) 子供の教育問題
(e) 夫の転勤
(f) 家族の無理解や反対
(g) 自分の健康問題
(h) 職場での結婚、出産退職の慣行
(i) 昇進、教育訓練等の男女の差別的扱い

(j) 女性は家にいるべきだという考え方
(k) 女性はすぐ辞める、男性よりも労働能力が劣るという考え方
(l) その他
(m) わからない

Q17 あなたは、現在何か学んだり習ったりしていらっしゃいますか。
　　している（**Q18**へ）　　していない（次のセクションへすすんでください。）
(a) 洋裁、和裁、編み物、手芸など
(b) お茶、お花、舞踊など
(c) 料理
(d) 音楽、絵画、書道、文芸など
(e) 理容、美容、着付けなど
(f) スポーツ
(g) コンピュータ関係、タイプ、簿記など
(h) 英語などの外国語
(i) 人文、社会、自然科学などの学習
(j) その他
(k) わからない

Q18 それは、おもにどこでされていますか。
(a) アダルトスクールなど
(b) コミュニティ・カレッジ
(c) 大学の extension program などで
(d) 大学に登録して正規学生として
(e) プライベートに先生について
(f) その他

Q19 あなたがそれを学んだり習ったりしているのはどのような理由からですか。
(a) 将来の仕事のため
(b) 現在の仕事に役立てるため
(c) 日常生活に役立てるため
(d) 趣味を豊かにするため
(e) 教養を身に付けるため
(f) 精神修養のため
(g) 自分の健康のため
(h) その他

第2部

以下の文章をお読みになってあなたがどのように感じられるか近い答えをお選びください。

1. 強く同意する　2. 同意する　3. わからない　4. 同意しない　5. 全く同意しない

Q1　結婚している女性のもっとも重要な役目は夫と子供の世話である
　　　　　　　　　　　　　　　　　　　　　　　　　1 2 3 4 5
Q2　男性は外で仕事、女性の仕事は家事である　　　　1 2 3 4 5
Q3　女性にとって一番の満足は子供から与えられるものである
　　　　　　　　　　　　　　　　　　　　　　　　　1 2 3 4 5
Q4　女性は男性と同様に同じレベルで働くべきでない　1 2 3 4 5
Q5　物事を決める際に妻は夫と同じ決定権を持つべきでない　1 2 3 4 5
Q6　女性は精神的にも肉体的にも男性とは違う構造を持っているから女性が肉体労働に適さないように他にも女性に向かない仕事があると思う
　　　　　　　　　　　　　　　　　　　　　　　　　1 2 3 4 5
Q7　妻は夫や子供に負担をかけるなら仕事は辞めるべきだ　1 2 3 4 5
Q8　幼い子供がいる場合母親が外で働くのはどうしても経済的に必要な場合に限るべきだ　　　　　　　　　　　　　　　1 2 3 4 5
Q9　妻が職業を持つことは夫が働くのと同じように重要なことである
　　　　　　　　　　　　　　　　　　　　　　　　　1 2 3 4 5
Q10　妻が働く場合、長期的な計画をもって働くべきである。1 2 3 4 5
Q11　妻として母親としての自分に満足しない場合、仕事をすべきである
　　　　　　　　　　　　　　　　　　　　　　　　　1 2 3 4 5
Q12　若い母親が働きやすくなるようにもっと公共の託児所を増やすべきだ
　　　　　　　　　　　　　　　　　　　　　　　　　1 2 3 4 5
Q13　家事や育児は男女とも同様におこなうべきだ　　1 2 3 4 5
Q14　共働き家庭では男女とも同様に家事や育児を行なうべきだ
　　　　　　　　　　　　　　　　　　　　　　　　　1 2 3 4 5
Q15　夫は家長であるべきだ　　　　　　　　　　　　1 2 3 4 5
Q16　働く母親も専業の母親と全く同じように子供の世話をし同じ親子関係を持つべきだ　　　　　　　　　　　　　　　1 2 3 4 5
Q17　男の子は男らしく女の子は女らしくしつけるべきだ　1 2 3 4 5
Q18　男の子も女の子と同様に、簡単な食事を作ったり、ボタンつけ程度の身の回りの事をできるようにしつけるべきだ　　1 2 3 4 5
Q19　女の子も、将来、職業人として自立できるような教育が必要だ
　　　　　　　　　　　　　　　　　　　　　　　　　1 2 3 4 5

第3部

Q1 お子さんの送り迎え(車)は、おもに誰がされますか
　(a)　夫
　(b)　妻
　(c)　その他

Q2 お子さんの学校の宿題は主にだれがみてあげますか
　(a)　父親
　(b)　母親
　(c)　子供本人
　(d)　その他の人(具体的にお答えください)
　(e)　両親

Q3 お子さんはどちらの学校に行っておられますか
　(a)　アメリカンスクール
　(b)　全日制日本人学校
　(c)　アメリカンスクールと日本語補習校

Q4 お子さんの学校のお手伝い(PTA、ボランティア)などをされていますか
　(a)　している
　(b)　していない

Q5 お子さんの学校あるいは教育に関わるご両親の時間は日本にいたときと現在のアメリカ生活ではどちらが時間又は労力がかかりますか
　(a)　日本
　(b)　アメリカ　　**Q6へ**
　(c)　どちらもほぼ同じ
　(d)　どちらともいえない

Q6 アメリカとお答えになられた方、できましたらその理由をお書きください。(例．米国で生活するうえでお子さんの教育問題に関して何が心配か具体的にお答えくださっても結構です。)

フェイスシート

F1　あなたの年齢グループはどれですか。
　(a)　20−24歳　　(g)　50−54歳
　(b)　25−29歳　　(h)　55−59歳
　(c)　30−34歳　　(i)　60−64歳
　(d)　35−39歳　　(j)　65歳以上
　(e)　40−44歳
　(f)　45−49歳

F2　夫の最終学歴
　(a)　高校卒
　(b)　各種専門学校卒
　(c)　短大・高専卒
　(d)　大学卒(日本、米国含む)
　(e)　大学院卒(日本、米国含む)

F3　妻の最終学歴
　(a)　高校卒
　(b)　各種専門学校卒
　(c)　短大・高専卒
　(d)　大学卒(日本、米国含む)
　(e)　大学院卒(日本、米国含む)

F4　税込み年収(前年度)
　(a)　$29,999以下
　(b)　$30,000−39,999
　(c)　$40,000−49,999
　(d)　$50,000−59,999
　(e)　$60,000以上

F5　あなたのお子さんの年齢はどれに当たりますか(複数解答可)
　(a)　就学前(0−2)　　(h)　子供はいない
　(b)　プリスクール
　(c)　幼稚園
　(d)　小学生
　(e)　中学生、高校生
　(f)　大学生
　(g)　その他

第二調査

この調査はアメリカに住む日本人夫人を対象として、結婚生活に於ける夫と妻の役割に関する意識調査を実施するものです。書かれました内容はすべて極秘となります。またこの調査結果は学術上の目的にのみ使われその他の目的には一切使用されません。尚、答えたくない箇所、または答えにくい箇所は無回答のままで結構です。もし先日この調査に、お答えになられた方がおられましたら、お答えなされなくて結構です。

UCLA　教育学部

質問用紙

以下の文章は、結婚生活に於ける夫や妻の役割に対する期待や理想を示しています。各文章を読んで、該当する答えを選んで下さい。尚未婚の方、またはお子さんのいないかたは、結婚した場合、お子さんを持った場合を仮定してお答えください。

1. 強く同意する　　2. 同意する場合が多い　　3. どちらでもない
4. 同意しない場合が多い　　5. 全く同意しない

第1部

1. 夫婦の間で意見の相違がある場合、最終決定は夫がする　　1 2 3 4 5
2. 家計、金銭に関して妻の意見は、夫の意見と同様な重みをもつ
　　　　　　　　　　　　　　　　　　　　　　　　　　1 2 3 4 5
3. 夫は家長であるべきだ　　　　　　　　　　　　　　　1 2 3 4 5
4. 家の財産、借金状態について妻は全て把握している　　1 2 3 4 5
5. 家での、食事の時間、テレビをつける時間などのスケジュールは夫の希望が優先される　　　　　　　　　　　　　　　　　　　　1 2 3 4 5
6. 家計は、夫が完全に管理している　　　　　　　　　　1 2 3 4 5
7. 外に遊びに出かける場合、夫婦両方の意見の調整によって行き先が決まる
　　　　　　　　　　　　　　　　　　　　　　　　　　1 2 3 4 5
8. 家族のなかで夫と妻は同程度の権限をもっている　　　1 2 3 4 5
9. 家、土地などの購入には夫と妻の両方が同程度の権限をもっている
　　　　　　　　　　　　　　　　　　　　　　　　　　1 2 3 4 5
10. 妻が働くかどうかは家族のためにそれが一番と夫婦が考えることによって決まる　　　　　　　　　　　　　　　　　　　　　　1 2 3 4 5

第2部

11. 夫は家事を手伝ってくれる　　　　　　　　　　　　　1 2 3 4 5
12. 共働き家庭では男女とも同様に家事や育児を行なうべきだ　1 2 3 4 5
13. 洗濯、掃除、育児は妻の仕事なので夫は妻を手伝う責任はない
　　　　　　　　　　　　　　　　　　　　　　　　　　1 2 3 4 5
14. 週末は夫にとって休息であるから家事や買い物など妻を手伝う必要はない　　　　　　　　　　　　　　　　　　　　　　　　　1 2 3 4 5
15. 夫の生活習慣に妻は合わせるべきだ　　　　　　　　　1 2 3 4 5
16. 客を家に招いた場合、妻は夫の手助けを期待すべきでない　1 2 3 4 5
17. 夫は食器を洗ったりふいたりしてくれる　　　　　　　1 2 3 4 5

18. 料理をしたり家をかたづけたりするのは妻の役目である　1 2 3 4 5
19. 家事は女性の仕事と決めつけてしまわずに夫婦のうち時間のあるものが家事をすればよい　1 2 3 4 5

第3部

20. 働く母親も家事と仕事を両立すべきである　1 2 3 4 5
21. 夫は育児を妻にまかせきりである　1 2 3 4 5
22. 妻は子供に負担をかけるなら仕事はやめるべきだ　1 2 3 4 5
23. 夫も妻もおなじように子供の精神的、社会的な発展に関心をもっている　1 2 3 4 5
24. 妻は自分の時間を削ってでも子供のために時間をさいている　1 2 3 4 5
25. 夫は自分の時間をやりくりしてでも子育てに参加すべきである　1 2 3 4 5
26. 子育ては妻の仕事である　1 2 3 4 5
27. 夫は帰宅後、あるいは、週末には子育てに参加している　1 2 3 4 5
28. 子供の成長と発達には夫婦両方が同様に責任を感じている　1 2 3 4 5
29. 夫が仕事に専念できるように妻が子供の世話、しつけに全面的な責任をおっている　1 2 3 4 5
30. 女性にとって一番の満足は子どもから与えられるものである　1 2 3 4 5

第4部

31. 男の子は男らしく女の子は女らしくしつけるべきだ　1 2 3 4 5
32. 男の子も女の子と同様に、簡単な食事を作ったりボタンつけ程度の身の回りの事をできるようにしつけるべきだ　1 2 3 4 5
33. 女の子も、将来、職業人として自立できるような教育が必要だ　1 2 3 4 5
34. 夫の学歴よりも妻の学歴が高いのは望ましくない　1 2 3 4 5
35. より良い生活を送るためには、夫婦ともに高い学歴を必要とする　1 2 3 4 5
36. 料理、掃除、子供の世話が十分にできれば、妻にとって教育はそれほど必要でない　1 2 3 4 5
37. 職業を持とうが、専業主婦であろうが、教育は妻にとって重要である　1 2 3 4 5
38. 夫にとって昇進するためだけでなく、文化的にも造詣の深い人間になるためにも教育は必要である　1 2 3 4 5

39. 外にでて仕事につかない限り妻にとって大学教育はそれほど必要でない
　　　　　　　　　　　　　　　　　　　　　　　1 2 3 4 5

第5部

39. もし妻が子供を持つより仕事を優先したい場合、夫婦の合意があればそうしてもよい　　　　　　　　　　　　　　　　1 2 3 4 5
40. 妻が職業を持っている場合でも男性と同様に同じレベルで働くべきでない　　　　　　　　　　　　　　　　　　　　1 2 3 4 5
41. 妻が職業を持つことは夫が働くのと同じように重要なことである
　　　　　　　　　　　　　　　　　　　　　　　1 2 3 4 5
42. 夫の仕事は、家族に満足のいく生活をさせるために外で働き、お金を稼ぐことである　　　　　　　　　　　　　　1 2 3 4 5
43. 夫が家族の生活のためや、昇進のためにほとんどの時間を外での仕事に費やすことを認めるべきである　　　　　1 2 3 4 5
44. 夫が家族の生活のためにお金を稼ぐ全面的な責任がある　　1 2 3 4 5
45. 妻が働く場合、長期的な計画をもって働くべきである　　1 2 3 4 5
46. 妻として母親としての自分に満足しない場合、仕事をすべきである
　　　　　　　　　　　　　　　　　　　　　　　1 2 3 4 5
47. 夫は終日外で働いているので、帰宅後子供と遊ぶ時間を持つよう期待すべきでない　　　　　　　　　　　　　　　　1 2 3 4 5

お子さんがおありの方だけお答えください

Q48　米国で生活するうえでお子さんに関して何が一番心配か具体的にお答えください

Q49　日本の学校（幼稚園、小学校、中、高校）と比べて、米国での育児や教育環境について具体的にお答えください

Q50　日本にいた時と比べて、御主人の会社の人達とのおつきあいが増えた事もあるかと思われます。もしそうした事がありましたら御意見をお聞かせ下さい

Q51　日常の米国人とのおつきあいはどの程度でしょうか？
　　　日本人とのおつきあいのほうが頻繁に行なわれているでしょうか？

F1　婚姻状態
　1　未婚　　2　既婚　　3　既婚(離死別)

F2　ステータス
　1　駐在員夫人　2　永住者　3　その他

F3　職業の有無
　1　もっている　2　もっていない

F4　職業経験
　1　有　2　無

F5　滞在年数
　(1)　1年未満
　(2)　1－3年
　(3)　3－5年
　(4)　5－7年
　(5)　7年以上

F6　年齢グループ
　(1)　20－24歳　　(7)　50－54歳
　(2)　25－29歳　　(8)　55－59歳
　(3)　30－34歳　　(9)　60－64歳
　(4)　35－39歳　　(10)　65歳以上
　(5)　40－44歳
　(6)　45－49歳

F7　夫の最終学歴
　(1)　高校卒
　(2)　各種専門学校卒
　(3)　短大・高専卒
　(4)　大学卒(日本、米国含む)
　(5)　大学院卒(日本、米国含む)

F8　妻の最終学歴
　(1)　高校卒

(2) 各種専門学校卒
(3) 短大・高専卒
(4) 大学卒 (日本、米国含む)
(5) 大学院卒 (日本、米国含む)

F 9　税込み年収 (前年度)
(a) $29,999以下
(b) $30,000−39,999
(c) $40,000−49,999
(d) $50,000−59,999
(e) $60,000以上

F 10　子供の数
(1) 0
(2) 1
(3) 2
(4) 3人以上

F 11　子供の年齢グループ (複数解答可)
(1) 就学前 (0−2)
(2) プリスクール
(3) 幼稚園
(4) 小学生
(5) 中学生、高校生
(6) 大学生
(7) その他

御多忙中、この調査研究に御協力くださり、有益な御回答をくださりましたことを、厚く御礼申しあげます。

2001年度
質問紙調査

山田礼子（同志社大学文学部）

海外の日本人女性の「意識調査」を実施してから既に8年の歳月が立ちましたがその間に見られた顕著な動きとして特に、夫の逆単身赴任を容認する動き、つまり異国で母子が残るケースが増加していると聞きます。あるいは別の動きとして、「駐在員」として入国し、異文化の体験の中で日本人女性が自己に目覚め、自己実現、自己開放を具体的に考え始めている傾向もあると聞きます。こうした現象は8年前では見られなかったため、極めて興味深い「意識の変化」であると思われます。今回は、この「異国での自己の実現、自己の開放」に焦点をあて、今回は南カリフォルニアで追跡調査を実施したいと考えています。
結果は学術的な目的にしか使用しませんので、匿名で結構ですのでどうかご協力のほどよろしくお願い申し上げます。

①仕事観、ジェンダー観

そう思わない　1　どちらかといえばそう思わない　2
どちらかといえばそう思う　3　そう思う　4

1. 夫婦の間で意見の相違がある場合、最終決定は夫がする　1 2 3 4
2. 家計、金銭に関して妻の意見は、夫の意見と同様な重みをもつ
　　　　　　　　　　　　　　　　　　　　　　　　　　1 2 3 4
3. 夫は家長であるべきだ　　　　　　　　　　　　　　　1 2 3 4
4. 家の財産、借金状態について妻は全て把握している　　1 2 3 4
5. 家での食事の時間、テレビをつける時間などのスケジュールは夫の希望が優先される　　　　　　　　　　　　　　　　　　　　1 2 3 4
6. 家計は夫が完全に管理している　　　　　　　　　　　1 2 3 4
7. 外に遊びに出かける場合、夫婦両方の意見の調整によって行き先が決まる　　　　　　　　　　　　　　　　　　　　　　　　　1 2 3 4
8. 家族のなかで夫と妻は同程度の権限をもっている　　　1 2 3 4
9. 家、土地などの購入には夫と妻の両方が同程度の権限を持っている
　　　　　　　　　　　　　　　　　　　　　　　　　　1 2 3 4
10. 妻が働くかどうかは家族のためにそれが一番と夫婦が考えることによって決まる　　　　　　　　　　　　　　　　　　　　　1 2 3 4
11. 夫は家事を手伝ってくれる　　　　　　　　　　　　　1 2 3 4

12. 共働き家庭では男女とも同様に家事や育児を行うべきだ　1　2　3　4
13. 洗濯、掃除、育児は妻の仕事なので夫は妻を手伝う責任はない
　　　　　　　　　　　　　　　　　　　　　　　　　　1　2　3　4
14. 週末は夫にとって休息の時間であるから家事や買い物など妻を手伝う必要はない　　　　　　　　　　　　　　　　1　2　3　4
15. 夫の生活習慣に妻は合わせるべきだ　　　　　　　1　2　3　4
16. 客を家に招いた場合、妻は夫の手助けを期待すべきではない
　　　　　　　　　　　　　　　　　　　　　　　　　　1　2　3　4
17. 夫は食器を洗ったりふいたりしてくれる　　　　　1　2　3　4
18. 料理をしたり家をかたづけたりするのは妻の役目である1　2　3　4
19. 家事は女性の仕事と決め付けてしまわずに夫婦のうち時間のあるものが家事をすればよい　　　　　　　　　　　　1　2　3　4
20. 働く母親も家事と仕事を両立すべきである　　　　1　2　3　4
21. 夫は育児を妻にまかせきりである　　　　　　　　1　2　3　4
22. 妻は子どもに負担をかけるなら仕事はやめるべきだ　1　2　3　4
23. 夫も妻もおなじように子どもの精神的、社会的な発展に関心をもっている　　　　　　　　　　　　　　　　　　　1　2　3　4
24. 妻は自分の時間を削ってでも子どものために時間をさいている
　　　　　　　　　　　　　　　　　　　　　　　　　　1　2　3　4
25. 夫は自分の時間をやりくりしてでも育児に参加すべきである
　　　　　　　　　　　　　　　　　　　　　　　　　　1　2　3　4
26. 子育ては妻の仕事である　　　　　　　　　　　　1　2　3　4
27. 夫は帰宅後、あるいは週末には子育てに参加している　1　2　3　4
28. 子どもの成長と発達には夫婦両方が同様に責任を感じている
　　　　　　　　　　　　　　　　　　　　　　　　　　1　2　3　4
29. 夫が仕事に専念できるように妻が子どもの世話、しつけに全面的な責任を負っている　　　　　　　　　　　　　1　2　3　4
30. 女性にとって一番の満足は子どもから与えられるものである
　　　　　　　　　　　　　　　　　　　　　　　　　　1　2　3　4
31. 男の子は男らしく、女の子は女らしくしつけるべきだ　1　2　3　4
32. 男の子も女の子と同様に、簡単な食事を作ったりボタンつけ程度の身の周りのことをできるようにしつけるべきだ　1　2　3　4
33. 女の子も将来職業人として自立できるような教育が必要だ
　　　　　　　　　　　　　　　　　　　　　　　　　　1　2　3　4
34. 夫の学歴よりも妻の学歴が高いのは望ましくない　1　2　3　4
35. より良い生活を送るためには、夫婦ともに高い学歴を必要とする

36. 料理、掃除、子どもの世話が十分に出来れば、妻にとって教育はそれほど必要でない　　　1 2 3 4
37. 職業を持とうが、専業主婦であろうが、教育は妻にとって重要である　　　1 2 3 4
38. 夫にとって昇進するためだけでなく、文化的にも造詣の深い人間になるためにも教育は必要である　　　1 2 3 4
39. 外にでて仕事につかない限り、妻にとって高等教育はそれほど必要でない　　　1 2 3 4
40. もし妻が子どもを持つより仕事を優先したい場合、夫婦の合意があればそうしてもよい　　　1 2 3 4
41. 妻が職業を持っている場合でも男性と同様に同じレベルで働くべきでない　　　1 2 3 4
42. 妻が職業を持つことは夫が働くのと同じように重要なことである　　　1 2 3 4
43. 夫が家族の生活のためや、昇進のためにほとんどの時間を外での仕事に費やすことを妻は認めるべきである　　　1 2 3 4
44. 夫には家族の生活のために、お金を稼ぐ全面的な責任がある　　　1 2 3 4
45. 妻が働く場合、長期的な計画を立てて働くべきである　　　1 2 3 4
46. 夫は終日外で働いているので、帰宅後子どもと遊ぶ時間を持つよう期待すべきではない　　　1 2 3 4

②男性、女性の役割

男性の場合
1. 父親は子育てより職業を優先すべきである
2. 父親は子育てと職業に同じようにかかわるべきである
3. 父親は職業よりも子育てを優先すべきである

女性の場合
1. 母親は子育てより職業を優先すべきである
2. 母親は子育てと職業に同じようにかかわるべきである
3. 母親は職業よりも子育てを優先すべきである

③母親の役割について次のようなA，Bの異なった意見があります。あなたのお考えに近いものをお選びください。(ひとつのみ)

	Aに近い	どちらかといえばAに近い	中立	どちらかといえばBに近い	Bに近い	
A	2	1	0	1	2	B
母親の仕事のために3歳以下の子どもを保育園にいれるのはかわいそうだ						3歳以下の子どもでも保育園に入れるのは社会性が身につくので良い
	2	1	0	1	2	
離乳食やお弁当を手作りせずに市販品を与える母親は愛情が足りない						忙しければ、離乳食やお弁当を市販品などにしてもよい
	2	1	0	1	2	
非行など子どもの問題は母親の責任である						非行など子どもの問題は父親の責任でもある
	2	1	0	1	2	
子どもの成績の良し悪しは母親の責任である						子どもの成績の良し悪しは学校の責任である
	2	1	0	1	2	

④子どもの生活について次のようなA，Bの異なった意見があります。あなたのお考えに近いものをお選びください。(ひとつのみ)

	Aに近い	どちらかといえばAに近い	中立	どちらかといえばBに近い	Bに近い	
A	2	1	0	1	2	B
子どもには出来るだけ有名な学校や大学に行って欲しい						子どもには子どもの能力に合った学校に行って欲しい
	2	1	0	1	2	
子どもには経済的に裕福な生活をして欲しい						子どもには経済的な豊かさにこだわらない生活をして欲しい
	2	1	0	1	2	
子どもには一流企業や名の通った会社に入ったり、人の上に立つ仕事をして欲しい						子どもには子どもの好きな道を歩ませたい
	2	1	0	1	2	

⑤次の項目は、女性の自立にとってどの程度重要だと考えていますか。ひとつ選んでください。

重要である4　やや重要である3　あまり重要でない2　重要でない1

経済的に自立している　　　　　　　　　　　　4　3　2　1

生き方を自分で選択できる	4	3	2	1
家事ができる	4	3	2	1
育児ができる	4	3	2	1
アメリカ生活に適応し何でも自分でこなせる	4	3	2	1
車でどこへでも行けること	4	3	2	1
夫の助けなく英語をつかって交渉できること	4	3	2	1
現地校の先生と自由にコミュニケートできること	4	3	2	1
アメリカ人の友人と不自由なくつきあえること	4	3	2	1
異文化を理解し、現地社会にとけこめること	4	3	2	1

以下の項目について、お子さんがおられる方はお答え下さい。

⑥お子さんはどちらの学校に行っておられますか
1. 現地校　2. 全日制日本人学校　3. 現地校と日本語補習校

⑦お子さんは塾に通っておられますか。または家庭教師をつけておられますか
　　塾　はい　　いいえ　　家庭教師　はい　いいえ

SQ　塾あるいは家庭教師は何のためにつけておられますか (複数回答可)
1. 現地校の学習についていくために
2. 日本の学習におくれないために
3. 現地の進学にそなえるために
4. 日本での受験にそなえるために
5. その他 (具体的に　　　　　　　　　)

⑧お子さんの送り迎え (車) はおもに誰がされますか
1. 夫　2. 妻　3. その他

⑨お子さんの学校の宿題は主に誰が見てあげますか
1. 父親　2. 母親　3. 両親　4. その他の人(具体的に　　　)
5. 子ども本人

⑩お子さんの学校のお手伝い(PTA，ボランティア)などをされていますか
1. はい　2. いいえ

⑪お子さんの学校あるいは教育にかかわるご両親の時間は日本にいたとき

と現在のアメリカ生活ではどちらが時間または労力がかかりますか
1. 日本　　2. アメリカ(SQへ)　　3. どちらもほぼ同じ

SQ　アメリカとお答えになられた方、できましたらその理由をお書きください

⑫あなたは親しいアメリカの友人は何人ぐらいおられますか
　　　(　　　　　)人

⑬どの程度これらの人達と会っていますか
1. 頻繁に　　2. 時々　　3. ほとんど会わない　　4. 全く会わない

⑭あなたは日常、英語を使うことに不便を感じておられますか
1. 全く不便を感じない　　2. 流暢には話せないが、日常生活には困らない
2. 特に不便を感じる

⑮アメリカ社会での参加している活動について○をつけてください．(複数

	日本人	現地人	その他
1. PTA	1	2	3
2. ボランティア活動	1	2	3
3. 英語学校	1	2	3
4. 趣味のサークル	1	2	3
5. スポーツサークル	1	2	3
6. 各種勉強会	1	2	3
7. 教会等宗教活動	1	2	3

回答可) また、その活動には現地人、日本人どちらが多く参加していますか。

⑯以下の文章はアメリカ人、アメリカ女性、アメリカ男性、アメリカの社会について書かれたものです。各項目について当てはまるものを選んで下さい

　　1 強く同意する　　2 多少同意する　　3 あまり同意しない
　　4 全く同意しない

1. アメリカでは、女性は男性と対等に扱われる　　　　1 2 3 4
2. アメリカでは、多くの女性が専門職に従事している　1 2 3 4
3. アメリカでは、離婚が頻繁に起こる　　　　　　　　1 2 3 4

4. アメリカでは、男性が女性と競争をしている　　　　　1　2　3　4
5. アメリカでは、妻と夫が対等に家事に従事している　　1　2　3　4
6. アメリカでは、夫も妻と同じように育児に参加している　1　2　3　4
7. アメリカでは、女性が強すぎて男性が気の毒だ　　　　1　2　3　4
8. アメリカでは、女性が経済的にも自立している　　　　1　2　3　4
9. アメリカでは、女性の教育の機会が開かれている　　　1　2　3　4
10. アメリカでは、女性が仕事をみつけるチャンスが多い　1　2　3　4
11. アメリカでは、女性が生き生きと仕事をしている　　　1　2　3　4
12. アメリカでは、女性が家事を熱心にしていない　　　　1　2　3　4
13. アメリカ社会は男女共生社会である　　　　　　　　　1　2　3　4
14. アメリカでは生涯学習の機会が多い　　　　　　　　　1　2　3　4
15. アメリカでは男性、女性ともに上昇するチャンスが多い　1　2　3　4
16. アメリカではシングルマザーへの偏見が少ない　　　　1　2　3　4
17. アメリカ社会は男女ともに自己実現、自己を開放しやすい　1　2　3　4
18. アメリカ社会は女性が暮らしやすい社会だ　　　　　　1　2　3　4

F1　あなたの年齢は　　　　　　　　歳

F2　あなたは結婚しておられますか
1. 未婚　2. 既婚　3. 既婚(離死別)

F3　現在のステータスは
1. 駐在員夫人　2. 永住者　3. 研究者夫人　4. その他

F4　あなたは現在お仕事をしていますか(複数回答可)
1. ずっと働いている
2. 今までに中断したことはあるが、今は働いている
3. 以前働いていたが、今は働いていない
4. 働いたことはない

SQ　仕事を止めた理由は何ですか(複数回答可)
1. 結婚のため
2. 出産のため
3. 子育てのため
4. 転職のため
5. 夫の国内転勤のため

6. 夫の海外転勤のため
7. その他(具体的に　　　　　　　　　　)

F5　滞米年数　(　　　)年

F6　アメリカにこられたときの年齢は　(　　)歳
F7　お子さんはいらっしゃいますか
　　　はい　　　　いいえ

SQ　お子さんの数は　(　　)人

F8　お子さんの年齢グループ(複数回答可)
1. 就学前(0〜2)　2. プリスクール　3. 幼稚園　4. 小学生
5. 中学生、高校生　6. 大学生　7. その他

F9　夫の最終学歴
1. 高校卒　2. 各種専門学校卒　3. 短大、高専卒
4. 大学卒(日本、アメリカ、その他の国)　5. 大学院卒(日本、アメリカ、その他の国)

F10　妻の最終学歴
1. 高校卒　2. 各種専門学校卒　3. 短大、高専卒
4. 大学卒(日本、アメリカ、その他の国)　5. 大学院卒(日本、アメリカ、その他の国)

F11　税込み年収(前年度)
1. $40,000以下　　2. $40,000〜$60,000　　3. $60,000〜$80,000
4. $80,000〜$100,000　　5. $100,000以上　　6. わからない

貴重なお時間を割いてたくさんの質問にお答え下さいましてありがとうございました。

事項索引

※〔　〕内は見出し語の全部または一部と同意または類似の別表現、（　）内は関連する追加語句。

(ア行)

アーバイン(地域)	99, 197, 200
あさひ学園	98, 103, 118, 218
アスピレーション〔向上心〕	46-48
アダルトスクール	9, 218
アファーマティブ・アクション	233
家	34-36, 38
——制度	34-38, 42
イギリスの工場法	41
意思決定	107, 108, 113
一億総サラリーマン化	41
一元配置分析	147
一時的滞在者	7, 188, 189, 191, 198, 199, 230
一時的ビザ	87
一般教養	60
異文化集団〔社会〕	181
異文化体験	94, 95, 97
異文化適応	8, 94-96, 103, 128, 146, 230
異文化不適応	165
移民	188, 191, 192
——労働	191
永住型——	191
出稼ぎ型——	191
非熟練労働型——	191
因子分析	119
英語運用能力	104, 105
英語未修得	100
永住権	89, 193, 196, 217
永住者	7, 98, 109
エクスパートリエイト	191
エスニック・コミュニティ	113, 197
エスノグラフィー	96
エスノグラフィックな方法	96, 107
越境	191, 192
エリート(階層)	107, 183
——的ホワイトカラー	191
エリート段階	52
オープン・スクール	106, 107
夫と妻の役割変容	25
夫の態度変容	119
オレンジ郡	85, 99, 101, 197

(カ行)

海外子女	8, 89-91, 128, 225, 230
海外日本人社会	95
階級制	18
階層結合	170
階層研究	21, 22, 62
階層的重回帰分析	156
階層的地位	170
階層の再生産	63
下位集団	5
下位文化	62
家業	36, 37
核家族	16, 27, 38-40, 42, 51, 231
学業〔教育〕達成	55, 56
学歴	62, 63, 170, 171, 237
——階層	63, 145
——同類婚	143
隠れたカリキュラム	46, 48, 64, 235
家産	36, 37
家事専従者	40
家事労働	26
仮説生成研究	97

家族機能モデル	11	旧帝大	50
家族国家	37	教育改革	48, 50, 51, 56, 63
家族制度	19	教育課程	107, 113
家族賃金	41	教育機会の平等	50
家族法	35, 38, 42, 48	教育機会への参加	56
家長	35, 36	教育基本法	50
『学校基本調査報告書』	61	教育社会学	28
学校文化	46, 113, 115	教育の効果	56, 57, 238
葛藤理論	26	教育の大衆化	51, 55
家庭外労働	23, 41	共学制	49, 50
家庭科・技術授業の男女必修化	45, 235	教室文化	106, 107, 110-115
家庭内性別役割	41-43	業績主義→メリトクラシー	
家庭内での平等	25	共有財産	15
家庭内領域	18	教養科目	60
家庭内労働	18	教養主義	49
家督権	36	クーリングアウト〔冷却〕	46, 47
家内生産様式	40	——メカニズム	48
家父権	35	公文教室	118
家父長制	20, 21, 26, 27, 33, 35, 39, 48	グリーンカード	210
——家族(構造)	42, 60	クリエイティブ・ライティング	108
——的権力	21	クリティカル・シンキング→批判的	
——的行動様式	20	思考	
カリキュラム	33, 47, 50, 56, 60, 108	クリティカル・リーディング・スキル	
間接的権力	20	→批判的読解技能	
機会均等の理念	54	グローバル化	188-190, 192, 227, 230, 238
企業家族	42	結婚役割期待テスト	124
企業戦士	41, 42	権力関係	20
帰国生	93, 114	交換契約	19
——の受け入れ制度	93	後期中等教育	47, 51, 56
——の適応教育	115	公教育制度	55
——の特別優遇制度	94	公的領域	45, 175
——の不適応	93	高等教育進学年齢	52
——枠	225	高等女学校	50
機能主義ジェンダー(役割)論	17, 18	向上心→アスピレーション	
機能主義的立場	39	構造的同化	95
機能主義理論	26, 27	公平なアクセス	56
義務教育	50	国際移動	188, 191
キャリア	23, 26, 28, 215, 217	国際化	93, 129
急進的〔ラディカル〕フェミニズム	18, 25	コグニティブ・スキル→認知技能	

国民国家	188-192, 198
戸籍制度	35
コミュニティカレッジ	9, 53, 215, 218
婚姻関係	15
婚姻契約	19-21

〔サ行〕

最終卒業率	56
在留邦人子女	98
在留民	188
サウスベイ (地域)	85, 99, 197, 219
サンマリノ	197
自営業	145
「ジェンダーと教育」授業	235
ジェンダーの再生産	46, 237
ジェンダーの不均衡	57
ジェンダーバイアス	47
ジェンダー・ヒエラルキー	36, 37
ジェンダー役割	24-27, 29, 43, 46, 57, 91, 119, 120, 124, 128, 158
――規範	4, 119, 229
――尺度	122
――の再生産	61
――モデル	17
ジェンダー役割観	4, 5, 10-13, 23, 29, 62, 87, 124, 126-129, 143, 177, 179, 181, 182, 189, 229, 230, 236, 237
自己解放	11, 61
自己実現	11, 25, 28, 61, 119-121, 123, 137, 172, 173, 204, 212, 224, 231
自尊感情	213
私的領域	39, 45
支配階級	36
自文化	105
――への適応	8
資本(主義)制	18, 39
事務職グレーカラー	54
シャーマンオーク (市)	118
社会階級	26
社会化過程	5
社会主義フェミニズム	18
社会的規範	61
社会的地位	120
――の相関	170
社会的不平等	54
社会統合	15
社会変動	9, 42
宗教的な母親役割	119
私有財産	21
――制	18
従属的地位	19, 37
就労ビザ	136
主成分分析	122
少子高齢化社会	45, 234
象徴的意味	183
象徴的価値	63, 64
情緒的問題	16
職業教育	61
――機能	53
職業的地位	5, 170
女子教育条例	49
女子高等師範	50
女性の高学歴化	128, 129
女性の参政権	38, 50
シリコンバレー	99
新移民法	89
新憲法	38
人的資本投資理論	28
進路指導	47
進路選択	33
――パターン	47
成果主義	196
性差別	45
生産手段	19, 20
制度的公平性	119, 121, 122
生物学的差異	17, 18
性別分業	16, 27, 173
――意識	23

——体制	183	地位資源	22
性別役割	15	地位借用機能	63
——意識	236	地位借用モデル	170, 179
——観	25	地位達成	57, 63
——規範	49	——研究	62
——行動様式	6	中央集権→セントラリゼーション	
——の固定化	39, 46	駐在員の定義	86
——分業〔分担〕	24, 41, 125, 179, 181	中産階級	5, 28, 107
世界システム論	190	長期滞在者	8, 98, 101, 109, 112, 196
セクシズム	26	直接的権力	20
世襲制的支配	21	通塾率	103, 112
絶対評価	113	妻たちのヒエラルキー〔序列〕	169
世論調査	4, 6, 7, 119, 137, 140, 184, 229	妻の公的イメージ	165, 166, 168, 169, 179
専業主婦	41, 43	ディアスポラ	192
——神話	232	伝統的家意識	42
セントラリゼーション〔中央集権〕	55	伝統的家制度	4
選抜基準	55	伝統的夫役割	119, 121, 122
専門・管理職	145	伝統的家族観の復権	178
専門的職業	60, 63	伝統的価値体系	6
相互作用	105, 106, 108, 110, 112, 113	伝統的ジェンダー観〔枠組み〕	46, 120, 158, 161, 169, 178, 179, 182, 235
——型	112	伝統的ジェンダー役割	27, 64, 125, 127, 129, 160, 168, 226, 229
相対的評価	113	伝統的ジェンダー役割観	4, 5, 11, 23, 43, 143, 155, 163, 164, 177, 179, 180, 230, 234
ソージョーナー	191	伝統的性別役割(観、行動、志向)	6, 46, 156, 223, 224, 236, 238

〔夕行〕

退学率	56	伝統的妻役割	25, 26, 119, 120, 122, 163, 169, 183
大衆化段階	52	伝統的母親役割	25, 119, 121, 122, 163, 169, 172, 183
多国籍企業	190, 191	統一カリキュラム	53
単一婚	15	道具的役割〔機能〕	14, 17, 16, 179
短期大学	51-53, 61	道具的リーダー	16
——の教育課程	60	トーランス(市、地域)	85, 98-100, 102, 112, 118, 119, 197, 200, 215
男女共生	45	トランスカルチュラル	192, 193, 202
——社会	12, 235, 238	トランスナショナリズム	188, 189
男女雇用均等法	140, 221, 232		
男女混合名簿	45, 235		
男女平等社会	45		
男女別学	33		
男性優位観	127		
男尊女卑	37		

事項索引 **297**

トランスナショナル　188, 192, 196, 202

〔ナ行〕

内婚　63, 145
二重生活者　202
日系(人)コミュニティ　84, 99, 197
日本企業の国際化　78
日本在住外国人　188
日本人学校　89-91, 102, 111, 148, 150, 151
日本人コミュニティ　91, 98, 103, 109, 111, 114, 197, 198
──・モデル　94
日本ビジネス協会　86
日本貿易懇話会〔JBA〕　84, 85, 99, 218
──サウスベイ支部〔JERC〕　218
日本貿易振興会〔JETRO〕　82
入国教育(教室)　218, 223
認知技能〔コグニティブ・スキル〕　108, 109
年功序列制　196
農業　145
能力主義的人事制度　196

〔ハ行〕

廃藩置県　37
母親神話　232
母親役割　25
パロスベルデス(市、地域、学区)　85, 98-103, 112, 118
非移住者　7
非移民カテゴリー　89
非移民ビザ　87
批判的読解技能〔クリティカル・リーディング・スキル〕　108
批判的思考〔クリティカル・シンキング〕　108
批判的分析能力　60
表出的役割〔機能〕　14, 16, 17, 179

表出的リーダー　16
平等主義　48, 54-56, 169, 196, 234
平等主義的価値観　12
平等主義的教育政策　54
平等主義的ジェンダー観　33, 151, 158, 161, 178, 182, 236
平等主義的ジェンダー役割　26, 28
平等主義的ジェンダー役割観　7, 23-25, 27, 122, 125, 127, 143, 147, 155, 160, 161, 163, 170, 172, 177, 183, 230
平等主義的性別役割(行動、志向、尺度)　6, 17, 27, 124, 155, 177, 182
夫婦家族イデオロギー　38
夫婦制　38
フェミニズム運動　7, 25, 26, 120, 230, 233
フェミニズム理論　26, 27
プッシュ要因　59
不平等な地位の分配　21
フランス民法　36
ブルーカラー　56, 62, 145
プル要因　59
文化(的)境界　93, 175
文化交差型　112-114
文化的適応　95
文化転換型　109, 112, 113
文化分離型　112
文化変容　105, 112
分析能力　108
米国移民帰化局　88
米国移民法　9, 136
米国領事館　88
俸禄処分　37
補習(授業)校　89, 90, 102-104, 107, 109-113, 119, 146
ホストグループ　95
ホスト国　113, 114, 191
ホスト社会　191, 197, 198
ポスト大衆化段階　52

ホワイトカラー	62, 145

〔マ行〕

マージナリティ	46, 47
マージナルマン	175, 176, 181, 199
マイノリティ	25
マルクス主義フェミニズム	18, 19, 33, 43
マンハッタンビーチ	85
民法制定	34
明示的カリキュラム	46
メリトクラシー〔業績主義〕	43, 45, 54-56, 62, 235

〔ヤ行〕

養育権	37

〔ラ行〕

ラディカル・フェミニズム→急進的フェミニズム	
リーディング・プログラム	108
リエンジニアリング	196
リストラクチャリング	189, 196
リベラル・フェミニズム	17
留年率	56
良妻賢母教育	33, 49
臨時就業ビザ	7
冷却→クーリングアウト	
労働市場	5, 19, 28, 54, 57-59, 128
労働者階級	23, 28, 107
ロート・ビヘイビアー	107

〔英字〕

AP	201
CAPテスト	101
ELD	213
ESL(教室)	103, 105-107, 213
GHQ	50
Honorsコース	201
JBA→日本貿易懇話会	
JERC→日本貿易懇話会・サウスベイ支部	
JETRO→日本貿易振興会	
MBA	215
SSM調査	6
TEFL	221, 222
TOEFL	221
UCLAエクステンションプログラム	221

人名索引

(ア行)

青井和夫	42
アッカー (Acker, J.)	21, 22
アニオン (Anyon, J.)	106, 107
天野正子	59
アルブレックト (Albrecht, S.L.)	5, 24
ウィンバリー (Wimberley, H.)	28
ウェーバー (Weber, M.)	20, 21
上野千鶴子	35
ウォーラーステイン (Wallerstein, I.)	190
エプスタイン (Epstein, G.F.)	23
江淵一公	112, 113
エリックソン (Ericksen, J.A.)	24
小沢, M.	58

(カ行)

カマロブスキー (Komarovski, M.)	23
カミングス (Cummings, K.W.)	54
河田嗣郎	37
グッドマン, ロジャー	93, 94
クラーク (Clark, B.R.)	60
ゴードン (Gordon, K.K.)	95
ゴールドソープ (Goldthorpe, J.)	22
小山静子	35
コリンズ (Collins, R.)	26

(サ行)

佐藤郡衛	94, 97, 98
スカンゾニ (Scanzoni, J.H.)	4, 5, 10-12, 25, 26, 119, 120, 127
セコムベ (Secombe, W.)	18

(タ行)

竹内洋	47
ダン (Dunn, M.S.)	124
デュルケム (Durkheim, E.)	15, 16
トロウ (Trow, M.)	52

(ナ行)

直井優	170
根津豊子	8, 87

(ハ行)

パーク (Park, R.E.)	185, 199
パーソンズ (Parsons, T.)	16, 60, 126
原純輔	6
肥和野佳子	6
ファローズ (Fallows, D.)	164
フォガーティ (Fogarty, M.P.)	23
藤村, K.F.	43
プラット (Platt, G.M.)	60
ブロンザフト (Bronzaft, A.L.)	23
ボウメン (Bowmen, M.J.)	58
ボーゲル (Vogel, E.F.)	27
穂積八束	35

(マ行)

箕浦康子	105
村田鈴子	49
目黒依子	17, 41

(ヤ行)

矢野真和	6, 28
ヨーゲフ (Yogev, S.)	5, 26

吉田, Y.	9	ラポート (Rapoport, R.)	23
		レスリー (Leslie, G.R.)	17
〔ラ行〕		ローパー (Roper, B.S.)	24
ラビーフ (Labeef, E.)	24	ロバートソン, R.	190

著者紹介

山田 礼子（やまだ れいこ）

1956年生まれ。1978年同志社大学文学部社会学科卒業。1989年カリフォルニア大学ロサンゼルス校教育学大学院修士課程修了。1991年同大学博士課程修了。1993年同大学より Ph.D. 取得。
プール学院大学助教授、同志社大学助教授を経て、現在、同志社大学文学部教授。同大学教育開発センター副所長。

主要著作

『開かれた大学への戦略』（訳書、PHP研究所、1995年）、『社会人のための大学院案内』（PHP研究所、1997年）、『大学開発の担い手ーディベロップメントオフィサー』（訳書、玉川大学出版部、1997年）、『プロフェッショナルスクールーアメリカの専門職養成ー』（玉川大学出版部、1998年）、『国際文化学』（共著、アカデミア出版、2002年）、『社会人大学院で何を学ぶか』（岩波アクティブ新書、2002年）、『学士課程教育の改革（講座「21世紀の大学・高等教育を考える」第3巻』（共著、東信堂、2004年）ほか。

Gender Roles of Japanese Women Living in the United States:
Sociological Study between 1990s and 2000s

「伝統的ジェンダー観」の神話を超えて―アメリカ駐在員夫人の意識変容―

2004年6月10日　初　版第1刷発行　　　　〔検印省略〕

＊定価はカバーに表示してあります

著者©山田礼子／発行者　下田勝司　　　　印刷・製本　中央精版印刷

東京都文京区向丘1-20-6　　郵便振替00110-6-37828　　　　発行所
〒113-0023　TEL (03) 3818-5521　FAX (03) 3818-5514　　株式会社 東信堂

Published by TOSHINDO PUBLISHING CO., LTD.
1-20-6, Mukougaoka, Bunkyo-ku, Tokyo, 113-0023, Japan

ISBN4-88713-559-9　C3036　© R. YAMADA, 2004
E-mail : tk203444@fsinet.or.jp

東信堂

書名	著者・訳者	価格
グローバル化と知的様式 ―社会科学方法論についての七つのエッセイ	J・ガルトゥング 矢澤修次郎・大重光太郎訳	二八〇〇円
現代資本制社会はマルクスを超えたか ―マルクスと現代の社会理論	A・スウィンジウッド 矢澤修次郎・井上孝夫訳	四〇七八円
階級・ジェンダー・再生産 ―現代資本主義社会の存続メカニズム	橋本健二	三二〇〇円
現代日本の階級構造 ―理論・方法・計量分析	橋本健二	四五〇〇円
再生産論を読む ―ボールズ、ギンティス、ブルデュー、ウィリスの再生産論	小内透	三二〇〇円
現代社会と権威主義 ―フランクフルト学派権威論の再構成	保坂稔	三六〇〇円
共生社会とマイノリティへの支援 ―日本人ムスリマの社会的対応から	寺田貴美代	三六〇〇円
社会福祉とコミュニティ ―共生・共同・ネットワーク	園田恭一編	三八〇〇円
現代環境問題論 ―理論と方法の再定置のために	井上孝夫	三二〇〇円
日本の環境保護運動	長谷敷夫	二五〇〇円
環境と国土の価値構造	桑子敏雄編	三五〇〇円
環境のための教育 ―批判的カリキュラム理論と環境教育	J・フィエン 石川聡子他訳	二三〇〇円
イギリスにおける住居管理 ―オクタヴィア・ヒルからサッチャーへ	中島明子	七四五三円
情報・メディア・教育の社会学 ―カルチュラル・スタディーズしてみませんか？	井口博充	二三〇〇円
BBCイギリス放送協会〔第二版〕 ―パブリック・サービス放送の伝統	簑葉信弘	二五〇〇円
サウンド・バイト：思考と感性が止まるとき ―メディアの病理に教育は何ができるか	小田玲子	二五〇〇円
ホームレス ウーマン ―知ってますか、わたしたちのこと	E・リーボウ 吉川徹・轟里香訳	三二〇〇円
タリーズ コーナー ―黒人下層階級のエスノグラフィー	E・リーボウ 吉川徹監訳 松河美樹訳	二三〇〇円

〒113-0023 東京都文京区向丘1-20-6
☎03(3818)5521　FAX 03(3818)5514　振替 00110-6-37828
E-mail:tk203444@fsinet.or.jp

※定価：表示価格(本体)＋税

━━━━ 東信堂 ━━━━

〈シリーズ 世界の社会学・日本の社会学 全50巻〉

タルコット・パーソンズ	―最後の近代主義者	中野秀一郎	一八〇〇円
ゲオルク・ジンメル	―現代分化社会における個人と社会	居安 正	一八〇〇円
ジョージ・H・ミード	―社会的自我論の展開	船津 衛	一八〇〇円
アラン・トゥーレーヌ	―現代社会のゆくえと新しい社会運動	杉山光信	一八〇〇円
アルフレッド・シュッツ	―社会的時間と主観的時間と社会的空間	森 元孝	一八〇〇円
エミール・デュルケム	―社会の道徳的再建と社会学	中島道男	一八〇〇円
レイモン・アロン	―危機の時代の透徹した警世思想家	岩城完之	一八〇〇円
フェルディナンド・テンニエス	―ゲマインシャフトとゲゼルシャフト	吉田 浩	一八〇〇円
費 孝通	―民族自省の社会学	佐々木衛	一八〇〇円
奥井復太郎	―都市社会学と生活論の創始者	藤田弘夫	一八〇〇円
新明正道	―綜合社会学の探究	山本鎭雄	一八〇〇円
米田庄太郎	―新総合社会学の先駆者	中久郎	一八〇〇円
高田保馬	―理論と政策の無媒介的合一	北島 滋	一八〇〇円
戸田貞三	―家族研究・実証社会学の軌跡	川合隆男	一八〇〇円

現代社会学における歴史と批判〔上巻〕 武川正吾編 二八〇〇円
現代社会学における歴史と批判〔下巻〕 山田信行編 二八〇〇円
　―グローバル化の社会学 片桐新自編
　 丹辺宣彦編

〈中野 卓著作集・生活史シリーズ 全12巻〉
1 生活史の研究　―近代家資本制と主体性　中野 卓 三二〇〇円
7 先行者たちの生活史　中野 卓 二五〇〇円

〔研究誌・学会誌〕
日本労働社会学会年報 4〜14　日本労働社会学会編 三〇〇〇〜三九〇〇円
労働社会学研究 1〜5　社会学会編 三三〇〇〜三五〇〇円
社会政策研究 1〜4　「社会政策研究」編集委員会編 二三〇〇〜二五〇〇円
コミュニティ政策 1　コミュニティ政策学会・研究フォーラム編 一五〇〇円

〒113-0023 東京都文京区向丘1−20−6
☎03(3818)5521　FAX 03(3818)5514　振替 00110-6-37828
E-mail: tk203444@fsinet.or.jp

※定価：表示価格(本体)＋税

東信堂

大学の自己変革とオートノミー──点検から創造へ	寺﨑昌男	二五〇〇円
大学教育の創造──歴史・システム・カリキュラム	寺﨑昌男	二五〇〇円
大学教育の可能性──教養教育・評価・実践	寺﨑昌男	二五〇〇円
大学の授業	宇佐美寛	二五〇〇円
作文の論理──〈わかる文章〉の仕組み	宇佐美寛編著	一九〇〇円
大学の指導理──学生の自己発見のために	児玉・別府・川島編	二八〇〇円
大学授業研究の構想──過去から未来へ	京都大学高等教育教授システム開発センター編	二四〇〇円
学生の学びを支援する大学教育	溝上慎一編	三八〇〇円
アメリカの大学基準成立史研究──「アクレディテーション」の原点と展開	前田早苗	二四〇〇円
戦後オーストラリアの高等教育改革研究	杉本和弘	五八〇〇円
私立大学の財務と進学者	丸山文裕	三五〇〇円
私立大学の経営と教育	丸山文裕	三六〇〇円
公設民営大学設立事情	高橋寛人編著	二八〇〇円
校長の資格・養成と大学院の役割	小島弘道編著	六八〇〇円
短大ファーストステージ論	舘昭編著	二〇〇〇円
短大からコミュニティ・カレッジへ──飛躍する世界の短期高等教育と日本の課題	舘昭編著	二五〇〇円
立教大学へ〈全カリ〉のすべて──リベラル・アーツの再構築	全カリの記録編集委員会編	二一〇〇円
ICUへリベラル・アーツ〉のすべて	絹川正吉編著	二三八一円
［シリーズ大学改革ドキュメント・監修寺﨑昌男・絹川正吉］		
大学改革の現在〔第1巻〕	有本章編著	三二〇〇円
大学評価の展開〔第2巻〕	山野井敦徳編著	三二〇〇円
学士課程教育の改革〔第3巻〕	清水一彦編著	三三〇〇円
大学院の改革〔第4巻〕	江原武一編著	続刊
［講座「21世紀の大学・高等教育を考える」］	舘・絹川・馬越徹編著	

〒113-0023　東京都文京区向丘1-20-6
☎03(3818)5521　FAX 03(3818)5514　振替 00110-6-37828
E-mail:tk203444@fsinet.or.jp

※定価：表示価格(本体)＋税